MYP by

4

French

Phases 1–2

Fabienne Fontaine
Series editor: Paul Morris

DYNAMIC LEARNING

HODDER EDUCATION
AN HACHETTE UK COMPANY

Orders: please contact Bookpoint Ltd, 130 Milton Park, Abingdon, Oxon OX14 4SB. Telephone: (44) 01235 827827. Fax: (44) 01235 400454. Email education@bookpoint.co.uk Lines are open from 9 a.m. to 5 p.m., Monday to Saturday, with a 24-hour message answering service. You can also order through our website: www.hoddereducation.com

First published in 2018 by
Hodder Education,
An Hachette UK Company
Carmelite House
50 Victoria Embankment
London EC4Y 0DZ
www.hoddereducation.com

Impression number   10 9 8 7 6 5 4 3 2 1
Year   2022 2021 2020 2019 2018

Cover photo © beatrice prve - stock.adobe.com
Illustrations by Richard Duszczak & DC Graphic Design Limited
Typeset in Frutiger LT Std 45 Light 10/14pt by DC Graphic Design Limited, Hextable, Kent
Printed in Italy

A catalogue record for this title is available from the British Library.

ISBN: 978 1 5104 2581 1

Table des matières

Comment utiliser ce livre

Bienvenue dans la série by Concept de Hodder Education! Chaque chapitre a été conçu pour te guider dans une *investigation* parmi les concepts en acquisition de langue et leurs interactions avec les contextes globaux de la vie réelle.

Chaque chapitre est organisé sous forme de *Concept clé*, *Concept connexe* et présenté dans un *Contexte mondial*.

L'*Énoncé de recherche* fournit le cadre pour cette investigation et les *questions de recherche* te guident à travers l'exploration qui se développe à chaque chapitre.

Culture   *Contexte, Destinataire, Accent*   *Identités et relations*

1 Quelle est mon identité culturelle?

Notre **identité** culturelle se révèle grâce au **pays** où on vit, les **personnes** qui nous entourent et les **relations** que nous établissons.

EXAMINER ET RÉPONDRE AUX QUESTIONS:

Factuelles: Où parle-t-on français?

Conceptuelles: Qu'est-ce qui permet de définir mon identité?

Invitant au débat: Quelles sont les différences culturelles entre les pays francophones?

Maintenant partage et compare tes réponses à ces questions avec ton voisin ou la classe.

DANS CE CHAPITRE, NOUS ALLONS:
- **Découvrir** les pays francophones et la base du français.
- **Explorer** différentes manières d'exprimer des idées simples.
- **Passer à l'action** en réfléchissant à des stratégies pour apprendre le français.

2   French for the IB MYP 4&5: *by*

MOTS-CLÉS

Les *Mots-clés* sont là pour te donner accès au vocabulaire du thème étudié. Les termes du glossaire sont surlignés et quand cela est possible, des mots-clés te sont donnés pour encourager un apprentissage indépendant et des compétences de recherche.

Tu découvriras des façons d'apprendre à travers l'*action*.

◼ Les approches de l'apprentissage

Les diverses activités sont là pour développer tes compétences dans les *Approches de l'apprentissage*.

◆ Possibilités d'évaluation dans ce chapitre:

Certaines activités sont *formatives* car elles te permettent de pratiquer diverses parties des *Objectifs d'évaluation* de l'acquisition de langues au PEI. Ton professeur ou toi-même pouvez utiliser d'autres activités pour t'évaluer *sommativement* selon les diverses parties des objectifs d'évaluation.

! Passer à l'action

! Bien que le livre te propose des possibilités d'agir et un grand choix de contenu pour enrichir les relations conceptuelles, tu dois devenir un acteur responsable dans ce processus. Nous te donnons des conseils pour t'aider dans tes propres recherches, ce qui inclut des astuces pour mener à bien une recherche, comment créer soi-même de bonnes questions de recherche, et finalement comment relier et développer toi-même ton apprentissage linguistique aux problèmes mondiaux dans notre monde du XXIe siècle.

À la fin d'un chapitre, nous te demandons de réfléchir à ce que tu as appris grâce à notre *Tableau de réflexion*. Cela te permettra peut-être de réfléchir à de nouvelles questions découvertes à travers ton apprentissage.

Nous avons incorporé de la Réflexion visible – des idées, des cadres, des protocoles et des routines de réflexions – du Projet Zéro de l'Université de Harvard «Graduate School of Education» dans de nombreuses activités.

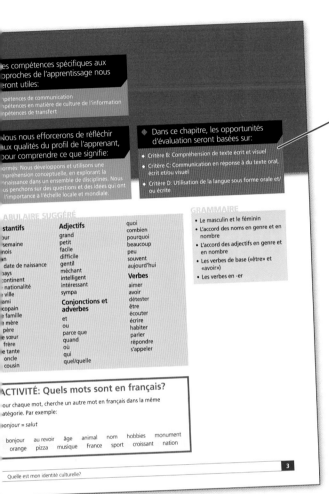

Utilise ce tableau pour réfléchir sur ce que tu as appris dans ce chapitre.					
Les questions posées	Les réponses trouvées	D'autres questions?			
Factuelles					
Conceptuelles					
Invitant au débat					
Les approches de l'apprentissage utilisées dans ce chapitre:	Description: quelles nouvelles compétences as-tu développées?	La maîtrise de ces compétences?			
		Novice	Apprenti	Pratiquant	Expert
Les qualités du profil de l'apprenant:	Réfléchis sur l'importance d'être ouvert d'esprit dans l'apprentissage de ce chapitre.				

Tu es invité à questionner ta compréhension conceptuelle dans une grande variété d'activités dans chaque chapitre.

EXTENSION

Les activités d'extension te permettent d'explorer un thème plus en profondeur.

▼ Liens

Comme toute matière, l'acquisition de langue n'est qu'une partie d'une plus grande image du monde. Nous te proposons donc des liens vers d'autres matières.

● Nous allons réfléchir à cet adjectif du profil de l'apprenant:

● Chaque chapitre contient en thématique un adjectif du *profil de l'apprenant IB* et nous t'invitons à y réfléchir également.

1 Quelle est mon identité culturelle?

Notre **identité** **culturelle** se révèle grâce au **pays** où on vit, les **personnes** qui nous entourent et les **relations** que nous établissons.

EXAMINER ET RÉPONDRE AUX QUESTIONS:

Factuelles: Où parle-t-on français?

Conceptuelles: Qu'est-ce qui permet de définir mon identité?

Invitant au débat: Quelles sont les différences culturelles entre les pays francophones?

Maintenant **partage et compare** tes réponses à ces questions avec ton voisin ou la classe.

DANS CE CHAPITRE, NOUS ALLONS:

- **Découvrir** les pays francophones et la base du français.
- **Explorer** différentes manières d'exprimer des idées simples.
- **Passer à l'action** en réfléchissant à des stratégies pour apprendre le français.

■ Ces compétences spécifiques aux approches de l'apprentissage nous seront utiles:

- ■ Compétences de communication
- ■ Compétences en matière de culture de l'information
- ■ Compétences de transfert

● Nous nous efforcerons de réfléchir aux qualités du profil de l'apprenant, pour comprendre ce que signifie:

- ● Informés: Nous développons et utilisons une compréhension conceptuelle, en explorant la connaissance dans un ensemble de disciplines. Nous nous penchons sur des questions et des idées qui ont de l'importance à l'échelle locale et mondiale.

◆ Dans ce chapitre, les opportunités d'évaluation seront basées sur:

- ◆ Critère B: Compréhension de texte écrit et visuel
- ◆ Critère C: Communication en réponse à du texte oral, écrit et/ou visuel
- ◆ Critère D: Utilisation de la langue sous forme orale et/ou écrite

VOCABULAIRE SUGGÉRÉ

Substantifs

un jour
une semaine
un mois
un an
une date de naissance
un pays
un continent
une nationalité
une ville
un ami
un copain
une famille
une mère
un père
une sœur
un frère
une tante
un oncle
un cousin

Adjectifs

grand
petit
facile
difficile
gentil
méchant
intelligent
intéressant
sympa

Conjonctions et adverbes

et
ou
parce que
quand
où
qui
quel/quelle

quoi
combien
pourquoi
beaucoup
peu
souvent
aujourd'hui

Verbes

aimer
avoir
détester
être
écouter
écrire
habiter
parler
répondre
s'appeler

GRAMMAIRE

- • Le masculin et le féminin
- • L'accord des noms en genre et en nombre
- • L'accord des adjectifs en genre et en nombre
- • Les verbes de base («être» et «avoir»)
- • Les verbes en -er

ACTIVITÉ: Quels mots sont en français?

Pour chaque mot, cherche un autre mot en français dans la même catégorie. Par exemple:

bonjour = salut

| bonjour | au revoir | âge | animal | nom | hobbies | monument |
| orange | pizza | musique | France | sport | croissant | nation |

Où parle-t-on français?

LA FRANCOPHONIE

Le français est parlé dans le monde entier sur cinq continents: en Europe, en Afrique, en Amérique, en Asie et en Océanie. C'est la langue officielle dans 32 pays. On appelle ceci la Francophonie. Connais-tu cinq pays où on parle français?

ACTIVITÉ: La francophonie

■ Les approches de l'apprentissage

■ Compétence de transfert: Appliquer ses compétences et ses connaissances dans des situations nouvelles

Explore la carte du monde et **indique** le nom des pays identifiés:

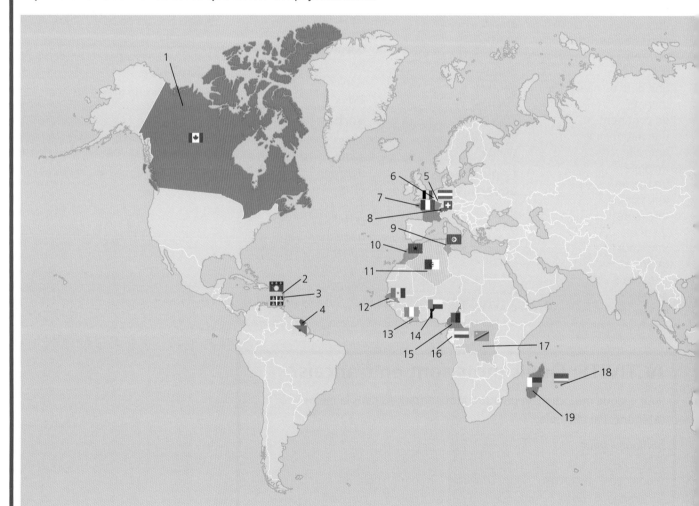

Dans le monde, il y a environ 274 millions de francophones. Le français est la cinquième langue la plus parlée dans le monde. Selon toi, sur quel continent parle-t-on le plus le français?

a Madagascar
b L'Île Maurice
c La Belgique
d La Nouvelle Calédonie
e Le Sénégal
f La France
g Le Cameroun
h Le Gabon
i La Guadeloupe
j La Suisse
k Le Luxembourg
l L'Algérie
m La Guyane
n La République du Congo
o La Martinique
p La Tunisie
q Le Maroc
r La Côte d'Ivoire
s Le Bénin
t Le Canada

20

ACTIVITÉ: Le masculin et le féminin

Explore la case grammaire sur le masculin et le féminin et **identifie** cinq pays masculins et cinq pays féminins.

Quel est le point commun entre les pays féminins? Et les masculins?

GRAMMAIRE

Le masculin et le féminin

En français, certains mots sont masculins (le/un) et d'autres sont féminins (la/une). Par exemple:

Le Canada   La France

Tous les pays qui se terminent par un -e sont féminins excepté les pays suivants:

- Le Mexique
- Le Mozambique
- Le Cambodge
- Le Suriname
- Le Zimbabwe

▼ Liens: Individus et sociétés: Géographie

- Combien de continents y a-t-il?
- Combien de pays francophones y a-t-il?
- Dans combien de pays africains parle-t-on français?

Écoute la chanson en suivant le lien:
https://youtu.be/a3Hqfo8FrVA

Indique le nom des pays africains parlant français.

Qu'est-ce qui permet de définir mon identité?

GRAMMAIRE

Être

Le verbe «être» est irrégulier.

je suis	nous sommes
tu es	vous êtes
il est	ils sont
elle est	elles sont

QUI SUIS-JE?

Je suis Thierry Henry. Je suis français.

■ Voici Paul Pogba. Il est français.

■ C'est Stromae. Il est belge.

■ C'est Céline Dion. Elle est canadienne.

■ Voici Carole Bouquet et Gérard Depardieu. Ils sont français.

GRAMMAIRE

Les adjectifs masculins et le féminin

Masculin	Féminin
français	française
anglais	anglaise
canadien	canadienne
italien	italienne
marocain	marocaine
américain	américaine
suédois	suédoise
chinois	chinoise
allemand	allemande
espagnol	espagnole
suisse	suisse
belge	belge

EXPLORER–ÉCRIRE–PARTAGER

■ **Les approches de l'apprentissage**

■ Compétence en matière de culture de l'information: Établir des liens entre diverses sources d'information

Quelle est ta nationalité?

Fais un sondage dans ta classe pour **explorer** les nationalités de tes camarades, pose la question à cinq élèves, **écris** les résultats et **partage**-les avec la classe.

ACTIVITÉ: Qui es-tu?

■ **Les approches de l'apprentissage**

■ Compétence en matière de culture de l'information: Établir des liens entre diverses sources d'information

1 Regarde les photos des célébrités ci-dessous et lis les légendes.
À ton tour! **Présente** les célébrités suivantes:

1 Roger Federer	4 Angelina Jolie	7 Johnny Depp	10 Hugh Laurie
2 Zinédine Zidane	5 Bradley Cooper	8 Shakira	11 JK Rowling
3 Brigitte Bardot	6 Emma Watson	9 José Mourinho	12 Et toi?

2 Quel est le point commun entre toutes ces célébrités?

ACTIVITÉ: Premiers contacts

Les approches de l'apprentissage

■ Compétence de communication: Lire en faisant preuve d'esprit critique et dans le but de dégager du sens

Observe et lis les bulles suivantes:

Bonjour! Je m'appelle Nathalie. J'ai 16 ans. Je suis française. J'habite à Nice en France. Et toi? Comment t'appelles-tu?

Salut! Je m'appelle Stéphane. J'ai 17 ans. Je suis canadien. J'habite à Montréal au Canada. Je parle français et anglais.

Elle s'appelle Clémentine. Elle a 18 ans. Elle est suisse. Elle habite à Genève en Suisse. Elle parle français et allemand.

Il s'appelle Mohammed. Il a 14 ans. Il est marocain. Il habite à Marrakech au Maroc. Il parle français et arabe.

Réponds aux questions par *vrai* ou *faux*:

1 Nathalie est française.
2 Nathalie a quinze ans.
3 Stéphane habite au Canada.
4 Stéphane parle trois langues.
5 Mohammed vient du Maroc.

6 Mohammed a treize ans.
7 Clémentine a dix-neuf ans.
8 Clémentine habite en Suisse.
9 Stéphane et Mohammed parlent anglais.
10 Nathalie et Clémentine sont des filles.

ACTIVITÉ: Présente-toi!

▣ Les approches de l'apprentissage

- ▪ Compétence de communication: Lire en faisant preuve d'esprit critique et dans le but de dégager du sens

1 Lis les questions et **trouve** la réponse:

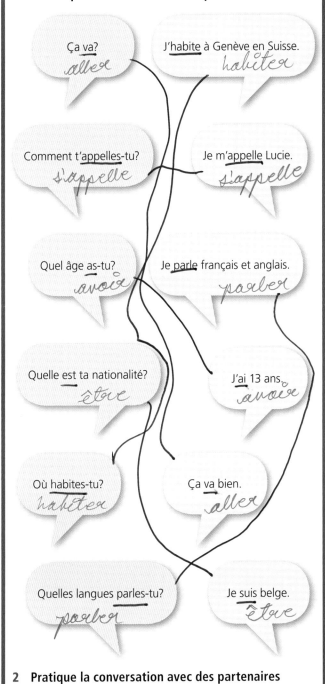

Ça va?
aller

J'habite à Genève en Suisse.
habiter

Comment t'appelles-tu?
s'appelle

Je m'appelle Lucie.
s'appelle

Quel âge as-tu?
avoir

Je parle français et anglais.
parler

Quelle est ta nationalité?
être

J'ai 13 ans.
avoir

Où habites-tu?
habiter

Ça va bien.
aller

Quelles langues parles-tu?
parler

Je suis belge.
être

2 Pratique la conversation avec des partenaires différents dans la classe.

3 Maintenant, **présente** par **écrit** deux amis/amies.

→ Mon amis sont Bianca et Julia.

EXPLORER–DISCUTER–PARTAGER

Villes et pays!

▣ Les approches de l'apprentissage

- ▪ Compétence de communication: Lire en faisant preuve d'esprit critique et dans le but de dégager du sens

Explore les phrases suivantes, **discute** avec un camarade et **recherche** quand il faut **utiliser** les prépositions «à», «en», «au» et «aux». **Partage** tes réponses avec la classe.

1 Je suis à Londres en Angleterre.
2 Luc habite en Belgique à Bruxelles.
3 Mohammed est à New York aux États-Unis.
4 Lucie et Jean sont en Allemagne à Berlin.
5 Aisha habite à Vienne en Autriche.
6 Nous sommes au Japon à Tokyo.
7 Elles sont à Copenhague au Danemark.
8 Vous êtes à Rio au Brésil.
9 Tu es à Rome en Italie.
10 Ils sont à Barcelone en Espagne.
11 J'habite au Portugal à Lisbonne.
12 Nathalie et Zain sont à Oslo en Norvège.

ACTIVITÉ: Où se trouve cette ville?

■ Les approches de l'apprentissage

■ Compétence de transfert: Appliquer ses compétences et ses connaissances dans des situations nouvelles

Dans quels pays se trouvent les villes suivantes? **Recherche** sur internet et **écris** la réponse.

■ Genève – Jet d'eau

■ Montréal – Oratoire Saint-Joseph du Mont-Royal

■ Bruxelles – Manneken Pis

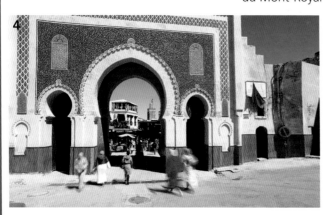

■ Fez – Bab Bou Jeloud

■ Dakar – Cathédrale du Souvenir

■ Fort-de-France – La Savane

■ Alger – Mémorial du martyr

MON ANNIVERSAIRE

Les numéros

Lis les numéros dans l'encadré:

0 zéro	**8** huit	**16** seize	**24** vingt-quatre
1 un	**9** neuf	**17** dix-sept	**25** vingt-cinq
2 deux	**10** dix	**18** dix-huit	**26** vingt-six
3 trois	**11** onze	**19** dix-neuf	**27** vingt-sept
4 quatre	**12** douze	**20** vingt	**28** vingt-huit
5 cinq	**13** treize	**21** vingt et un	**29** vingt-neuf
6 six	**14** quatorze	**22** vingt-deux	**30** trente
7 sept	**15** quinze	**23** vingt-trois	**31** trente et un

▼ Liens: Mathématiques

■ Les approches de l'apprentissage

- ■ Compétence de transfert: Comparer sa compréhension conceptuelle dans divers groupes de matières et disciplines

1 Complète les blancs suivants avec les numéros manquants:
   a   un, deux, ..., quatre, cinq
   b   onze, ..., treize, quatorze, ...
   c   dix-huit, ..., vingt, ...
   d   ..., sept, ..., neuf, ...
   e   vingt-sept, ..., vingt-neuf, ...
2 Fais les calculs ci-dessous et écris la réponse en lettres:
   a   2 + 5 =   f   21 + 3 =
   b   10 + 6 =   g   25 − 7 =
   c   27 + 3 =   h   16 ÷ 4 =
   d   14 − 8 =   i   8 + 1 =
   e   5 × 4 =   j   30 − 11 =

Les symboles mathématiques

+ plus

− moins

× fois

÷ divisé par

= égal

ACTIVITÉ: La date

■ Les approches de l'apprentissage

■ Compétence de communication: Lire en faisant preuve d'esprit critique et dans le but de dégager du sens

> Quelle est la date aujourd'hui?

> C'est lundi, le 3 octobre 2018.

1 Regarde le calendrier du mois de janvier et lis les informations:

JANVIER 2019

lundi	mardi	mercredi	jeudi	vendredi	samedi	dimanche
	1 Nouvel An	2	3	4 Aujourd'hui	5	6 Épiphanie
7	8	9	10	11	12	13
14 Fête de Lucie	15	16	17	18 Anniversaire de Paul	19	20
21	22	23	24 Saint-François	25	26 Anniversaire de Marie	27
28	29	30	31			

2 Réponds aux questions en fonction du calendrier:

a Quelle est la date aujourd'hui?

b Quand est l'anniversaire de Marie?

c Quand est le Nouvel An?

d Quand est la fête de Lucie?

e Quand est l'anniversaire de Paul?

f Quand est la Saint-François?

Les mois de l'année

janvier	février	mars	avril	mai	juin
juillet	août	septembre	octobre	novembre	décembre

ACTIVITÉ: Quelle est la date de ton anniversaire?

■ Les approches de l'apprentissage

■ Compétence de communication: Lire en faisant preuve d'esprit critique et dans le but de dégager du sens

> Quelle est la date de ton anniversaire?

> C'est le 25 mars.

1 Quelle est la date de ton anniversaire? Pose la question à cinq camarades de classe au moins.

2 Écris la date d'anniversaire des personnes suivantes:

a Patrick: 25/7

b Karim: 1/10

c Yann: 16/8

d Martine: 17/9

e Julien: 3/5

f Olivia: 14/2

French for the IB MYP 4&5: by Concept

ARBRE GÉNÉALOGIQUE

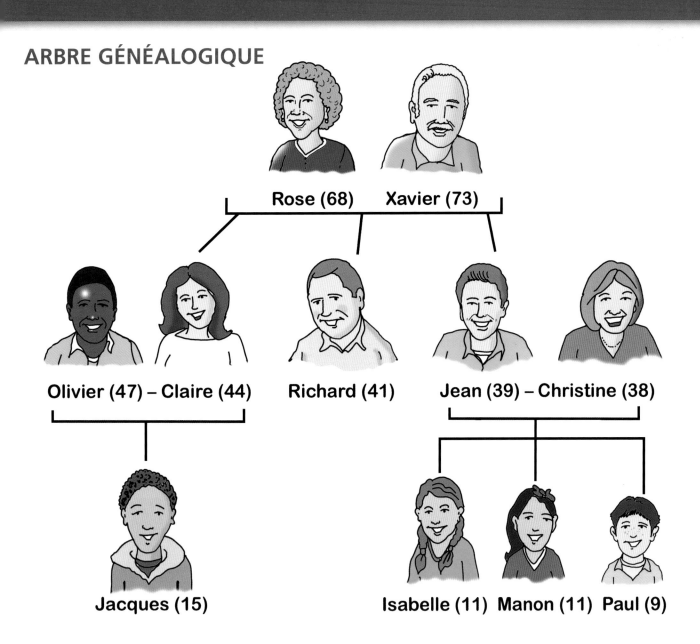

Rose (68) Xavier (73)

Olivier (47) – Claire (44) Richard (41) Jean (39) – Christine (38)

Jacques (15)

Isabelle (11) Manon (11) Paul (9)

ACTIVITÉ : Une grande famille

Regarde l'arbre généalogique de la famille de Manon.

1 Lis les phrases ci-dessous:
  a Jean est le père de Manon.
  b Christine est la mère de Manon.
  c Paul est le frère de Manon.
  d Isabelle est la sœur de Manon.
  e Jean et Christine sont les parents de Manon, Isabelle et Paul.
  f Manon et Isabelle sont jumelles.
  g Rose est la grand-mère de Paul, et Xavier est le grand-père. Ils sont les grands-parents.
  h Rose et Xavier ont trois enfants.
  i Richard est l'oncle de Manon, et Claire est sa tante.
  j Jacques est le cousin de Manon, d'Isabelle et de Paul.
  k Isabelle est la fille de Christine et Jean.
  l Jacques est fils unique.
  m Richard n'a pas d'enfants.
  n Jacques n'a pas de frère et sœur.
  o Claire est la femme d'Olivier. Olivier est le mari de Claire.

2 Complète les phrases suivantes avec les bons mots:
  a Rose est … de Manon.
  b Jean est … de Richard.
  c Claire est … de Jacques.
  d Claire est … de Xavier.
  e Manon est … de Paul.
  f Paul est … de Jacques.
  g Rose et Xavier sont … de Jacques.
  h Jean et Christine sont … de Manon.
  i Paul est … de Jean.
  j Christine est … de Jacques.
  k Olivier est … d'Isabelle.
  l Richard n'a pas d'…

3 Regarde l'arbre généalogique et réponds aux questions:
  a Quel âge a Xavier?
  b Quel âge ont Manon et Isabelle?
  c Est-ce que Paul a une sœur?
  d Quel âge a la tante de Manon?
  e Est-ce que Manon et Isabelle ont un frère?
  f Quel âge a le cousin de Paul?
  g Est-ce que Jacques a un oncle?
  h Qui a un enfant?

4 Regarde la vidéo suivante et réponds aux questions: http://apprendre.tv5monde.com/fr/apprendre-francais/moi-je-suis
  a Combien de personnes y a-t-il dans la famille Le Tallec?
  b Comment s'appellent les enfants de Simon Le Tallec?
  c Présente la famille Bonomi.
  d Est-ce que Louise a des frères et des sœurs?
  e Est-ce que Juliette a des frères et des sœurs?
  f Qui est Simon Le Tallec pour les Bonomi?
  g Quel âge a le fils de Simon Le Tallec?
  h Qui est Françoise?
  i Qui est architecte?

À ton tour maintenant: **dessine** l'arbre généalogique de ta famille et **présente**-le à la classe.

GRAMMAIRE

Avoir

Le verbe «avoir» est irrégulier.

j'ai	nous avons
tu as	vous avez
il a	ils ont
elle a	elles ont

Lis l'exemple:
• Quel âge **as**-tu?
• J'**ai** 17 ans.

MA PERSONNALITÉ

ACTIVITÉ: Comment décrire ma personnalité?

■ Les approches de l'apprentissage

■ Compétence de communication: Faire des déductions et tirer des conclusions

Explore la photo et lis les phrases ci-dessous:

■ Frère et sœur

Il est calme.	Elle est calme.
Il est timide.	Elle est dynamique.
Il est petit.	Elle est grand**e**.
Il est intelligent.	Elle est intelligent**e**.
Il est amusant.	Elle est attentionné**e**.
Il est bavard.	Elle est bavard**e**.
Il est social.	Elle est joli**e**.
Il est gentil.	Elle est genti**lle**.
Il est sérieux.	Elle est sérieu**se**.
Il est créatif.	Elle est créati**ve**.
Il est mignon.	Elle est migno**nne**.
Il est sympa.	Elle est sympa.

1 Comment est-ce que l'adjectif masculin se transforme au féminin? Quelle est la règle?
2 Quel est le féminin des adjectifs suivants?
   a généreux   d ordonné
   b aimable   e travailleur
   c responsable
3 Quel est le masculin des adjectifs suivants?
   a ponctuelle   d active
   b sensible   e belle
   c patiente

ACTIVITÉ: Ma personnalité est mon identité

■ Les approches de l'apprentissage

■ Compétence en matière de culture de l'information: Traiter les données et présenter les résultats

1 **Lis le test de personnalité suivant et réponds aux questions:**

—	Pas du tout d'accord
–	Pas d'accord
+	D'accord
++	Tout à fait d'accord

	—	–	+	++
1 J'ai beaucoup d'ami(e)s				
2 Je suis vite stressé(e)				
3 Je suis désordonné(e)				
4 J'étudie beaucoup				
5 J'ai beaucoup d'imagination				
6 Je suis toujours occupé(e)				
7 Je suis spontané(e)				
8 Je suis sportif/ve				
9 J'aime parler				
10 Je suis généreux/se				

2 **Écris les résultats de ton test. Ajoute un autre adjectif qui te décrit.**

GRAMMAIRE

La négation

La négation est «ne ... pas». Cette expression est placée avant et après le verbe.

Je suis grand(e)	Je **ne** suis **pas** grand(e)
Tu es sportif/ve	Tu **n'**es **pas** sportif/ve
Il/Elle est stressé(e)	Il/Elle **n'**est **pas** stressé(e)

ACTIVITÉ: Une conversation

■ Les approches de l'apprentissage

■ Compétence de communication: Lire en faisant preuve d'esprit critique et dans le but de dégager du sens

Lis le dialogue suivant:

Hélène	Salut Simon!
Simon	Salut Hélène! Je te présente Patrick, mon cousin.
Patrick	Salut Hélène! Comment ça va?
Hélène	Ça va. Et vous?
Simon	Moi, ça va bien. C'est mon anniversaire aujourd'hui!
Hélène	Joyeux anniversaire! Quel âge as-tu?
Simon	J'ai 16 ans.
Hélène	Moi, j'ai 16 ans dans trois mois.
Patrick	Quelle est la date de ton anniversaire, Hélène?
Hélène	C'est le 24 février.
Simon	Vraiment? Comme mon frère Thomas. Il a aussi son anniversaire le 24 février.
Hélène	Quel âge a ton frère?
Simon	Il a 21 ans. Il est à l'université en Suisse.
Hélène	Ma cousine est aussi à l'université en Suisse. Elle habite à Genève. Elle étudie la médecine. Elle est travailleuse et très intelligente.
Simon	Mon frère habite à Lausanne. Il étudie le français, l'anglais et l'espagnol. Il est passionné par les langues.
Hélène	Et toi, Patrick, tu as des frères et sœurs?
Patrick	Oui, j'ai une petite sœur. Elle s'appelle Catherine et elle a 8 ans. Elle est sympa mais elle est très bavarde; c'est fatigant.
Simon	Ma fête est ce soir à 19 heures. Tu peux venir?
Hélène	Oui, à plus tard!
Simon et Patrick	À plus tard!

1 Réponds aux questions par *vrai* ou *faux*:
   a Patrick est le cousin d'Hélène.
   b L'anniversaire de Simon est le 24 février.
   c Patrick a une sœur.
   d Catherine est bavarde et fatigante.
   e La cousine d'Hélène a 21 ans.
   f L'anniversaire d'Hélène est en décembre.
   g La cousine d'Hélène étudie la médecine.
   h Le frère de Simon habite à Genève en Suisse.
   i La fête est à dix-huit heures.
   j Hélène a un frère.
2 En groupe de trois, joue la scène.

ACTIVITÉ: Une interview

■ Les approches de l'apprentissage

■ Compétence de communication: Donner et recevoir des retours d'information appropriés

1 En groupe de deux, préparez l'interview d'une célébrité de votre choix. **Recherchez** des informations sur la personne de votre choix et répondez aux questions. Inventez les réponses des quatre dernières questions.
2 Pratiquez l'interview de votre célébrité et jouez-la devant la classe.

   a Comment t'appelles-tu?
   b Quel âge as-tu?
   c Où habites-tu?
   d Quelle est ta nationalité?
   e Quelle est la date de ton anniversaire?
   f Tu as des frères et des sœurs?
   g Tu as des cousins ou des cousines?
   h Quelles sont tes qualités?
   i Quels sont tes défauts?
   j Qu'est-ce que tu aimes? Et qu'est-ce que tu détestes?

MA DESCRIPTION

ACTIVITÉ: Décris-toi!

■ Les approches de l'apprentissage

■ Compétence de communication: Lire en faisant preuve d'esprit critique et dans le but de dégager du sens

1 Observe les photos et lis les phrases suivantes:

■ Il s'appelle Nicolas. Il a les cheveux bruns et a les yeux verts.

■ Elle s'appelle Carole. Elle a de longs cheveux blonds et raides. Elle a les yeux bleus.

■ Elle s'appelle Nadia. Elle a les cheveux ondulés et a les yeux marron.

■ Il s'appelle Malek. Il a les cheveux courts, frisés et noirs et a les yeux noirs.

■ Elle s'appelle Louise. Elle a les cheveux roux et raides. Elle a les yeux verts. ➤

◆ Les opportunités d'évaluation

◆ Cette activité peut être évaluée selon Critère C: Communication en réponse à du texte oral, écrit et/ou visuel et Critère D: Utilisation de la langue sous forme orale et/ou écrite.

2 Lis les descriptions suivantes et dessine le personnage:

> Je m'appelle Claire. J'ai 30 ans. Je suis petite et j'ai les cheveux noirs et frisés. J'ai les yeux noisette.

> Elle s'appelle Martine. Elle a 15 ans. Elle est de taille moyenne. Elle a les yeux marron et ses cheveux sont blonds et raides.

> Il s'appelle Jean et il a 20 ans. Il est grand. Il a les cheveux courts et châtains et il a les yeux bleus.

> Nous sommes jumeaux. Nous nous appelons Jules et Daniel. Nous avons 13 ans. Nous sommes grands. Nous avons les cheveux courts et roux et nos yeux sont verts.

> Corinne a 65 ans. Elle a de longs cheveux gris ondulés et les yeux noirs. Elle est petite.

3 Choisis dans un magazine cinq personnages et découpe-les. Écris la description de tes personnages sur des feuilles différentes. Échange tes photos et descriptions avec un autre camarade de ta classe; il devra associer la photo avec la bonne description.

4 Choisis une photo de ta famille et **présente**-la à la classe.

◆ Les opportunités d'évaluation

◆ Cette activité peut être évaluée selon Critère C: Communication en réponse à du texte oral, écrit et/ou visuel et Critère D: Utilisation de la langue sous forme orale et/ou écrite.

Quelles sont les différences culturelles entre les pays francophones?

MES GOÛTS

EXPLORER–PARTAGER–PRÉSENTER

Ce que j'aime…

Les approches de l'apprentissage

- Compétence de communication: Lire en faisant preuve d'esprit critique et dans le but de dégager du sens

++	J'adore
+	J'aime
–	Je n'aime pas
—	Je déteste

	++	+	–	—
le chocolat				
les animaux				
la musique				
les biscuits				
le soleil				
le ski				
les frites				
le froid				
le hockey				
les voyages				
la danse				
les chats				
les croissants				
le football				
la pizza				

Explore les mots ci-dessus.

Qu'est-ce que tu aimes, adores, n'aimes pas ou détestes? **Partage** tes réponses avec un camarade de classe.

Présente ce que ton camarade adore, aime, n'aime pas et déteste.

GRAMMAIRE

Les verbes en -er

aimer
j'aime
tu aimes
il/elle aime
nous aimons
vous aimez
ils/elles aiment

détester
je déteste
tu détestes
il/elle déteste
nous détestons
vous détestez
ils/elles détestent

parler
je parle
tu parles
il/elle parle
nous parlons
vous parlez
ils/elles parlent

OBSERVER–TRAVAILLER À DEUX–PARTAGER

■ Les approches de l'apprentissage

■ Compétence de communication: Lire en faisant preuve d'esprit critique et dans le but de dégager du sens

Voici quelques verbes qui sont des termes d'instruction utilisés pour donner des consignes aux élèves.

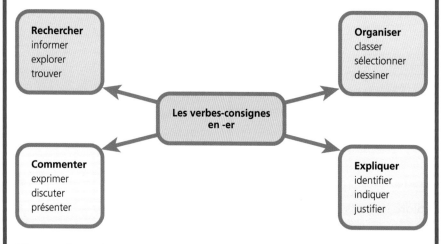

Rechercher
informer
explorer
trouver

Organiser
classer
sélectionner
dessiner

Les verbes-consignes en -er

Commenter
exprimer
discuter
présenter

Expliquer
identifier
indiquer
justifier

Observe les verbes-consignes donnés et réfléchis sur ce que tu as appris jusqu'à maintenant dans ce chapitre.

Travaillez à deux et **écrivez** cinq phrases utilisant des verbes différents. Par exemple:

Je recherche des informations sur internet.

Partagez vos phrases avec la classe.

❗ **Passer à l'action: Comprendre les mots-consignes du PEI**

❗ Prépare, pour ta classe et les autres élèves de français, un poster sur un mot-consigne en **expliquant** par un dessin et/ou des exemples comment comprendre le mot que tu as choisi.

Quelques fêtes nationales

■ Les approches de l'apprentissage

■ Compétences en matière de culture de l'information: Accéder aux informations pour s'informer et informer les autres

Recherche les dates des événements suivants. Que symbolisent ces fêtes?

- La fête nationale française
- La fête nationale suisse
- La fête nationale belge
- La fête nationale québécoise
- La fête nationale à Madagascar

QUELQUES CHIFFRES

Encore des numéros

Lis les numéros suivants:

30 trente	**50** cinquante	**90** quatre-vingt-dix	**1855** mille huit cent cinquante-cinq
31 trente et un	**60** soixante	**100** cent	**2000** deux mille
32 trente-deux	**70** soixante-dix	**1000** mille	**2018** deux mille dix-huit
40 quarante	**80** quatre-vingts	**1250** mille deux cent cinquante	

La fête nationale en France

1 Qu'est-ce qu'une fête nationale? C'est le jour fêté qui marque un événement historique, politique ou culturel d'un pays.

2 La fête nationale de la France est le 14 juillet. Cette date représente l'anniversaire de la révolte des Français contre le roi Louis XVI en 1789 avec la prise de la Bastille. La Bastille était une célèbre prison à Paris; aujourd'hui elle n'existe plus. C'est une date historique parce que c'est le début de la Révolution française. L'événement le plus important de la Révolution française n'est pas la prise de la Bastille; c'est l'exécution du roi de France le 21 janvier 1793. C'est en 1880 que le 14 juillet est officiellement devenu la date de la fête nationale.

3 La journée du 14 juillet est fériée; c'est une tradition en France. Il y a des feux d'artifices tirés dans toutes les villes de France. À Paris, les feux sont tirés à la Tour Eiffel.

4 Et dans ton pays, est-ce qu'il y a une fête nationale?

ACTIVITÉ: Quelques différences francophones

■ Compétence de communication: Lire en faisant preuve d'esprit critique et dans le but de dégager du sens

Teste tes connaissances! Que sais-tu de la francophonie? Lis les questions suivantes et choisis la bonne réponse:

1 En français, on utilise «tu» pour parler:
   a à un professeur
   b à un ami
2 Au Québec, pour dire «bonjour», on dit:
   a salut
   b allô
3 En France, on fait la bise:
   a vrai
   b faux
4 En Suisse, pour 70, on dit:
   a septante
   b soixante-dix
5 En Belgique et en Suisse, on dit:
   a huitante
   b quatre-vingt
6 En Côte d'Ivoire, le géniteur est:
   a le grand-père
   b le père

! Passer à l'action

! Voici un poème de Senghor. Lis le poème. Qu'en penses-tu? Quel est le message du poète?

Poème à mon frère blanc
Cher frère blanc,
Quand je suis né, j'étais noir,
Quand j'ai grandi, j'étais noir,
Quand je suis au soleil, je suis noir,
Quand je suis malade, je suis noir,
Quand je mourrai, je serai noir.
Tandis que toi, homme blanc,
Quand tu es né, tu étais rose,
Quand tu as grandi, tu étais blanc,
Quand tu vas au soleil, tu es rouge,
Quand tu as froid, tu es bleu,
Quand tu as peur, tu es vert,
Quand tu es malade, tu es jaune,
Quand tu mourras, tu seras gris.
Alors, de nous deux,
Qui est l'homme de couleur?

PROFIL DE L'APPRENANT: INFORMÉS

Découvre un personnage historique: Léopold Sédard Senghor (1906–2001)

Le mot «francophonie» est créé au XIXe siècle par Onésime Réclus, géographe français, mais est popularisé par Léopold Sédard Senghor. Léopold est un poète–écrivain sénégalais. Il est le premier africain à rentrer à l'Académie française et à mettre une définition de sentiment d'appartenance à la communauté francophone.

VOYAGE DANS LA FRANCOPHONIE!

Salut!

Je me présente: je m'appelle Thomas. J'ai 15 ans. Je suis suisse et j'habite à Genève. C'est une ville en Suisse. Dans ma famille, nous sommes cinq. Il y a mes parents, Jules et Françoise, et mes deux sœurs qui ont 11 ans. Elles sont jumelles mais elles sont très différentes. Rose a les cheveux  blonds et les yeux verts, alors que Nuria a les cheveux châtains et les yeux bleus. Elles sont toutes les deux actives mais elles ne sont pas toujours gentilles.

Moi, je suis grand et blond. J'ai les yeux bleus. Je suis très sportif et dynamique. J'adore le football, je joue dans une équipe et en hiver, je skie dans les Alpes. Après le ski, j'aime manger une fondue au fromage. J'adore aussi le chocolat, surtout le chocolat suisse!

Écris-moi!

Thomas

Bonjour!

Je suis de l'île Maurice. Je m'appelle Julien et j'ai 14 ans. Je n'ai pas de frère et sœur; je suis fils unique. J'ai les cheveux noirs et les yeux noirs. Je suis spontané et studieux.

J'adore le soleil, la plage et nager dans l'océan. Il y a beaucoup de soleil ici, et il fait chaud. J'aime beaucoup le poisson et je déteste la pizza. Qu'est-ce que tu aimes?

Réponds-moi!

Julien

Allô!

Je m'appelle Catherine. Je suis du Québec et j'ai 16 ans. J'ai une assez grande famille: j'ai un frère et une sœur. Ils sont plus âgés que moi. Mon grand frère a 26 ans et ma sœur a 23 ans. Ils sont à l'université et habitent à Montréal.

Je ne suis pas très grande. J'ai les cheveux roux et frisés et j'ai les yeux verts. Je suis active et travailleuse. J'adore le sport et la nature. J'aime les animaux, mais je déteste les poissons. Mon sport préféré est le hockey. Je ne joue pas au hockey, mais j'aime regarder les matchs. Et toi, qu'est-ce que tu aimes comme sport?

Au Québec, on fabrique du sirop d'érable et on aime manger de la poutine. Moi, j'adore les deux.

Réponds à mon email!

Catherine

ACTIVITÉ: Le correspondant idéal

1 Lis les trois emails des correspondants.
2 Réponds aux questions suivantes:
   a Quelle est la nationalité de Thomas?
   b Comment s'appellent les parents de Thomas?
   c Quel âge ont les sœurs de Thomas?
   d Où habite Catherine?
   e Combien de frères et sœurs a Catherine?
   f Comment est Julien?
3 Qu'est-ce que chaque correspondant aime et déteste faire? Remplis un tableau comme le suivant:

	Thomas	Catherine	Julien
Aime			
Déteste			

4 Choisis qui est le correspondant idéal pour toi et justifie ta réponse.
5 Écris une réponse à ton correspondant préféré dans un email.

ÉVALUATION SOMMATIVE

CES ACTIVITÉS PEUVENT ÊTRE ÉVALUÉES SELON LE CRITÈRE B : COMPRÉHENSION DE TEXTE ÉCRIT ET VISUEL, LE CRITÈRE C: COMMUNICATION EN RÉPONSE À DU TEXTE ORAL, ÉCRIT ET/OU VISUEL ET LE CRITÈRE D: UTILISATION DE LA LANGUE SOUS FORME ORALE ET/OU ÉCRITE.

Pour ces évaluations, l'usage du dictionnaire n'est pas autorisé.

Évaluation 1

Lis le texte suivant et réponds aux questions:

Salut!

Je te présente ma famille. Nous sommes beaucoup de personnes dans ma famille. Il y a ma mère, mon père; mes parents sont divorcés. J'ai une sœur jumelle qui s'appelle Morgane et un frère. Ma mère s'appelle Martine; elle a quarante-cinq ans. Mon père s'appelle Marc et il a quarante-huit ans. Mon frère a dix-neuf ans. Il habite avec ma mère à Lyon. Il s'appelle Martin. Il est grand. Il a les cheveux châtains et les yeux bleus. Il est très sportif, et il adore le football.

Les parents de ma mère sont français. Ils s'appellent Marcel et Marguerite. Ils ont deux enfants: ma mère et ma tante qui s'appelle Monica. Elle a quarante-trois ans. Ma tante a un enfant; c'est mon cousin Malik. Il est fils unique et il a seize ans. Le père de Malik, mon oncle, s'appelle Maurice. Il a cinquante ans.

La mère de mon père, ma grand-mère, s'appelle Maïté et mon grand-père s'appelle Meinrad. Ils ont aussi deux enfants, deux garçons: mon père et mon oncle. Mon oncle s'appelle Mathieu. Il a quarante ans et il n'a pas d'enfants.

Et moi, je m'appelle Mathilde et j'ai quinze ans. Je suis blonde aux yeux bleus. Je suis bavarde et sociale. J'aime parler avec mes amis et ma famille. J'adore danser, mais je déteste chanter.

À bientôt,

Mathilde

1 Quel type de texte est ce texte?
2 Quel âge ont les personnes suivantes?
   a Monica
   b Martin
   c Martine
   d Malik
   e Morgane
3 Comment s'appellent les oncles de Mathilde?
4 Combien de personnes y a-t-il dans la famille de Mathilde?
5 Combien d'enfants ont les parents de Mathilde?
6 Où habite la mère de Mathilde?
7 Qui a les yeux bleus?
8 Qu'est-ce que le frère de Mathilde aime?
9 Qui est Malik?
10 Qu'est-ce que déteste Mathilde?
11 Dessine l'arbre généalogique de la famille de Mathilde.

Évaluation 2

■ Photo 1

■ Photo 2

Choisis la photo 1 ou 2 et **présente** la famille (nom, âge, nationalité, description, goûts, etc.).

Réflexion

Dans ce chapitre, tu as appris ce que veut dire la Francophonie et tu as découvert ce qui forme notre identité culturelle et quelques différences entre les pays francophones.

Utilise ce tableau pour réfléchir sur ce que tu as appris dans ce chapitre.					
Les questions posées	Les réponses trouvées	D'autres questions?			
Factuelles: Où parle-t-on français?					
Conceptuelles: Qu'est-ce qui permet de définir mon identité?					
Invitant au débat: Quelles sont les différences culturelles entre les pays francophones?					
Les approches de l'apprentissage utilisées dans ce chapitre:	Description: quelles nouvelles compétences as-tu développées?	La maîtrise de ces compétences			
		Novice	Apprenti	Pratiquant	Expert
Compétences de communication					
Compétences en matière de culture de l'information					
Compétences de transfert					
Les qualités du profil de l'apprenant:	Réfléchis sur l'importance d'être informé dans l'apprentissage de ce chapitre.				
Informés					

Qu'est-ce qu'il y a autour de moi?

○ **La communication** avec autrui permet de **former** un monde autour de soi à **un moment** et dans **un lieu** précis.

EXAMINER ET RÉPONDRE AUX QUESTIONS:

Factuelles: Qu'est-ce qu'il y a autour de moi? Comment est-ce que le monde autour de moi est organisé?

Conceptuelles: Comment peut-on communiquer efficacement avec autrui?

Invitant au débat: Peut-on influencer le monde autour de nous?

Maintenant **partage et compare** tes réponses à ces questions avec ton voisin ou la classe.

○ DANS CE CHAPITRE, NOUS ALLONS:

■ **Découvrir** ma ville, ma maison et ce qu'il y a autour de moi.

■ **Explorer** le monde autour de soi.

■ **Passer à l'action** en communiquant et donnant des directions en français.

■ Ces compétences spécifiques aux approches de l'apprentissage nous seront utiles:

- ■ Compétences de communication
- ■ Compétences de collaboration
- ■ Compétences en matière de culture de l'information
- ■ Compétences de pensée critique
- ■ Compétences de pensée créative
- ■ Compétences de transfert

◆ Dans ce chapitre, les opportunités d'évaluation seront basées sur:

- ◆ Critère B: Compréhension de texte écrit et visuel
- ◆ Critère C: Communication en réponse à du texte oral, écrit et/ou visuel
- ◆ Critère D: Utilisation de la langue sous forme orale et/ou écrite

● Nous nous efforcerons de réfléchir aux qualités du profil de l'apprenant, pour comprendre ce que signifie:

- ● Audacieux: Nous abordons les incertitudes avec discernement et détermination. Nous travaillons de façon autonome et coopérative pour explorer de nouvelles idées et des stratégies innovantes. Nous sommes ingénieux et nous savons nous adapter aux défis et aux changements.

GRAMMAIRE

- • Les verbes en -ir
- • Les verbes irréguliers: aller/prendre
- • Les formes impersonnelles: il y a, c'est
- • Les prépositions de lieux

OBSERVER–RÉFLÉCHIR–PARTAGER

Observe la photo. **Réfléchis** aux mots que tu peux utiliser pour **décrire** la photo et découvre de nouveaux mots de vocabulaire en **utilisant** un dictionnaire. Puis, **partage** tes réponses avec la classe:

VOCABULAIRE SUGGÉRÉ

Substantifs

une ville
un appartement
une maison
une maisonnette
une cabine
un chalet
une ferme
un immeuble
un château
un manoir
une villa
un magasin
une pharmacie
un hôpital
une piscine
un parc
un marché
un cinéma
une école
une bibliothèque

une librairie
un kiosque
une chambre
une cuisine
une salle à manger
un salon
une salle de bain
une cave
un grenier
un bureau
un hall
les escaliers
un lit
une table
une chaise
un canapé
un fauteuil
une armoire
un rideau
une lampe

Adjectifs

moderne
calme
tranquille
ancien
vieux
pittoresque
traditionnel
industriel
rural
animé
beau

Verbes

aller
venir
sortir
partir
déménager
finir
vendre

Comment est-ce que le monde autour de moi est organisé?

DANS MON QUARTIER…

Voici quelques photos de divers quartiers dans le monde francophone.
Chaque pays francophone a son identité qui est reflétée dans les villes par son architecture. Il existe différents types de logement, de lieux et de monuments. En France, il y a beaucoup de châteaux, parce qu'il y avait une monarchie; en Suisse, il y a des chalets en bois, parce qu'on utilise la matière locale pour construire des logements; au Canada, les maisons sont grandes et spacieuses; et à l'île Maurice, elles sont colorées. Observe les photos et lis les bulles à la page suivante.

a Salut! J'habite dans un chalet à la montagne en Suisse. Le chalet est grand et ancien. En hiver, il y a de la neige. J'adore le ski.

f J'habite dans une villa à la campagne. La maison est jolie; il y a beaucoup d'espace et le jardin est grand et agréable. Il y a peu de bruit et surtout peu de voitures qui circulent ici; c'est très tranquille.

g Moi, j'habite dans une vieille maison québécoise dans la périphérie de la ville. En été, avec mes parents, on habite dans une cabine dans la forêt canadienne, près d'un lac. C'est petit mais j'adore passer mes vacances là-bas.

b Moi, j'habite au bord de la mer dans une maison mauricienne. La maison est grande et spacieuse. Il y a un balcon au premier étage.

c Je m'appelle Khaled et j'habite au Sud de la France en Côte d'Azur dans un appartement. L'immeuble est blanc et moderne. C'est petit mais c'est très confortable et il est au centre de la ville.

h Salut, moi je m'appelle Marc. J'habite dans une vieille ferme à la campagne avec mes parents et ma sœur. La ferme est immense. Il y a beaucoup d'animaux, surtout des vaches et des cochons.

d Eh bien, moi, j'habite dans un petit appartement dans la banlieue. L'appartement est dans un HLM à plusieurs étages.

e Bonjour! Je m'appelle Antoine. J'habite en ville la semaine et le week-end j'habite dans un énorme château à la campagne. Mes parents rénovent le château. C'est très grand. Il y a beaucoup de chambres et l'hiver, il fait très froid.

ACTIVITÉ: Où habites-tu?

▪ Les approches de l'apprentissage

■ Compétence de communication: Lire en faisant preuve d'esprit critique et dans le but de dégager du sens

1 Lis le texte dans les bulles et **trouve** la photo qui correspond au texte.
2 **Classe** les informations indiquées dans un tableau comme ci-dessous:

Photo	Bulle	Type de logement	Lieux	Ville/pays
1				
2				
3				
4				
5				
6				
7				
8				
9				

3 Prends un stabilo ou un stylo, et **identifie** les adjectifs utilisés dans les textes pour **décrire** les lieux. Classe les adjectifs selon les catégories suivantes:
  a La grandeur
  b L'esthétique
  c Le confort
  d Autre

ACTIVITÉ: Sondage

■ Les approches de l'apprentissage

- ■ Compétence en matière de culture de l'information: Recueillir, consigner et vérifier les données
- ■ Compétence de communication: Faire des déductions et tirer des conclusions

Demande à cinq camarades de classe où ils habitent. Prends des notes et **écris** le résultat.

GRAMMAIRE

Les formes impersonnelles:
- Il y a + un nom
- Il n'y a pas de + nom
- C'est + un nom
- Ce sont + un nom
- Ce n'est pas + un nom
- Ce ne sont pas des + nom

RÉFLÉCHIR–EXPLORER–PARTAGER

■ Les approches de l'apprentissage

- ■ Compétence de pensée créative: Procéder à des remue-méninges et avoir recours à des schémas visuels pour générer de nouvelles idées et recherches

Cherche à élargir ton vocabulaire!

Observe les photos à la page 28. Avec un camarade, en **utilisant** internet ou un dictionnaire, **réfléchissez** en regardant les photos et **explorez** de nouveaux mots. **Trouvez** d'autres adjectifs pour **décrire** le quartier ou le logement. **Sélectionnez** cinq mots que vous voulez partager. **Écrivez**-les sur des notes adhésives différentes, **partagez** vos réponses, puis affichez-les contre le mur consacré à cette unité.

MA VILLE

Voici la carte de la ville de Lausanne en Suisse. Observe la carte. Où se trouve les lieux suivants?

1. une cathédrale
2. une église
3. un marché
4. un hôpital

5. un pont
6. un château
7. un musée
8. un théâtre

9. une piscine
10. un hôtel
11. une gare
12. un jardin public

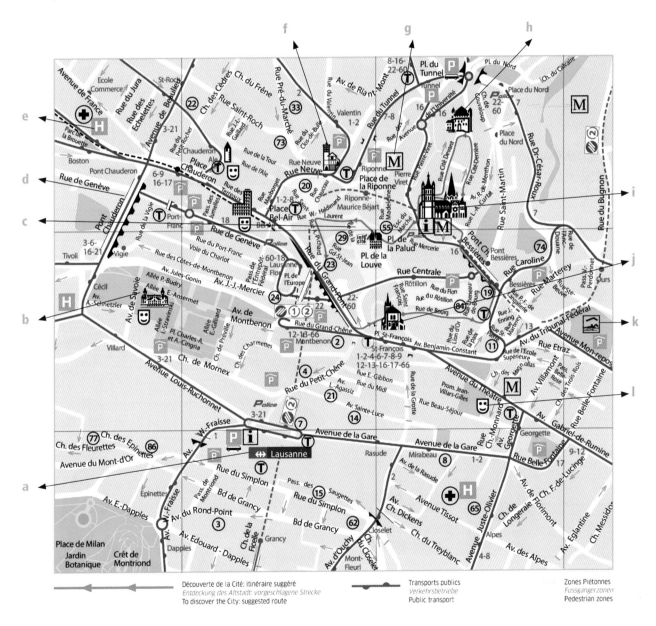

Dans la ville, il y a aussi:

a   un restaurant
b   un supermarché
c   un centre commercial avec des magasins

d	une banque	g	un kiosque	j	une école
e	une Poste	h	une pharmacie	k	un café
f	un centre sportif	i	un cinéma	l	un parking

Quel lieu correspond à quelle photo?

Lausanne, une ville cosmopolite!

1 Je vous présente ma ville: Lausanne. C'est la capitale du Canton de Vaud en Suisse. C'est une ville cosmopolite, dynamique et culturelle. C'est la quatrième plus grande ville de Suisse et elle compte 140.000 habitants. Elle est située sur la rive nord du Lac Léman en Suisse romande.

2 La population lausannoise est jeune. Il y a beaucoup d'étudiants, parce qu'il y a plusieurs écoles supérieures et universités.

3 À Lausanne, il y a beaucoup de sites culturels. Il y a les quartiers historiques de la ville, par exemple:

Le château de la ville

La Cathédrale Notre Dame

Les escaliers du marché

Le palais de Rumine

4 Il y a de nombreux musées d'art, d'architecture et de sciences. Il y a aussi des théâtres, des cinémas et un opéra. C'est une ville très culturelle, ainsi que sportive. Lausanne est la ville olympique. On peut visiter le musée olympique avec ses jardins magnifiques situés au bord du lac Léman.

5 Au bord du lac, il y a de nombreux restaurants, cafés et bars avec leurs terrasses. La plus belle terrasse est celle du célèbre hôtel «Le Beau Rivage».

6 Visitez Lausanne; c'est une belle ville!

ACTIVITÉ: Qu'est-ce qu'il y a dans ta ville?

◼ Les approches de l'apprentissage

◼ Compétences en matière de culture de l'information: Recueillir, consigner et vérifier les données

Rends-toi sur les liens suivants et regarde les deux vidéos:
- **http://apprendre.tv5monde.com/fr/apprendre-francais/la-ville**
- **http://apprendre.tv5monde.com/fr/apprendre-francais/bienvenue**

Pour chaque vidéo, **trouve** cinq lieux ou monuments dans les villes.

Compare tes réponses avec un camarade et complète ta liste.

ACTIVITÉ: Quelques activités à Lausanne

◼ Les approches de l'apprentissage

◼ Compétence de communication: Lire en faisant preuve d'esprit critique et dans le but de dégager du sens

1 Observe la liste d'activités suivantes. Où peux-tu faire ces activités dans la ville? Par exemple:
Je peux acheter un journal au kiosque.

a	regarder un film	h	envoyer une lettre
b	manger une omelette	i	acheter du chewing-gum
c	boire un thé	j	acheter un jean
d	lire un livre	k	acheter un fruit
e	nager	l	prendre un train
f	garer la voiture	m	prendre des photos
g	retirer de l'argent	n	dormir

2 Ajoute trois autres activités à faire dans la ville et partage-les avec ta classe.

ACTIVITÉ: Lausanne, une ville cosmopolite

■ Les approches de l'apprentissage

■ Compétence de communication: Lire en faisant preuve d'esprit critique et dans le but de dégager du sens

Lis le blog sur la ville de Lausanne et réponds aux questions suivantes:

1 Quel type de texte est-ce?
2 Comment s'appelle la ville?
3 Où est cette ville?
4 Combien d'habitants y a-t-il?
5 Qu'est-ce qu'il y a à visiter? Cite trois lieux.
6 Pourquoi la population de cette ville est-elle jeune?
7 Pourquoi cette ville est-elle culturelle?
8 Que pense l'auteur de cette ville?

ACTIVITÉ: Paris, tu connais?

■ Les approches de l'apprentissage

■ Compétence de pensée critique: Tirer des conclusions et des généralisations raisonnables

Rends-toi sur le lien suivant et écoute le podcast sur la capitale de la France, Paris: www.podcastfrancaisfacile. com/dialogue/paris-texte-francais-facile.html

Réponds aux questions par *vrai* ou *faux* après avoir écouté le podcast:

1 Il y a un fleuve à Paris.
2 Il y a une île à Paris.
3 Il y a 20 arrondissements à Paris.
4 Il y a trois riches arrondissements à Paris.
5 Les quartiers riches sont à l'ouest de Paris.
6 Les quartiers populaires sont au sud.
7 Au centre de Paris, il y a plusieurs monuments célèbres.
8 Paris est la capitale touristique de la France.
9 Le Louvre est le plus grand musée de France.
10 Il y a beaucoup de touristes qui visitent Paris.

ACTIVITÉ: Mes villes préférées

■ Les approches de l'apprentissage

- Compétence de transfert: Appliquer ses compétences et ses connaissances dans des situations nouvelles

Sélectionne trois villes que tu aimes et **explique** ce que tu aimes dans ces villes (moderne, dynamique, etc.) et ce qu'il y a à visiter et faire.

Partage les trois villes que tu préfères avec tes camarades.

◆ Les opportunités d'évaluation

- Cette activité peut être évaluée selon Critère C: Communication en réponse à du texte oral, écrit et/ou visuel et Critère D: Utilisation de la langue sous forme orale et/ou écrite.

ACTIVITÉ: Et ta ville?

■ Les approches de l'apprentissage

- Compétence en matière de culture de l'information: Accéder aux informations pour s'informer et informer les autres

Fais une recherche sur internet et **écris** un texte sur ta ville ou une ville de ton choix. Ton texte répondra aux questions suivantes:
- **Comment s'appelle ta ville?**
- **Quel genre de ville est-ce?**
- **Combien de gens y habitent?**
- **Qu'est-ce qu'il y a à visiter?**
- **Qu'est-ce qu'il y a à faire?**

Choisis des photos et illustre ton texte avec des photos de ta ville. Écris environ 100 à 150 mots.

◆ Les opportunités d'évaluation

- Cette activité peut être évaluée selon Critère C: Communication en réponse à du texte oral, écrit et/ou visuel et Critère D: Utilisation de la langue sous forme orale et/ou écrite.

GRAMMAIRE

La préposition «à»

Masculin	à + le = au
Féminin	à + la = à la
Nom commençant par une voyelle	à + l' = à l'
Pluriel	à + les = aux

VOCABULAIRE

un fleuve	marcher
une île	séjourner
un quartier	louer
compter	

Astuces

Nord

Ouest — Est

Sud

Comment peut-on communiquer efficacement avec autrui?

Ce n'est pas facile de trouver son chemin dans une nouvelle ville. Les cartes nous aident à nous situer dans une ville. Quelquefois, il est utile de demander son chemin et de comprendre où se diriger. Regarde la carte du centre-ville de Libreville au Gabon.

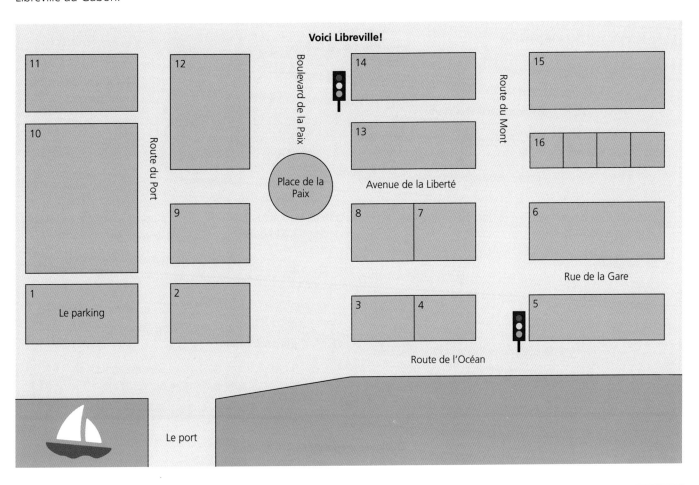

Voici Libreville!

ACTIVITÉ: Bienvenue à Libreville!

◼ Les approches de l'apprentissage

- ◼ Compétence de communication: Lire en faisant preuve d'esprit critique et dans le but de dégager du sens

Explore la carte de Libreville et lis les instructions dans les bulles à la page suivante.

Indique quels sont les bâtiments n°2 à 16. Les bâtiments à inclure sont en gras.

Jean visite la ville de Lucien. Il est au port. ➤

◆ Les opportunités d'évaluation

- ◆ Cette activité peut être évaluée selon Critère B: Compréhension de texte écrit et visuel.

L'église Saint-Jean est au nord-ouest de la Place de la Paix.

À droite du parking se trouve **le *Café Fleur***.

En face du port, il y a **le parking**.

– Excusez-moi madame, je dois aller au **restaurant *Chez Paul***. Où se trouve-t-il?

– C'est facile: longez la Route de l'Océan, tournez à gauche au feu dans la Route du Mont, prenez la première rue à gauche. Le restaurant est le premier bâtiment à droite.

L'école se trouve entre le restaurant *Chez Paul* et le cinéma.

À droite du cinéma, il y a **l'Hôtel de la Paix**.

J'habite près du **supermarché**.

– Pardon monsieur, je voudrais aller **au stade**, s'il vous plaît.

– Allez tout droit dans la Route du Port, prenez la deuxième rue à gauche et le stade est à votre droite.

À gauche du restaurant *Chez Paul*, il y a **la banque**.

Le marché est entre l'église Saint-Jean et le *Café Fleur*.

La pharmacie est derrière la banque.

Au coin de la route du Mont, vers le feu, il y a **la gare**.

La poste est à côté de la gare et devant le restaurant.

– Pardon monsieur, où se trouve **le cinéma**?

– Tournez dans le Boulevard de la Paix, allez tout droit, traversez la Place de la Paix. Le cinéma est à droite, au coin du Boulevard vers le feu.

– Excusez-moi mademoiselle, je voudrais visiter **le parc national**.

– Suivez la Route du Port. Le parc est en face du parking, à côté du Marché.

Quelques prépositions

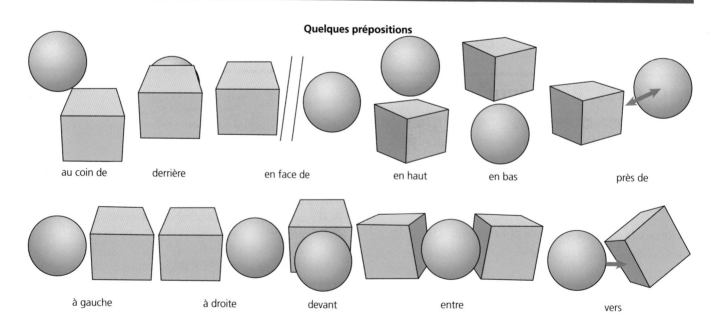

au coin de   derrière   en face de   en haut   en bas   près de

à gauche   à droite   devant   entre   vers

ACTIVITÉ: Quel est le chemin pour aller à la plage?

■ Les approches de l'apprentissage

- ■ Compétences de communication: Donner et recevoir des retours d'information appropriés. Faire des déductions et tirer des conclusions
- ■ Compétence de collaboration: Écouter activement les points de vue et les idées d'autrui

Travaille avec un camarade. Observe la carte de Libreville à la page précédente et donne la bonne direction à ton camarade à tour de rôle. Change de point de départ pour chaque direction. Par exemple:

> Excusez-moi, je voudrais aller au restaurant «Chez Paul».

> Allez tout droit et tournez dans la première rue à gauche. C'est le premier bâtiment à droite.

1	À la pharmacie	5	À l'église
2	À l'école	6	Au port
3	Au marché	7	Etc.
4	Au stade		

Voici quelques verbes irréguliers au présent de l'indicatif:

aller	prendre
je vais	je prends
tu vas	tu prends
il/elle/on va	il/elle/on prend
nous allons	nous prenons
vous allez	vous prenez
ils/elles vont	ils/elles prennent

ACTIVITÉ: Où suis-je? Devine!

■ Les approches de l'apprentissage

- ■ Compétences de communication: Donner et recevoir des retours d'information appropriés. Faire des déductions et tirer des conclusions
- ■ Compétence de collaboration: Écouter activement les points de vue et les idées d'autrui

Choisis cinq lieux différents sur la carte de Libreville et **écris** une description **expliquant** où tu te trouves sur la carte, sans mentionner le nom. Ton camarade devinera où tu te trouves. Par exemple:

Je suis entre la Route du Port et le Boulevard de la Paix. À ma gauche, il y a le Parc National et à ma droite, il y a la banque. Où suis-je?

Quelques directions

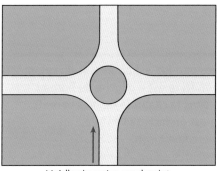

Va/allez jusqu'au rond-point

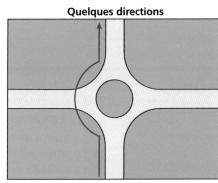

Continue/continuez tout droit

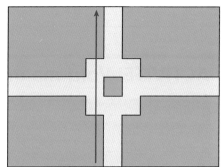

Traverse/traversez la place

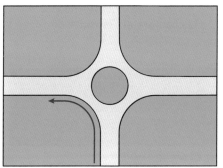

Tourne/tournez à gauche

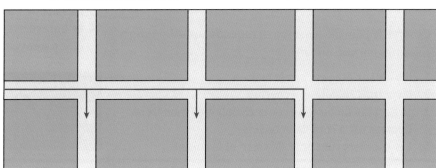

Prends/prenez la première/deuxième/troisième rue à droite

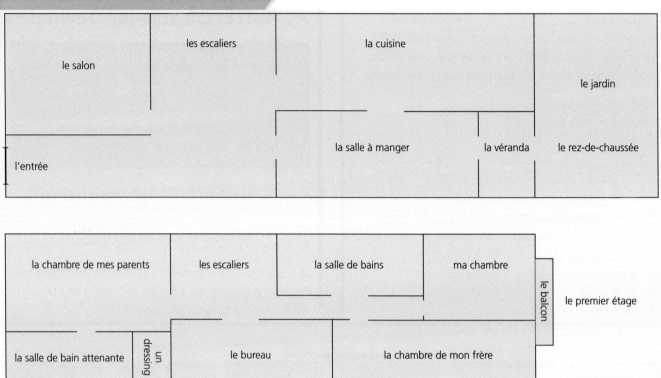

le salon

les escaliers

la cuisine

le jardin

l'entrée

la salle à manger

la véranda

le rez-de-chaussée

la chambre de mes parents

les escaliers

la salle de bains

ma chambre

le balcon

le premier étage

la salle de bain attenante

un dressing

le bureau

la chambre de mon frère

ACTIVITÉ: Voici ma maison…

Les approches de l'apprentissage

- Compétence de communication: Lire en faisant preuve d'esprit critique et dans le but de dégager du sens

Observe le plan de la maison et réponds aux affirmations suivantes par *vrai* ou *faux*:

1 Il y a deux étages dans la maison.
2 Il y a trois chambres à coucher.
3 Je partage un balcon avec la chambre de mon frère.
4 L'entrée est à côté de la cuisine.
5 Les escaliers sont entre le salon et la cuisine.
6 La chambre de mes parents est au-dessus du salon.
7 La chambre de mon frère est à gauche du bureau.
8 Il y a un dressing dans la chambre de mes parents.
9 La salle à manger est en face de l'entrée.
10 Le jardin est derrière la maison.
11 La véranda est devant le salon.
12 Sous le balcon, c'est le jardin.
13 La salle de bains est en-dessous de la cuisine.
14 Le bureau est entre la chambre et l'en-suite de mes parents.

Les opportunités d'évaluation

- Cette activité peut être évaluée selon Critère B: Compréhension de texte écrit et visuel.

MA CHAMBRE

ACTIVITÉ: Quelle chambre est-ce?

Les approches de l'apprentissage

- Compétence de communication: Utiliser les formes rédactionnelles adaptées à différents objectifs et différents publics

En groupe de deux ou trois personnes, observez une des photos d'une chambre.

1 Cherchez le vocabulaire nécessaire pour décrire la photo de votre choix.
2 Écrivez la description de la chambre de votre choix en 100 à 150 mots.
3 Présentez la description à vos camarades. Ils devineront quelle chambre vous avez décidé de décrire.

ACTIVITÉ: Comment c'est chez toi?

Les approches de l'apprentissage

- Compétence de communication: Utiliser une diversité de techniques oratoires pour communiquer avec des publics variés

Présente ta maison ou ton appartement. Prends des photos de ta maison ou ton appartement et de ta chambre, et fais une présentation de deux à trois minutes. Tu peux **utiliser** un poster ou une présentation sur diapositives avec des photos uniquement.

Les opportunités d'évaluation

- Cette activité peut être évaluée selon Critère C: Communication en réponse à du texte oral, écrit et/ou visuel et Critère D: Utilisation de la langue sous forme orale et/ou écrite.

Mon chez moi!

1 Bonjour, je suis Hervé! Je vous présente mon blog. Je partage mes expériences: suivez-moi!

Habiter dans un petit appartement, c'est sympa, mais ce n'est pas toujours facile!

2 J'habite dans un appartement avec mon père et mon frère. C'est pas très loin de Bruxelles en Belgique. Mon appart est dans la banlieue sud, qui est un quartier résidentiel et commercial. Il y a plein d'immeubles, quelques maisons et il y a aussi un centre commercial au coin de la rue. C'est bien situé; c'est près des magasins et de l'école. Nous sommes au quatrième étage d'un immeuble de sept étages. Il y a trois apparts par étage, un ascenseur et un jardin communal.

3 L'appart est assez moderne et confortable mais c'est petit. Il y a deux chambres, une cuisine équipée mais un peu vieille, un séjour–salle à manger et une salle de bains. Depuis ma chambre, j'ai une belle vue sur les toits des autres maisons. Je peux également voir les gens qui habitent dans l'immeuble voisin.

4 Je partage ma chambre avec mon frère et ce n'est pas toujours facile. Il est sympa mais il est toujours désordonné et ça m'énerve. Il laisse ses vêtements et ses affaires par terre. Mon lit est contre le mur gauche et celui de mon frère contre le mur droit. À côté de mon lit, il y a une étagère avec mes livres. Je n'ai pas de bureau – il n'y a pas la place – alors je fais mes devoirs dans la salle à manger. Je déteste ma chambre; c'est trop petit.

5 L'avantage d'habiter dans un appartement est que tout est sur le même étage. On a beaucoup de voisins, c'est sympa et utile aussi, mais quelquefois, ils sont bruyants! Je préfère habiter dans un appartement que dans une maison; il y a toujours quelqu'un pour m'aider et je ne suis jamais seul.

1 commentaire

6 Salut Hervé! Merci de partager ton expérience. J'habite aussi dans un petit appartement avec ma famille.

ACTIVITÉ: Mon chez moi!

■ Les approches de l'apprentissage

■ Compétence de communication: Lire en faisant preuve d'esprit critique et dans le but de dégager du sens

Lis le blog d'Hervé et réponds aux questions:

1 **Quel type de texte est-ce?**
2 **Donne cinq caractéristiques de ce type de texte.**
3 **Où se trouve l'appartement d'Hervé?**
4 **Dans quel genre de quartier habite-t-il?**
5 **Y a-t-il beaucoup d'appartements dans l'immeuble d'Hervé? Justifie.**
6 **Cite deux éléments positifs de l'appartement d'Hervé.**
7 **Qu'y a-t-il dans la chambre d'Hervé?**
8 **Que pense Hervé de son frère?**
9 **Quelles sont les avantages à habiter dans un appartement?**
10 **Pourquoi Hervé préfère-t-il habiter dans un appartement?**

◆ Les opportunités d'évaluation

◆ Cette activité peut être évaluée selon Critère B: Compréhension de texte écrit et visuel.

Comment écrire un blog?

Un blog est un type de texte écrit sur le web. L'auteur du blog raconte des événements de sa vie ou ses expériences et invite les internautes à partager leurs opinions sur le sujet exposé.

Voici quelques points à considérer pour écrire un blog:

1 Le type de blog (une expérience à partager, une opinion, une réflexion, etc.)

2 Le sujet de la discussion

3 Le public – à qui écrit-on?

4 Le titre du blog

5 Des photos

6 La structure du texte (titre, introduction, discussion, exemples, opinions, invitation à faire des commentaires)

ACTIVITÉ: Mon chez moi! (bis)

■ Les approches de l'apprentissage

■ Compétence de communication: Écrire dans différents objectifs

En respectant le format du blog, **écris** un blog sur ton « chez toi » comme Hervé et donne ton opinion sur le lieu où tu habites.

Écris environ 100 à 150 mots.

◆ Les opportunités d'évaluation

◆ Cette activité peut être évaluée selon Critère C: Communication en réponse à du texte oral, écrit et/ou visuel et Critère D: Utilisation de la langue sous forme orale et/ou écrite.

ACTIVITÉ: Un peu de poésie…

■ Les approches de l'apprentissage

■ Compétences de communication: Lire en faisant preuve d'esprit critique et dans le but de dégager du sens. Écrire dans différents objectifs

Lis le poème suivant «Dans Paris…» écrit par Paul Éluard:

> Dans Paris, il y a une rue; dans cette rue, il y a une maison; dans cette maison, il y a un escalier; dans cet escalier, il y a une chambre; dans cette chambre, il y a une table; sur cette table, il y a un tapis; sur ce tapis, il y a une cage; dans cette cage, il y a un nid; dans ce nid, il y a un œuf; dans cet œuf, il y a un oiseau.
>
> L'oiseau renversa l'œuf; l'œuf renversa le nid; le nid renversa la cage; la cage renversa le tapis; le tapis renversa la table; la table renversa la chambre; la chambre renversa l'escalier; l'escalier renversa la maison; la maison renversa la rue; la rue renversa la ville de Paris.

Réponds aux questions suivantes après avoir lu le poème d'Éluard:

1 **Où se passe le poème?**
2 **Quelle habitation y a-t-il dans la ville?**
3 **Cite trois objets dans la chambre.**
4 **Où est l'oiseau?**
5 **Que se passe-t-il dans le deuxième paragraphe?**

Ce poème est un jeu. En suivant la même structure de phrases, **écris** un poème pour ta ville.

◆ Les opportunités d'évaluation

◆ Cette activité peut être évaluée selon Critère C: Communication en réponse à du texte oral, écrit et/ou visuel et Critère D: Utilisation de la langue sous forme orale et/ou écrite.

Peut-on influencer le monde autour de nous?

Généralement, nous avons la possibilité de choisir où nous voulons habiter. Il y a plus de personnes qui décident d'habiter dans les villes, car il y a plus d'opportunités pour trouver du travail qu'à la campagne. C'est pour cela que la population des villes a rapidement augmenté à partir de la révolution industrielle. Il y a beaucoup d'avantages à habiter en ville, mais il y a également des inconvénients. De plus en plus, les jeunes parents décident de partir de la ville pour s'installer avec leurs enfants à la campagne.

Et toi, préfères-tu habiter à la ville ou à la campagne?

RÉFLÉCHIR– TRAVAILLER À DEUX–PARTAGER

Réfléchis aux questions suivantes, puis **travaille** avec un camarade. **Discutez** ensemble et **partagez** vos opinions sur le sujet. Vous **présenterez** à la classe vos réponses.

1 Quels sont les avantages d'habiter en ville? Et à la campagne?
2 Et quels sont les inconvénients?
3 A-t-on toujours la possibilité de choisir d'habiter en ville ou à la campagne? Pourquoi?

Tu préfères habiter en ville ou à la campagne?

1 Bonjour à tous!

2 Je fais un projet à l'école sur «vivre en ville ou à la campagne».

3 Il paraît qu'en France, 20% de la population habite en ville. Les Français préfèrent donc vivre à la campagne, parce qu'il y a plus d'espace et de tranquillité.

4 J'ai posé la question à quelques amis et voici leurs avis:

5 Moi, j'adore les animaux, particulièrement les chiens et les chats. Comme j'habite dans un petit appartement au 6e étage, je ne peux pas avoir d'animaux chez moi. La ville, ce n'est pas pratique pour les animaux; j'aimerais bien habiter dans un village, près de la nature et avec plus d'espace.

Kamila

6 Je trouve que la vie en ville est très stressante. Il y a beaucoup de monde, et tout le monde est toujours pressé. Il y a aussi trop de circulation. C'est pénible! Je n'aime pas vivre en ville.

Jonathan

7 Moi, j'adore habiter en ville. Il y a toujours de l'animation et quelque chose à faire ou à voir. Il y a toujours des activités organisées pour les jeunes, alors qu'à la campagne, il n'y a rien. On s'ennuie facilement.

Karim

8 Maintenant j'habite à la campagne et je préfère ça. Les maisons sont plus grandes. J'ai ma chambre et je n'ai pas besoin de la partager avec ma sœur. En plus, on a un grand jardin avec une piscine. On peut faire du vélo et jouer dehors avec les copains; c'est plus sympa.

Maïté

9 Moi, je pense que la ville c'est pratique pour faire les courses, les magasins et les sorties. Tu es près des magasins, des cinémas et des centres sportifs. Les magasins sont ouverts plus longtemps également, ce qui est bien. À la campagne, il y a peu de magasins, et surtout ils sont loin et pas toujours faciles à accéder.

Kény

10 Pour moi, la ville est trop polluée et trop bruyante. Il y a trop de voitures et de klaxons. Je préfère la campagne parce que l'air est plus pur et c'est calme. Je peux mieux me reposer.

Ines

11 Et vous, où préférez-vous habiter? Laissez vos messages!

12 Le 19 mars 2018 à 10.54, Malika a dit:

J'aime la campagne, parce que c'est plus tranquille et lent. Il y a aussi moins de pollution. Cependant, je préfère la ville parce qu'il y a plus d'opportunités pour les jeunes. Et aussi, tous mes amis habitent en ville.

13 Le 24 mars 2018 à 14.35, Isabelle a dit:

J'adore habiter en ville, c'est toujours animé et vivant. Les maisons sont modernes et intéressantes. La ville, c'est pratique et plus culturel. Je vais au cinéma et j'aime voir des expositions dans des musées avec mes copains.

14 Le 24 mars 2018 à 14.57, Amine a dit:

Je sais que dans la ville, il y a du bruit et de la pollution, mais je préfère vivre en ville qu'à la campagne. La ville est plus pratique et rapide. Il y a des magasins, des restaurants et il y a des parcs aussi pour retrouver la nature. Il y a aussi des gens; tu n'es jamais seul. Dans la ville il y a tout ce que tu veux, alors que la campagne, c'est trop isolé.

15 Le 30 mars 2018 à 15.13, Yannick a dit:

En ville il y a trop de trafic et de bruit! C'est pénible. À la campagne, tout est tranquille, calme et l'air est pur. J'adore ça!

ACTIVITÉ: Ville ou campagne?

■ Compétences de communication: Lire en faisant preuve d'esprit critique et dans le but de dégager du sens. Écrire dans différents objectifs

1 Lis le blog sur «ville ou campagne». Pour regrouper tous les arguments pour et contre la ville ou la campagne, utilise un tableau comme le suivant:

Noms	Où habite-t-il/elle?	Pour la ville	Contre la ville	Pour la campagne	Contre la campagne
Kamila	Ville – dans un appartement		C'est nul pour les animaux		
Jonathan					
Karim					
Maïté					
Kény					
Ines					

    a Que constates-tu? Est-ce que le résultat est intéressant? Choquant? Ou normal?

    b Avec qui es-tu d'accord? Et pourquoi?

2 Lis les réflexions laissées par Malika, Isabelle, Amine et Yannick.

    a Quels adjectifs sont utilisés pour décrire la ville?

    b Quels adjectifs sont utilisés pour décrire la campagne?

3 Écris ta propre réflexion sur le sujet en 100 à 150 mots. Où préfères-tu habiter? En ville ou à la campagne, et pourquoi?

VOCABULAIRE

Quelques connecteurs logiques utiles

parce que
aussi
en fait
cependant
par contre
même si

▼ Liens: Individus et sociétés: Géographie

■ Compétence de pensée critique: Recueillir et organiser des informations pertinentes afin de formuler un argument

Comment les villes évoluent-elles?

Observe les photos de villes célèbres en explorant les deux liens suivants:
• www.ipnoze.com/photos-avant-apres-evolution-villes
• http://piwee.net/1-transformation-ville-avant-apres-050115

1 Comment le paysage change-t-il?

2 Est-ce que les villes sont plus propres, mieux organisées et plus belles aujourd'hui?

3 Pourquoi est-ce que les villes changent de paysage?

GRAMMAIRE

Les verbes en -ir

Les verbes en -ir se conjuguent de deux façons différentes:

Finir	**Partir**
Je finis les devoirs.	Je pars à la ville.
Tu finis les devoirs.	Tu pars à la ville.
Il/elle/on finit les devoirs.	Il/elle/on part à la ville.
Nous finissons les devoirs.	Nous partons à la ville.
Vous finissez les devoirs.	Vous partez à la ville.
Ils/elles finissent les devoirs.	Ils/elles partent à la ville.

Les verbes qui se conjuguent comme «finir» font partie du 2e groupe et les verbes comme «partir» font partie du 3e groupe.

Les verbes en -ir du 2e groupe les plus utiles sont: réfléchir, choisir, obéir, définir, atterrir.

Les verbes en -ir du 3e groupe les plus utiles sont: sortir, dormir, sentir, mentir, servir.

OBSERVER–RÉFLÉCHIR–PARTAGER

1 **Observe les verbes en -ir se conjuguant comme «finir»:**

a	rougir	e	adoucir
b	grandir	f	maigrir
c	salir	g	refroidir
d	affaiblir	h	grossir

2 **Réfléchis à ces verbes. Trouve un mot de la même famille, par exemple:**
   chanter – un chanteur
3 **Quelle est la règle que tu peux formuler sur les verbes en -ir?**
   Partage tes idées avec un camarade.

Avec l'augmentation de la population, les villes s'agrandissent. On cherche aussi à moderniser et à construire des bâtiments plus écologiques.

EXPLORER–RÉFLÉCHIR–PARTAGER

Explore les trois questions suivantes, réfléchis dessus et essaie d'y répondre. Tu partageras tes réponses avec la classe:

1 **Qu'est-ce qu'une ville moderne?**
2 **Qu'est-ce qu'il y a dans une ville moderne?**
3 **Comment imagines-tu la ville moderne du futur?**

ACTIVITÉ: La ville moderne

Les approches de l'apprentissage

- Compétence de pensée créative: Procéder à des remue-méninges et avoir recours à des schémas visuels pour générer de nouvelles idées et recherches

Observe les photos et cherche des mots pour **décrire** ce que tu vois.

PROFIL DE L'APPRENANT: AUDACIEUX

Découvre un personnage historique: Georges Eugène Haussmann (1809–1891)

Haussmann est un personnage célèbre en France, car il a transformé et modernisé la ville de Paris au XIXe siècle. Avant les travaux, les rues de Paris étaient sombres, étroites et sales. Le but des transformations étaient d'améliorer l'hygiène et obtenir une meilleure qualité de l'air. Haussmann a construit des boulevards et des avenues, comme les Champs-Élysées. On estime qu'environ 60% de Paris a été modifié et qu'environ 18.000 maisons sur 30.770 ont été démolies. La transformation de la capitale a coûté cher à Napoléon III; on l'estime à 25 milliards d'euros d'aujourd'hui.

! Passer à l'action: Modernise ton quartier!

■ Les approches de l'apprentissage

- Compétence de collaboration: Déléguer et partager les responsabilités pour prendre des décisions
- Compétences de pensée créative: Envisager plusieurs possibilités, y compris celles qui semblent peu probables ou impossibles. Créer des solutions inédites pour répondre à de véritables problèmes

! En groupe de trois, vous allez moderniser un quartier de votre ville. Préparez une maquette de votre quartier à l'aide d'objets recyclés (bouteille, carton, papier, etc.).

! Considérez les points suivants lors de la création de votre quartier:
- ◆ Le nom de votre quartier
- ◆ Les rues et leurs noms
- ◆ Les bâtiments (église, école, parking, etc.)
- ◆ Genre de quartier (écologique, propre, vert, etc.)

! Vous **présenterez** votre quartier à la classe. Faites une description de votre quartier. Votre présentation durera trois minutes.

◆ Les opportunités d'évaluation

- ◆ Cette activité peut être évaluée selon: Critère C: Communication en réponse à du texte oral, écrit et/ou visuel et Critère D: Utilisation de la langue sous forme orale et/ou écrite.

ÉVALUATION SOMMATIVE

CES ACTIVITÉS PEUVENT ÊTRE ÉVALUÉES SELON LE CRITÈRE C: COMMUNICATION EN RÉPONSE À DU TEXTE ORAL, ÉCRIT ET/OU VISUEL ET LE CRITÈRE D: UTILISATION DE LA LANGUE SOUS FORME ORALE ET/OU ÉCRITE.

Pour ces évaluations, l'usage du dictionnaire n'est pas autorisé.

Évaluation 1

Imagine que tu habites à Paris en France. Tu veux **écrire** un blog pour **présenter** ta ville et **montrer** les activités à faire dans la ville.

N'oublie pas de mentionner les points suivants dans ton blog:

- Ce que tu peux faire dans la ville
- Ton opinion sur la ville
- Pourquoi c'est une bonne idée de visiter cette ville

Écris environ 100 à 150 mots.

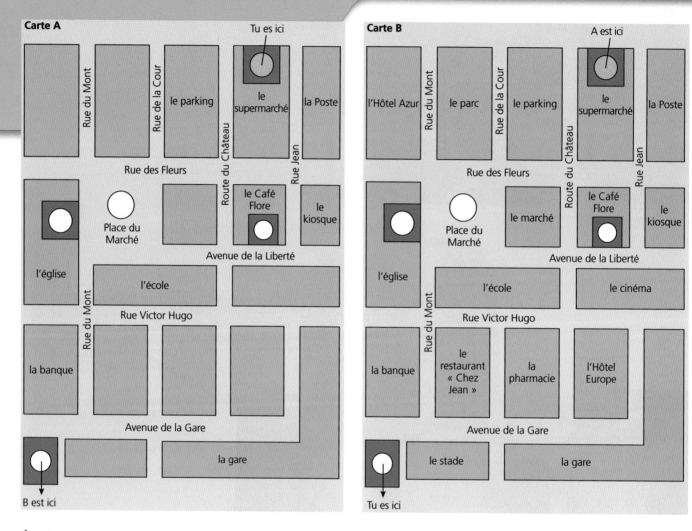

Évaluation 2

Pour cette évaluation, il faut que tu travailles avec un partenaire. Chaque personne a une carte avec des bâtiments différents. En suivant les instructions de ton partenaire, retrouve le lieu de chaque bâtiment sur la carte.

Carte A

Tu es au supermarché. Tu demandes ton chemin à ton partenaire pour aller:

1 à l'Hôtel Azur
2 à l'Hôtel Europe
3 au restaurant «Chez Jean»
4 au cinéma
5 au stade

Carte B

Tu es au stade. Tu demandes ton chemin à ton partenaire pour aller:

1 à la Poste
2 au Café Flore
3 à l'église
4 au parking
5 au kiosque

Réflexion

Dans ce chapitre, tu as découvert et exploré le monde qui t'entoure et ses changements et tu as communiqué avec autrui en donnant des directions.

Utilise ce tableau pour réfléchir sur ce que tu as appris dans ce chapitre.						
Les questions posées	Les réponses trouvées	D'autres questions?				
Factuelles: Qu'est-ce qu'il y a autour de moi? Comment est-ce que le monde autour de moi est organisé?						
Conceptuelles: Comment peut-on communiquer efficacement avec autrui?						
Invitant au débat: Peut-on influencer le monde autour de nous?						
Les approches de l'apprentissage utilisées dans ce chapitre:	Description: quelles nouvelles compétences as-tu développées?	La maîtrise de ces compétences				
		Novice	Apprenti	Pratiquant	Expert	
Compétences de communication						
Compétences de collaboration						
Compétences en matière de culture de l'information						
Compétences de pensée critique						
Compétences de pensée créative						
Compétences de transfert						
Les qualités du profil de l'apprenant:	Réfléchis sur l'importance d'être audacieux dans l'apprentissage de ce chapitre.					
Audacieux						

3 Pourquoi faire la fête?

Les **fêtes et les festivals** que nous célébrons nous **offrent la possibilité** d'**exprimer** et **partager** nos **valeurs** et nos **croyances**.

EXAMINER ET RÉPONDRE AUX QUESTIONS:

Factuelles: Quelles sont les fêtes que nous célébrons?

Conceptuelles: Les fêtes sont-elles toujours célébrées en fonction de la religion?

Invitant au débat: En quoi les fêtes représentent-elles les traditions et la culture d'un pays?

Maintenant **partage et compare** tes réponses à ces questions avec ton voisin ou la classe.

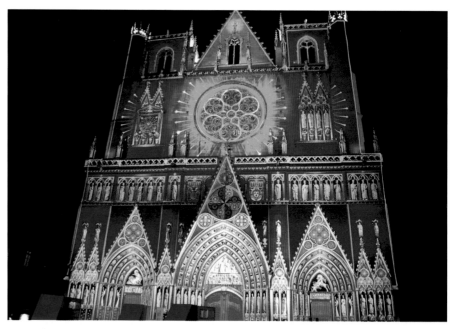

■ Cathédrale Saint-Jean, Lyon, France

DANS CE CHAPITRE, NOUS ALLONS:

- ■ **Découvrir** les fêtes et les festivals francophones.
- ■ **Explorer** les traditions et croyances des fêtes et festivals francophones.
- ■ **Passer à l'action** pour partager à l'école nos connaissances sur les fêtes et festivals francophones.

EXPLORER–TRAVAILLER À DEUX–PARTAGER

1 Explore au moins cinq fêtes célébrées dans le monde.
2 Travaille à deux et compare tes réponses avec un camarade.
3 Choisissez cinq fêtes que vous partagerez avec la classe.

VOCABULAIRE SUGGÉRÉ

Substantifs

un anniversaire
une bougie
un cadeau
une cérémonie
une chanson
une coutume
une danse
un défilé
un festival
une fête
des feux d'artifice
un gâteau
une histoire
un jeu
une légende
un mythe
une musique
une nourriture
un repas
une religion
le réveillon
un rite

un symbole
une tradition

Adjectifs

amusant
attrayant
agréable
content
divertissant
ennuyeux
festif
heureux
historique
impressionnant
intéressant
naturel
original
passionnant
rare
religieux
romantique
sentimental
traditionnel

Verbes

attendre
boire
chanter
célébrer
cuisiner
danser
dessiner
décorer
descendre
entendre
fêter
inviter
manger
marcher
organiser
peindre
perdre
planifier
prier
rendre visite
répondre

GRAMMAIRE

- ● Les verbes en -re
- ● Les verbes modaux (pouvoir, vouloir, devoir, savoir)
- ● Le pluriel des noms en -al et -eu

Quelles sont les fêtes que nous célébrons?

Dans chaque pays et chaque culture différente existent des fêtes que nous célébrons. Tout le monde aime faire la fête et se retrouver en famille et entre amis pour célébrer un anniversaire, une fête religieuse, comme Pâques ou Yom Kippour, ou encore le réveillon du Nouvel An. Généralement, pendant ces fêtes, on se retrouve en groupe pour partager un repas. Quelquefois, on danse et chante ensemble; d'autres fois, on joue, et on s'offre des cadeaux. Quelles sont les fêtes que tu célèbres?

ACTIVITÉ: Le calendrier de l'année

■ Les approches de l'apprentissage

- ■ Compétences en matière de culture de l'information: Recueillir, consigner et vérifier les données. Accéder aux informations pour s'informer et informer les autres

Observe le calendrier grégorien ci-dessous, fais des recherches et réponds aux questions suivantes:

1 **Connais-tu ces fêtes? Lesquelles ne connais-tu pas?**
2 **Quelles activités fais-tu pendant ces fêtes?**
3 **Quels objets ou nourriture sont associés avec ces fêtes?**
4 **Pourquoi célèbre-t-on ces fêtes?**
5 **Quelles fêtes célèbres-tu avec tes amis? Avec ta famille?**

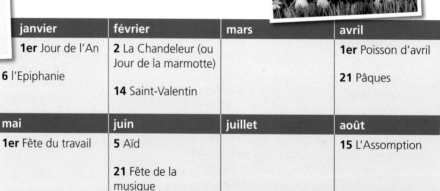

janvier	février	mars	avril
1er Jour de l'An	**2** La Chandeleur (ou Jour de la marmotte)		**1er** Poisson d'avril
6 l'Epiphanie	**14** Saint-Valentin		**21** Pâques
mai	**juin**	**juillet**	**août**
1er Fête du travail	**5** Aïd		**15** L'Assomption
	21 Fête de la musique		
septembre	**octobre**	**novembre**	**décembre**
30 Yom Teruah	**9** Yom Kippour	**1er** La Toussaint	**6** Saint-Nicolas
	27 Diwali		**25** Noël
	31 Halloween		

Je préfère fêter mon anniversaire parce que je reçois beaucoup de cadeaux.

Moi, je préfère fêter Noël, parce que je passe la journée avec toute ma famille. On s'amuse bien ensemble, on ouvre des cadeaux et on fait des jeux.

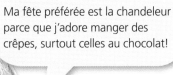

Ma fête préférée est la chandeleur parce que j'adore manger des crêpes, surtout celles au chocolat!

Je n'aime pas fêter Halloween, parce que je n'aime pas me déguiser.

ACTIVITÉ: Pourquoi préfères-tu cette fête?

Les approches de l'apprentissage

- Compétence de communication: Lire en faisant preuve d'esprit critique et dans le but de dégager du sens
- Compétence de pensée créative: Procéder à des remue-méninges et avoir recours à des schémas visuels pour générer de nouvelles idées et recherches

Lis les fêtes que les adolescents aiment. Pourquoi aiment-ils ces fêtes? Avec un camarade, fais un remue-méninges de raisons pour lesquelles on peut aimer les fêtes sur le calendrier. **Trouve** au moins cinq à huit raisons différentes que vous partagerez avec la classe.

Ensuite, réponds à la question en **expliquant** pourquoi tu aimes cette fête en particulier. Partage ta réponse avec tes camarades.

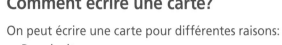

ACTIVITÉ: Comment célèbres-tu les fêtes importantes comme Noël, Hanoukka ou l'Aïd?

■ Les approches de l'apprentissage

■ Compétences de communication: Donner et recevoir des retours d'information appropriés. Utiliser une diversité de techniques oratoires pour communiquer avec des publics variés

Noël, Hanoukka et l'Aïd sont des fêtes célébrées dans de nombreux pays, mais de manière différente. Fais une présentation de deux à trois minutes expliquant comment tu célèbres Noël, Hanoukka ou l'Aïd dans ta famille, ou sur une autre fête de ton choix. Tu peux **utiliser** des photos pour t'aider à faire ta présentation.

Pense aux questions suivantes pour faire ta présentation:
- **Que fais-tu pendant cette journée?**
- **Pendant cette fête, est-ce que tu échanges des cadeaux? Et quand les ouvres-tu?**
- **Que manges-tu le jour?**
- **Quelles activités fais-tu durant cette journée?**
- **Quels objets représentent cette fête?**

◆ Les opportunités d'évaluation

◆ Cette activité peut être évaluée selon Critère C: Communication en réponse à du texte oral, écrit et/ou visuel et Critère D: Utilisation de la langue sous forme orale et/ou écrite.

Bien que nous partagions certaines fêtes religieuses dans les pays francophones, nous avons tous une façon différente de les célébrer. Nous suivons des rites et traditions différentes. Par exemple, les fêtes de Noël sont célébrées différemment au Québec, où il y a de la neige, qu'à l'île Maurice, où c'est l'été et il fait chaud. En plus des saisons différentes, les traditions se sont développées en suivant les religions ou des rites différents, mais l'objectif de la fête est le même dans chaque culture: rassembler la famille, les amis ou la communauté pour partager un moment de paix agréable.

Comment écrire une carte?

On peut écrire une carte pour différentes raisons:
- Pour inviter
- Pour remercier
- Pour envoyer des vœux

Lis les invitations suivantes. Quel type d'invitation est-ce?

Chère Julie,

Je te souhaite un joyeux anniversaire, rempli de bonheur et de cadeaux.

Passe une magnifique journée!

Bises,

Lucie

Cher Jean,

Je t'envoie cette carte pour te remercier de ton cadeau très utile. Cela m'a fait très plaisir.

J'espère te revoir bientôt.

À bientôt,

Richard

Chers Monsieur et Madame Martin,

Je vous invite à l'anniversaire de ma fille, Delphine, le 23 juin à 17.00. La fête a lieu à l'auberge Jaune de Cully.

Rendre réponse avant le 18 juin.

Bien cordialement,

Jeanne Dutronc

Observe les trois cartes. Quelles sont les caractéristiques et les similitudes que tu remarques dans chaque carte?

Liste les éléments et informations essentiels à inclure dans chaque type de carte.

ACTIVITÉ: Trois cartes

■ Les approches de l'apprentissage

■ Compétence de communication: Écrire dans différents objectifs

À ton tour maintenant d'**écrire** des cartes. Écris trois cartes, une pour envoyer tes vœux pour une fête de ton choix, une autre pour remercier quelqu'un d'un cadeau et une dernière où tu invites un ou des amis à célébrer une fête de ton choix.

◆ Les opportunités d'évaluation

◆ Cette activité peut être évaluée selon Critère C: Communication en réponse à du texte oral, écrit et/ou visuel et Critère D: Utilisation de la langue sous forme orale et/ou écrite.

GRAMMAIRE

Les verbes en -re au présent de l'indicatif

Certains verbes en -re ont une conjugaison irrégulière. Les terminaisons ne changent pas; c'est le radical qui change.

	Les terminaisons	Un radical	Deux radicaux	Trois radicaux
		répondre	mettre	prendre
je	-s	réponds	mets	prends
tu	-s	réponds	mets	prends
il/elle/on	Ø	répond	met	prend
nous	-ons	répondons	mettons	prenons
vous	-ez	répondez	mettez	prenez
ils/elles	-ent	répondent	mettent	prennent
		vendre, perdre, attendre, prétendre, entendre, etc.	battre, promettre, etc.	comprendre, apprendre, etc.

Quelques fêtes francophones

La fête du muguet

1 Le muguet est une fleur qui fleurit au printemps. Elle est aussi appelée les clochettes du printemps. En France, c'est au XXe siècle que le premier mai est choisi pour célébrer la fête du muguet, ainsi que la fête du travail. Cette fleur est un porte-bonheur, surtout si le brin de muguet compte 13 clochettes.

2 Pourquoi le muguet? La légende dit que Charles IX, roi de France, reçoit en 1561 un brin de muguet en cadeau. Le roi est charmé par cette fleur et reprend cette pratique d'offrir un brin de muguet chaque printemps à chaque femme de la cour. C'est ainsi que la coutume s'étend rapidement à travers le pays.

3 Aujourd'hui, chaque premier mai, on offre traditionnellement un muguet «porte-bonheur» en France, en Suisse, en Belgique et en Andorre.

La fête des vendanges

4 La fête des vendanges célèbre la fin de la récolte du raisin pour commencer la fabrication du vin. C'est une fête agricole regroupant toute la communauté, généralement le dernier week-end de septembre.

5 Durant ce week-end, plusieurs activités sont organisées. Par exemple, il y a un défilé de personnes habillées en costumes traditionnels. Il y a également des dégustations de vins et de nourriture locale et des carrousels pour les enfants.

La Saint-Nicolas

6 La fête de la Saint-Nicolas se déroule le 6 décembre. Cette fête est célébrée dans plusieurs pays européens, dont la Belgique, la France (Nord et Est), le Luxembourg et dans certains cantons suisses.

7 Les traditions de cette fête diffèrent selon les régions. Par exemple, en France, Saint-Nicolas se déplace sur un âne et distribue une orange et du pain d'épices aux enfants.

8 Généralement, le Père Fouettard, habillé en noir, l'accompagne et donne une branche aux enfants qui ne sont pas sages. La coutume est de laisser de la nourriture pour l'âne de Saint-Nicolas le soir. Le matin, les enfants trouvent les friandises à la place de la nourriture pour l'âne.

9 Selon la légende, le Père Fouettard est un boucher. Il ouvre sa porte un soir à trois enfants qu'il tue pour les manger. Un peu plus tard, Saint-Nicolas arrive chez le Père Fouettard et découvre les enfants dans un tonneau. Il les ressuscite et enchaîne le boucher à son âne.

le printemps	l'hiver	une friandise
l'été	un carrousel	un porte-bonheur
l'automne	un défilé	un tonneau

ACTIVITÉ: Encore des fêtes

Les approches de l'apprentissage

- Compétences de communication: Lire en faisant preuve d'esprit critique et dans le but de dégager du sens. Lire différents types de textes, pour s'informer et pour le plaisir. Faire des déductions et tirer des conclusions

Lis l'article sur les fêtes francophones et réponds aux questions concernant l'article:

1 Quel type de texte est-ce?
2 Quand se déroule chaque fête?
3 Pourquoi célèbre-t-on chaque fête?
4 Combien de temps dure chaque fête?
5 Que symbolise le muguet?
6 Célèbre-t-on la fête du muguet dans tous les pays francophones? Justifie.
7 Quelle est la coutume du premier mai?
8 Quel type de fête est la fête des vendanges?
9 Cite trois activités de la fête des vendanges.
10 Qui participe à la fête des vendanges?
11 Est-ce que la fête de la Saint-Nicolas est fêtée dans tous les pays francophones?
12 Qui est le Père Fouettard?
13 Qu'est-ce que le Saint-Nicolas donne aux enfants?
14 À quelle célèbre fête ressemble la fête de la Saint-Nicolas?

Les opportunités d'évaluation

- Cette activité peut être évaluée selon Critère B: Compréhension de texte écrit et visuel.

EXTENSION

Fais une recherche sur une fête religieuse de ton pays. **Explique** l'histoire de cette fête et sa tradition.

LE CARNAVAL

Fêtes-tu le Carnaval?

Le Carnaval est une fête religieuse qui commence le jour de l'Epiphanie et se termine le Mardi Gras. La période du Carnaval s'étend sur 40 jours, appelé le Carême, pendant laquelle on ne peut pas manger tout ce que l'on veut.

De nombreux pays fêtent le Carnaval. Pendant cette fête, les habitants de la ville sortent déguisés, masqués, maquillés et se retrouvent pour chanter, danser, faire de la musique dans les rues, etc. Le Carnaval est célébré différemment dans chaque pays.

 Le Carnaval de Nice

■ Le Carnaval de Québec

■ Le Carnaval de Guyane

■ Le Carnaval de Martinique

3   Pourquoi faire la fête?

GRAMMAIRE

Le pluriel des noms

En général, on ajoute un «s» au singulier.

Quand les noms se terminent en -al, -eau et -eu, on ajoute un «x». Par exemple:

un journal	des journaux
un tableau	des tableaux
un cheveu	des cheveux

Il y a quelques exceptions:

un festival	des festivals
un carnaval	des carnavals
un bal	des bals
un pneu	des pneus

ACTIVITÉ: Le carnaval

■ Les approches de l'apprentissage

■ Compétence en matière de culture de l'information: Trouver, organiser, analyser, évaluer, synthétiser et utiliser de manière éthique des informations provenant d'une variété de sources et de médias, notamment des médias sociaux numériques et des réseaux en ligne

Regarde les vidéos sur les liens suivants et puis réponds aux questions:

- https://youtu.be/tgXBUSRBin8
- https://youtu.be/2-42wXJWTTU
1 Qu'est-ce que les vidéos montrent des différents carnavals?
2 Quels sont les rituels?
3 Quelles sont les activités offertes?
4 Y a-t-il une effigie? Quel est le symbole?
5 Quelles sont les similitudes entre les deux carnavals? Et quelles sont les différences?

OBSERVER–PENSER–SE POSER DES QUESTIONS

1 Observe les différentes photos des quatre carnavals à la page précédente. Qu'est-ce que tu vois? Recherche du vocabulaire utile pour décrire ce qui se passe dans le carnaval.
2 Qu'est-ce que tu penses du carnaval?
3 Quelles questions te poses-tu sur le carnaval?

Partage tes réponses avec la classe.

ACTIVITÉ: Le carnaval de Guyane

■ Les approches de l'apprentissage

■ Compétence en matière de culture de l'information: Accéder aux informations pour s'informer et informer les autres

Regarde le reportage sur le carnaval de Guyane sur le lien suivant: www.francetvinfo.fr/decouverte/video-les-femmes-au-coeur-du-carnaval-de-cayenne_821495.html

Après avoir regardé le reportage deux fois au moins, réponds aux questions suivantes:

1 Combien de temps dure le Carnaval de Guyane à Cayenne?
2 Qu'est-ce que représente le carnaval pour les Guyanais?
3 Que peut-on acheter dans les magasins?
4 Qui sont les Touloulous?
5 Comment sont habillés les Touloulous?
6 Que font les Touloulous pendant le bal?
7 Que pensent les hommes de cette tradition?
8 Qui est-ce que les femmes invitent à danser?
9 Est-ce que les hommes savent avec qui ils dansent?
10 Les Touloulous choisissent-elles toujours les plus beaux hommes?

◆ Les opportunités d'évaluation

◆ Cette activité peut être évaluée selon Critère A: Compréhension de texte oral et visuel.

RÉFLÉCHIR–COMPARER–PARTAGER

Regarde les questions suivantes. **Réfléchis** aux réponses avant de les **comparer** et **partager** avec un camarade.

1 Est-ce que tu fêtes le Carnaval?
2 Quels rituels ou quelles activités est-ce que tu fais pendant le Carnaval?
3 Est-ce que tu fais le Carême? Qu'est-ce que tu ne manges pas pendant le Carême?
4 As-tu visité un pays pendant un carnaval?
5 Qu'est-ce que tu trouves d'intéressant dans le Carnaval?

ACTIVITÉ: Une carte postale

■ Les approches de l'apprentissage

■ Compétences de communication: Faire des déductions et tirer des conclusions. Écrire dans différents objectifs

Imagine que tu visites un lieu francophone (Nice, Québec, Cayenne ou Fort-de-France). Raconte à ta famille le Carnaval, ce que tu vois, les rituels ou activités organisées et l'effigie du Carnaval. Écris 50 à 100 mots.

◆ Les opportunités d'évaluation

◆ Cette activité peut être évaluée selon Critère C: Communication en réponse à du texte oral, écrit et/ou visuel et Critère D: Utilisation de la langue sous forme orale et/ou écrite.

En quoi les fêtes représentent-elles les traditions et la culture d'un pays?

OBSERVER–PENSER–SE POSER DES QUESTIONS

Avant de lire les textes, **observe** les photos ci-desous.

1   **Décris ce que tu vois sur les photos.**
2   **Que penses-tu de ces photos? Que se passe-t-il?**
3   **Quelles questions te poses-tu en regardant ces photos?**

Chaque pays dans le monde dédie un jour dans l'année pour célébrer une fête représentant les valeurs et les traditions du pays. Ces fêtes sont généralement choisies en fonction d'événements historiques importants du pays. La fête nationale représente donc une journée spéciale pour le pays, où tous les citoyens fêtent leur culture, leur histoire et leurs valeurs.

La fête du 1er août

Le 1er août est la fête nationale suisse, célébrée depuis 1891. Cette fête se réfère au Pacte fédéral fondateur de la Confédération helvétique conclu entre trois cantons (Uri, Schwytz, Unterwald) en 1291 dans la prairie du Grütli. Depuis 1994, cette journée est fériée dans toute la Suisse.

Chaque commune suisse organise à la tombée de la nuit feu de joie, cortèges de lampions et des feux d'artifice. Le feu de joie évoque les signaux utilisés avant comme moyen visuel de communication. Les communes décident des activités organisés et des lieux de rencontre où manger la raclette et boire du vin.

La fête nationale est diffusée le soir sur les chaînes de télévision suisses. Chaque année une région linguistique organise cette fête où le président de la Confédération suisse prononce un discours.

Le 14 juillet

Le 14 juillet est la fête nationale de la République française, célébré depuis 1880. C'est un jour férié en France pour commémorer la prise de la Bastille le 14 juillet 1789, événement marquant le début de la Révolution française.

Lors du 14 juillet, il y a un défilé militaire des troupes sur les Champs-Elysées à Paris, débutant à 10 heures après le passage de la Patrouille de France et la revue de différents corps armés par le président de la République. Le soir, il y a de nombreux bals et les célèbres feux d'artifices organisés dans les villes. Les feux sont considérés comme un spectacle pyrotechnique grandiose, jouant avec le son et la lumière.

Fête de la Saint-Jean-Baptiste

La Saint-Jean-Baptiste est la fête nationale du Québec au Canada. Célébrée le 24 juin, cette journée est fériée et chômée au Québec. À partir de 1977, le 24 juin devient Fête nationale. Premièrement, cette fête était païenne et représentait le solstice de l'été, symbolisant la puissance du Soleil. Plus tard, cette fête devient religieuse et célèbre la naissance de Saint Jean Baptiste. Aujourd'hui, cette fête est l'occasion d'un grand festival culturel où les Québécois manifestent leur appartenance à leur région.

Habituellement, la fête commence la nuit du 23 juin par des feux d'artifice, de la danse et des chansons folkloriques traditionnelles. Depuis 1975, on joue la chanson *Gens du pays* de Gilles Vigneault lors des festivités. Le matin du 24 juin, il y a des défilés et des cortèges dans la ville, ainsi que des concerts de musique, chantés par des artistes nationaux et internationaux.

ACTIVITÉ: Les fêtes nationales

■ Les approches de l'apprentissage

- Compétences de communication: Lire en faisant preuve d'esprit critique et dans le but de dégager du sens. Faire des déductions et tirer des conclusions

Après avoir lu les textes sur les fêtes nationales de France, de Suisse et du Québec, remplis un tableau comme le suivant:

Nom	Suisse	France	Québec
Date			
But			
Origine			
Jour férié			
3 activités			
Feux d'artifice			

RÉFLÉCHIR–TRAVAILLER À DEUX–PARTAGER

Après avoir lu les textes sur les fêtes nationales, **réfléchis** aux questions suivantes avant de **travailler** à deux et **partager** tes réponses avec ton camarade:

1 Existe-t-il des fêtes similaires dans ton pays? Ou dans le pays où tu habites? Lesquelles? Comment sont-elles similaires?
2 Quelles sont les traditions de ces fêtes? Quelles sont les activités organisées?
3 Quelles sont les fêtes que tu préfères dans ton pays? Ou le pays où tu habites?

ACTIVITÉ: Une affiche

■ Les approches de l'apprentissage

■ Compétence de communication: Lire en faisant preuve d'esprit critique et dans le but de dégager du sens

Observe les deux affiches annonçant les fêtes nationales française et suisse.

Décris et **analyse** les affiches en répondant aux questions suivantes:

1 Quels sont les éléments présents sur l'affiche?
2 La date est-elle présente? Pourquoi?
3 Y a-t-il un objet ou un symbole présent sur l'affiche?
4 Quelle est l'importance de la couleur de l'affiche?
5 Qu'est-ce qui est écrit sur l'affiche?
6 Est-ce une bonne affiche? Est-ce intéressant?

Discute avec un camarade et **compare** tes réponses.

◆ Les opportunités d'évaluation

◆ Cette activité peut être évaluée selon Critère C: Communication en réponse à du texte oral, écrit et/ou visuel et Critère D: Utilisation de la langue sous forme orale et/ou écrite.

ACTIVITÉ: Quelques fêtes francophones

■ Les approches de l'apprentissage

- ■ Compétence en matière de culture de l'information: Accéder aux informations pour s'informer et informer les autres
- ■ Compétence en matière de culture des médias: Trouver, organiser, analyser, évaluer, synthétiser et utiliser de manière éthique des informations provenant d'une variété de sources et de médias, notamment des médias sociaux numériques et des réseaux en ligne

Sélectionne une des fêtes mentionnées ci-dessous et **recherche** des informations à propos de cette fête.

Travaille en groupe de deux à trois élèves sur la même fête, puis **compare** les résultats de ta recherche.

Préparez une affiche **expliquant** et **résumant** les informations essentielles de votre fête. Pour votre affiche, vous **utiliserez** principalement des images et des symboles. Pense à utiliser les éléments mentionnés dans l'activité précédente.

Présentez en deux à trois minutes votre fête avec votre poster à la classe.

- Fête nationale belge
- Fête nationale du Luxembourg
- Fête de Notre Dame de Meritxell (Andorre)
- Journée nationale des Patriotes (Québec)
- Fête de l'Indépendance du Maroc
- Fête des Masques (Côte d'Ivoire)
- Fête fédérale de lutte suisse (Suisse)

Pensez à rechercher les informations suivantes pour votre poster et votre présentation:
- **La date**
- **Le lieu**
- **La raison de la fête**
- **Type de fête (religieux, artistique, sportif, etc.)**
- **Les rites, coutumes ou activités**
- **La nourriture**
- **Un symbole (une fleur, une couleur, un animal, un objet, etc.)**
- **Origines historiques de la fête**

◆ Les opportunités d'évaluation

- ◆ Cette activité peut être évaluée selon Critère C: Communication en réponse à du texte oral, écrit et/ou visuel et Critère D: Utilisation de la langue sous forme orale et/ou écrite.

ACTIVITÉ: Un article

■ Les approches de l'apprentissage

- ■ Compétences de communication: Écrire dans différents objectifs

Écris un article sur une des fêtes francophones de l'activité précédente de ton choix. Mentionne le lieu, la date, le type de fête, ainsi que la raison de la fête et les activités organisées. Écris entre 100 et 150 mots.

◆ Les opportunités d'évaluation

- ◆ Cette activité peut être évaluée selon Critère C: Communication en réponse à du texte oral, écrit et/ou visuel et Critère D: Utilisation de la langue sous forme orale et/ou écrite.

Chaque pays et culture célèbre de nombreux festivals variés. Mais qu'est-ce qu'un festival? Et en quoi est-ce différent d'une fête? Selon le dictionnaire Larousse, le festival est «une série de représentations consacrées à un art, à un artiste».

À l'origine, les festivals se consacraient à la musique classique; aujourd'hui, ils sont d'une grande variété, par exemple il y a le festival du théâtre, du cinéma, de la bande dessinée, etc.

EXPLORER–COMPARER–PARTAGER

Connais-tu des festivals célèbres dans le monde? Et dans le monde francophone?

Explore quelques festivals célèbres en **utilisant** internet, **compare** tes réponses avec un camarade et **partagez** vos réponses avec la classe.

ACTIVITÉ: Quelques festivals importants

Les approches de l'apprentissage

■ Compétences en matière de culture des médias: Trouver, organiser, analyser, évaluer, synthétiser et utiliser de manière éthique des informations provenant d'une variété de sources et de médias, notamment des médias sociaux numériques et des réseaux en ligne

Observe les festivals ci-dessous. **Recherche** des informations sur internet et remplis un tableau comme le suivant:

Les festivals	Où?	Quand?	Quoi?	Combien de temps?	Origines?
Festival de Cannes					
Festival d'Avignon					
Montreux Jazz Festival					
Montréal complètement cirque					
Festival Écrans Noirs					
Les rencontres de la photo d'Arles					

OBSERVER–COMPARER–PARTAGER

Maintenant que tu as **trouvé** les informations sur les festivals, **observe** les questions suivantes et donne ton opinion en **justifiant** pourquoi.

1   Que penses-tu de ces festivals? Est-ce important d'avoir des festivals dans un pays?
2   Quel type de festivals trouves-tu le plus intéressant?
3   Quels festivals t'intéressent le moins?
4   As-tu déjà participé à un festival dans ton pays ou ailleurs? Lequel?
5   Voudrais-tu participer à un festival? Lequel?

Compare tes réponses avec un camarade et **partagez** vos réponses avec la classe.

ACTIVITÉ: «Rendez-vous chez nous»

■ Les approches de l'apprentissage

■ Compétences en matière de culture de l'information: Accéder aux informations pour s'informer et informer les autres

Au Burkina Faso il existe un festival regroupant la communauté et les familles. Regarde la vidéo sur ce festival atypique en consultant le lien suivant: http://enseigner.tv5monde.com/fle/un-festival-pour-retrouver-le-sourire

Regarde la vidéo premièrement sans son et réponds aux questions suivantes:

1   Liste les rituels que tu vois.
2   Quels sont les arts représentés?
3   Quelles personnes voit-on dans la vidéo?
4   Pour qui est ce festival?

Regarde la vidéo avec le son et réponds aux questions suivantes:

5   Comment commence le festival «Rendez-vous chez nous»?
6   Combien de temps dure ce festival?
7   Où vont les artistes?
8   Quel est l'objectif de ce festival?
9   Quelle est la particularité du public concernant ce festival?
10 Que cherche-t-on à apporter aux gens du pays grâce à ce festival?
11 Que s'est-il passé un mois avant le festival?
12 Pourquoi les organisateurs du festival décident-ils de continuer le festival malgré les risques?
13 Les artistes, restent-ils dans la ville de Ouagadougou seulement?
14 Qu'est-ce que les artistes offrent en plus au public?

◆ Les opportunités d'évaluation

◆ Cette activité peut être évaluée selon Critère A: Compréhension de texte oral et visuel.

ACTIVITÉ: Le festival du sourire

■ Les approches de l'apprentissage

■ Compétence de communication: Écrire dans différents objectifs

Le festival «Rendez-vous chez nous» se déplace de pays en pays et va avoir lieu dans ta ville. **Écris** un courriel à un ami pour lui **présenter** le festival et lui proposer de participer aux activités.

Écris entre 100 et 150 mots.

◆ Les opportunités d'évaluation

◆ Cette activité peut être évaluée selon Critère C: Communication en réponse à du texte oral, écrit et/ou visuel et Critère D: Utilisation de la langue sous forme orale et/ou écrite.

GRAMMAIRE

Les verbes modaux

Les verbes modaux permettent d'exprimer la possibilité, l'impossibilité, le devoir, la volonté, la nécessité et le savoir. Ils ont une conjugaison irrégulière.

	vouloir	pouvoir	devoir	savoir
je	veux	peux	dois	sais
tu	veux	peux	dois	sais
il/elle/on	veut	peut	doit	sait
nous	voulons	pouvons	devons	savons
vous	voulez	pouvez	devez	savez
ils/elles	veulent	peuvent	doivent	savent

Les fêtes sont-elles toujours célébrées en fonction de la religion?

De nombreuses fêtes dans le calendrier sont des fêtes religieuses, mais quelques fêtes sont issues de certaines légendes ou mythes, comme Halloween.

Halloween est une fête originaire d'Irlande qui est de plus en plus présente et célébrée dans le monde francophone. C'est une fête païenne, célébrée le 31 octobre. La tradition veut que les enfants se déguisent en costumes effrayants, comme des monstres, des sorcières, des vampires, etc. et sonnent aux portes des maisons pour demander des bonbons. Durant cette fête, il est de coutume de sculpter des monstres dans des citrouilles et de manger soit de la soupe, soit du gâteau à la courge.

RÉFLÉCHIR–COMPARER–PARTAGER

Réfléchis sur la photo et choisis 12 mots qui évoquent Halloween pour toi. **Compare** tes réponses avec un camarade et **partagez** vos réponses avec la classe.

ACTIVITÉ: Halloween

■ Les approches de l'apprentissage

- ■ Compétence de collaboration: Donner et recevoir des retours d'information appropriés

1 Regarde les questions suivantes et partage tes réponses avec un camarade:
   a Fêtes-tu Halloween?
   b Aimes-tu cette fête?
   c Qu'est-ce que tu apprécies dans cette fête?
   d Qu'est-ce que tu n'aimes pas?
   e Comment te déguises-tu pour cette fête?
   f Qu'est-ce que tu manges pour Halloween?
   g Es-tu superstitieux?
   h En quelles superstitions crois-tu?
2 Prends des notes des réponses de ton camarade et présente ses réponses à la classe.

◆ Les opportunités d'évaluation

- ◆ Cette activité peut être évaluée selon Critère C: Communication en réponse à du texte oral, écrit et/ou visuel et Critère D: Utilisation de la langue sous forme orale et/ou écrite.

Les Diables en fête et la légende de la Quille du Diable

1 Chaque année, depuis plusieurs décennies, on célèbre les «Diables en fête» aux Diablerets, village dans les alpes vaudoises en Suisse.

2 Cette fête dure trois jours et représente le grand rendez-vous de l'été à la mi-juillet. Il y a de nombreuses animations, des concerts, des activités pour les enfants (un lâcher de ballons et des jeux) et des carrousels. Il y a également de nombreux stands de nourriture avec de la nourriture locale, comme la raclette, ainsi que des stands des artisans du village qui veulent vendre leurs produits. Chaque année, on choisit un thème spécifique pour la fête. Le moment magique de cette manifestation est le Corso Fleuri, qui est un défilé de chars et de personnes habillées des couleurs locales ou déguisées selon le thème de la fête.

3 Quelle est l'origine de cette fête? Et pourquoi son nom est les Diables? C'est en fait l'histoire d'une légende, typiquement des montagnes. Il est utile de dire que les lieux des Diablerets ont toujours eu mauvaise réputation, car on pensait que c'était le lieu de rencontre pendant le sabbat des démons et des mauvais génies.

4 La légende dit que les démons jouent aux quilles vers un rocher proche des Diablerets qui s'appelle la Quille du Diable et que le peuple entend le bruit de leurs jeux. Lorsque des pierres tombent de la montagne, on accuse les démons et leurs jeux. Pendant la nuit, on prétend voir ces esprits sataniques avec des petites lumières ou lanternes se promener dans les forêts ou les hauts de la montagne. On dit pouvoir entendre leurs cris affreux.

5 En 1714 et en 1740, on a accusé les démons d'avoir causé l'éboulement d'une partie de la montagne dans les Alpes et d'avoir coûté la vie de plusieurs personnes et d'animaux.

ACTIVITÉ: Fête, mythes et légendes

■ Les approches de l'apprentissage

■ Compétence de communication: Lire en faisant preuve d'esprit critique et dans le but de dégager du sens

Observe les photos à la page précédente et lis l'article sur «Les Diables en fête et la légende de la Quille du Diable». Puis, réponds aux questions:

1 Où se trouve le village des Diablerets?
2 Combien de temps dure la fête?
3 Quand est cette fête?
4 Cite trois activités pour les enfants.
5 Est-ce une fête religieuse? Justifie.
6 Qu'est-ce que le Corso Fleuri?
7 Pourquoi cette fête s'appelle «Les Diables»?
8 Que peut-on manger?
9 Selon l'auteur, les démons existent-ils vraiment? Justifie.
10 Pourquoi les Diablerets ont mauvaise réputation?
11 Que peux-tu voir la nuit, si tu es aux Diablerets?
12 Selon toi, les démons sont-ils responsables de faire tomber les rochers? Justifie.
13 Quel est l'objectif de cet article?
14 Existe-t-il une fête similaire dans ta région?
15 Selon toi, pourquoi l'auteur écrit que cette histoire est une légende «typiquement des montagnes»?

◆ Les opportunités d'évaluation

◆ Cette activité peut être évaluée selon Critère B: Compréhension de texte écrit et visuel.

PROFIL DE L'APPRENANT: OUVERTS D'ESPRIT

Découvre un personnage historique: François-Marie d'Arouet dit Voltaire (1694–1778)

Grand philosophe du XVIIIe siècle Voltaire est un auteur prolifique. Il a écrit de nombreux essais philosophiques, dont son célèbre *Dictionnaire Philosophique*, ainsi que des contes, des pièces de théâtre et des poèmes. Il s'est battu contre de nombreuses intolérances et a dénoncé le fanatisme religieux et la superstition.

▼ Liens: Langue et littérature

Recherche la différence entre un mythe, une légende et un conte, et donne une définition et un exemple pour chacun.

Recherche une légende à propos de ton pays ou de ton lieu d'origine. Écris un court texte de 100 à 150 mots.

◆ Les opportunités d'évaluation

◆ Cette activité peut être évaluée selon Critère C: Communication en réponse à du texte oral, écrit et/ou visuel et Critère D: Utilisation de la langue sous forme orale et/ou écrite.

! Passer à l'action

! Aujourd'hui, il existe une fête à Voltaire. **Recherche** sur internet des informations sur cette fête:
 ◆ Quand a-t-elle lieu?
 ◆ Combien de jours dure-t-elle?
 ◆ Où se déroule-t-elle? Et pourquoi?
 ◆ Quel genre de fête est-ce?
 ◆ Quelles sont les activités?
 ◆ Est-ce une fête populaire?

! Existe-t-il une fête pour un auteur célèbre dans ton pays? Laquelle et pour qui? Quand se déroule-t-elle?

LA JOURNÉE DE LA FRANCOPHONIE

Le 20 mars de chaque année est célébrée la Journée internationale de la Francophonie. Pendant cette journée, les 274 millions de francophones fêtent la langue française et la diversité de la Francophonie. Plusieurs activités sont organisées en France et à l'étranger afin de fêter la langue française, par exemple des ateliers d'écriture, des débats, des expositions, etc.

ACTIVITÉ: «Dis-moi dix mots»

■ Les approches de l'apprentissage

- Compétence de communication: Écrire dans différents objectifs

Chaque année, pendant la semaine de la Francophonie, un concours d'écriture est organisé autour de dix mots, qui s'appelle: «Dis-moi dix mots». Les élèves des écoles primaires et secondaires en France et à l'étranger sont invités à réaliser un projet collectif littéraire et artistique avec les dix mots.

En groupe de deux, **écrivez** un texte (un poster, un graphisme, un poème) en utilisant les mots suivants sur le thème de la fête:

- amusant
- cadeau
- chanter
- danser
- fête
- fleur
- gâteau
- jouer
- joyeux
- manger

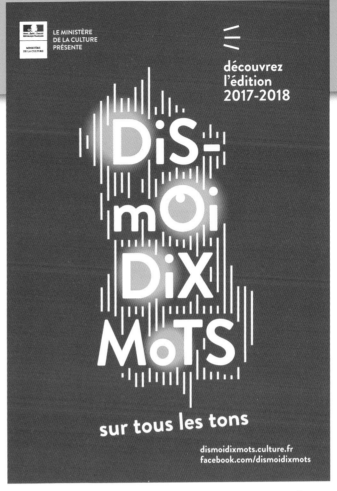

■ Ministère de la Culture/conception graphique: duofluo

ACTIVITÉ: Et si on célébrait la semaine de la Francophonie?

■ Les approches de l'apprentissage

- Compétence de communication: Donner et recevoir des retours d'information appropriés
- Compétence de collaboration: Parvenir à un consensus

En groupe de trois à quatre élèves, vous allez proposer des activités pour la semaine de la Francophonie. L'objectif est de proposer des activités qui vont permettre de fêter et partager le français et sa culture.

1 Faites un remue-méninges d'activités possibles.
2 Sélectionnez trois activités que vous proposez.
3 Présentez vos activités à la classe en faisant une présentation sur diapositives.

La classe votera pour les cinq meilleures activités proposées.

! Passer à l'action: Organise la Journée Internationale de la Francophonie!

! Ta classe de français va **organiser** la promotion du français dans l'école en organisant des activités variées pendant la semaine de la Francophonie.

1 Choisissez les activités possibles (lecture d'un texte, expositions de travaux/des jeux, regarder un film, écouter des chansons, etc.).

2 Organisez un emploi du temps quand les activités peuvent être exécutées pendant la semaine, et qui va réaliser et superviser les activités.

ACTIVITÉ: Évaluation par les pairs

Les approches de l'apprentissage

■ Compétence de collaboration: Donner et recevoir des retours d'information appropriés

Observe les affiches créées par les différents groupes de la classe. Choisis une affiche et **analyse**-la. Pour ton analyse, pense aux éléments suivants:

1 Les informations inclues
2 Les images, photos, dessins choisis
3 Les positions des différents éléments sur l'affiche
4 Les éléments de l'affiche qui sont bons et bien pensés
5 Ce qui peut être amélioré ou ajouté

▼ Liens: Arts; Design

Pour promouvoir la Journée Internationale de la Francophonie dans ton école, en groupe de deux à trois élèves, vous allez réaliser une affiche invitant les élèves de l'école à participer aux activités.

N'oubliez pas d'inclure les informations suivantes sur votre affiche:
• Le titre
• La date
• L'horaire
• Le lieu
• Un ou plusieurs symboles
• Etc.

◆ Les opportunités d'évaluation

◆ Cette activité peut être évaluée selon Critère C: Communication en réponse à du texte oral, écrit et/ou visuel et Critère D: Utilisation de la langue sous forme orale et/ou écrite.

◆ Les opportunités d'évaluation

◆ Cette activité peut être évaluée selon Critère C: Communication en réponse à du texte oral, écrit et/ou visuel et Critère D: Utilisation de la langue sous forme orale et/ou écrite.

EXPLORER–COMPARER–PARTAGER

Quelques journées importantes

L'Assemblée Générale des Nations Unies proclame des journées dans l'année pour fêter des causes particulières. Voici des exemples de ces journées:

- **Journée internationale de la femme**
- **Jour de la Terre**
- **Journée internationale de la jeunesse**
- **Journée mondiale des animaux**
- **Journée internationale de la Tolérance**
- **Journée internationale des droits de l'enfant**

Explore ces journées. **Recherche** quand elles ont lieu. Que penses-tu de ces journées? À quoi est-ce que cela sert? Est-ce une bonne idée? **Compare** tes réponses avec un camarade et **partagez** vos réponses avec la classe.

ACTIVITÉ: Un peu de réflexion…

■ Les approches de l'apprentissage

- ■ Compétence de réflexion: Réfléchir au contenu: Qu'ai-je appris aujourd'hui? Quelles sont les notions que je ne comprends pas encore? Quelles questions me viennent à l'esprit maintenant?

Que penses-tu savoir sur les fêtes et les festivals?

Observe le tableau ci-dessous et réponds aux questions:

	Ce que je pense…
3 idées/pensées	
2 nouveautés apprises	
1 question sur le sujet	

ÉVALUATION SOMMATIVE

CES ACTIVITÉS PEUVENT ÊTRE ÉVALUÉES SELON LE CRITÈRE A: COMPRÉHENSION DE TEXTE ORAL ET VISUEL; LE CRITÈRE C: COMMUNICATION EN RÉPONSE À DU TEXTE ORAL, ÉCRIT ET/OU VISUEL; ET LE CRITÈRE D: UTILISATION DE LA LANGUE SOUS FORME ORALE ET/OU ÉCRITE.

Pour ces évaluations, l'usage du dictionnaire n'est pas autorisé.

Évaluation 1

Regarde la vidéo sur le lien suivant et réponds aux questions:
https://youtu.be/H0tZ5h2iUn0

1 Dans quelle ville a lieu ce carnaval?
2 Cédric est carnavalier. Que doit-il faire?
3 Dans quelle avenue défilent les parades?
4 Combien de temps dure ce carnaval?
5 Quelle est la particularité de ce carnaval?
6 Combien de personnes environ visitent ce carnaval?
7 Faut-il être français pour participer au défilé?
8 Quel est le rôle des troupes?
9 Le roi du carnaval est-il le même chaque année?
10 Pourquoi Cédric aime-t-il le carnaval?
11 Selon Cédric, qu'est-ce que le carnaval permet de faire?
12 Que fait-on du roi du carnaval?
   a on le brûle
   b on le range dans un hangar
   c on le recycle pour l'utiliser l'année suivante
13 Par quoi se termine le carnaval?
14 Ce reportage a pour but de:
   a divertir le public à propos du carnaval
   b informer le public sur le carnaval
   c persuader le public de participer au carnaval

Évaluation 2

Regarde les photos et prépare une présentation de deux minutes pour ton professeur sur le carnaval en Martinique à Fort-de-France.

Tu as dix minutes pour te préparer et **organiser** ta présentation. Tu dois mentionner le type de fête, les traditions de cette fête, les personnes qui sont présentes, etc. et ton opinion. Après ta présentation, ton professeur te posera quelques questions.

Évaluation 3

Tu visites un pays francophone de ton choix. Pendant ton séjour, il y a une fête célèbre dans le pays. Tu **écris** une carte postale à ta famille et **décris** la fête, ses caractéristiques, les éléments importants, les rituels et les activités. N'oublie pas de donner ton opinion sur la fête.

Écris environ 100 à 150 mots.

Réflexion

Dans ce chapitre, tu as découvert et as exploré les fêtes et les festivals dans le monde francophone et de quelle manière ceux-ci représentent les valeurs et les traditions de la culture d'un pays.

Utilise ce tableau pour réfléchir sur ce que tu as appris dans ce chapitre.					
Les questions posées	Les réponses trouvées	D'autres questions?			
Factuelles: Quelles sont les fêtes que nous célébrons?					
Conceptuelles: Les fêtes sont-elles toujours célébrées en fonction de la religion?					
Invitant au débat: En quoi les fêtes représentent-elles les traditions et la culture d'un pays?					
Les approches de l'apprentissage utilisées dans ce chapitre:	Description: quelles nouvelles compétences as-tu développées?	La maîtrise de ces compétences			
		Novice	Apprenti	Pratiquant	Expert
Compétences de communication					
Compétences de collaboration					
Compétences de réflexion					
Compétences en matière de culture de l'information					
Compétences en matière de culture des médias					
Compétences de pensée créative					
Les qualités du profil de l'apprenant:	Réfléchis sur l'importance d'être ouvert d'esprit dans l'apprentissage de ce chapitre.				
Ouverts d'esprit					

4 À quoi sert l'école?

○ L'école offre une **structure** et un **but** dans nos vies et permet de nous **développer** et nous **donner à tous** différentes opportunitiés.

EXAMINER ET RÉPONDRE AUX QUESTIONS:

Factuelles: Que fais-tu pendant la journée? Qu'est-ce que tu étudies à l'école?

Conceptuelles: À quoi sert l'école et les études?

Invitant au débat: L'éducation offre-t-elle la même chance à tous?

Maintenant **partage et compare** tes réponses à ces questions avec ton voisin ou la classe.

○ DANS CE CHAPITRE, NOUS ALLONS:

- **Découvrir** ce qu'on aime étudier, ses intérêts et ses compétences.
- **Explorer** l'importance de l'école.
- **Passer à l'action** en prenant son apprentissage en main.

Ces compétences spécifiques aux approches de l'apprentissage nous seront utiles:

- Compétences de communication
- Compétences de collaboration
- Compétences de réflexion
- Compétences en matière de culture de l'information
- Compétences de pensée critique
- Compétences de pensée créative

Nous nous efforcerons de réfléchir aux qualités du profil de l'apprenant, pour comprendre ce que signifie:

- Altruistes: Nous faisons preuve d'empathie, de compassion et de respect. Nous accordons une grande importance à l'entraide et nous nous ouvrons concrètement à l'amélioration de l'existence d'autrui et du monde qui nous entoure.

Dans ce chapitre, les opportunités d'évaluation seront basées sur:

- Critère A: Compréhension de texte oral et visuel
- Critère B: Compréhension de texte écrit et visuel
- Critère C: Communication en réponse à du texte oral, écrit et/ou visuel
- Critère D: Utilisation de la langue sous forme orale et/ou écrite

GRAMMAIRE

- Les verbes réfléchis
- La comparaison et le superlatif
- Le futur proche

Observe cette photo.

1 **Que vois-tu?** Recherche le vocabulaire nécessaire pour décrire la photo.
2 **Réfléchis** sur cette photo. Qu'en penses-tu? Que font les personnes sur la photo et pourquoi?
3 **Quelles questions** te poses-tu en regardant cette photo?

VOCABULAIRE SUGGÉRÉ

Substantifs

la biologie
la chimie
l'éducation physique
la géographie
l'histoire
la physique
les arts visuels
les mathématiques
les sciences
la bibliothèque
la cafétéria
le laboratoire de science
le gymnase
le terrain de sports
le collège
l'école primaire
l'école secondaire
l'école privée
l'école publique
le lycée
le cahier
le classeur
le crayon
la feuille de papier
la gomme
la règle
le stylo
la trousse
les devoirs

Adjectifs

actif
analphabète
artistique
bavard
brillant
bruyant
calme
créatif
cultivé
doué
ennuyeux
honnête
inutile
indépendant
lent
rapide
paresseux
patient
studieux
talentueux
travailleur
utile

Verbes

analyser
apprendre
comprendre
dessiner
décrire
enseigner
écrire
éduquer
effacer
étudier
expliquer
faire des progrès/
s'améliorer
répéter
réussir
savoir

Que fais-tu pendant la journée?

Pendant la semaine, nos journées sont toujours très remplies. Il y a les cours à l'école et les devoirs ou le travail. Notre vie quotidienne est réglée par un emploi du temps ou un horaire à suivre. Nos journées sont divisées en heures, minutes et secondes. Le week-end, il est possible de se reposer et de faire des activités plus amusantes.

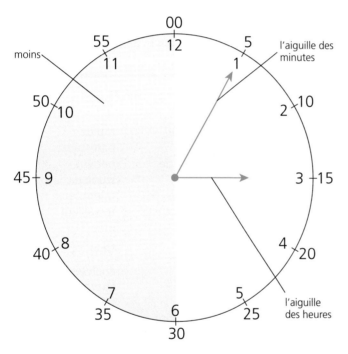

■ Il est trois heures cinq

OBSERVER–COMPARER–PARTAGER

Quelle heure est-il?

■ Les approches de l'apprentissage

■ Compétence de communication: Utiliser la compréhension interculturelle pour interpréter des communications

Observe les questions et réponds-y. **Compare** et **partage** tes réponses avec un camarade.

1   À quelle heure te lèves-tu?
2   À quelle heure quittes-tu la maison pour aller à l'école?
3   À quelle heure commences-tu l'école?
4   À quelle heure manges-tu ton déjeuner?
5   À quelle heure finis-tu l'école?
6   À quelle heure rentres-tu à la maison?
7   À quelle heure fais-tu tes devoirs?
8   À quelle heure manges-tu ton dîner?
9   À quelle heure vas-tu au lit?

ACTIVITÉ: Une pendule pour l'éternité

Les approches de l'apprentissage

- Compétences de pensée critique: Tirer des conclusions et des généralisations raisonnables

Regarde la vidéo sur le lien suivant: **http://apprendre.tv5monde.com/fr/apprendre-francais/le-temps**

1 Réponds aux questions suivantes par *vrai* ou *faux*:
   a La pendule est à Versailles en France.
   b C'est la pendule de Louis XIV.
   c La pendule est un objet de décoration.
   d La pendule est en or.
   e La pendule est dans la «Galerie des Glaces».
2 Réponds aux questions suivantes:
   a Cite cinq mots mentionnés en relation avec le temps.
   b Cite deux fonctions de cette pendule.
   c Avant la pendule, comment le roi règle-t-il sa journée?
   d Cite trois rituels de la journée à la Cour.
3 Justifie tes réponses:
   a Qu'est-ce que permet l'invention de la pendule?
   b Que représente l'invention de la pendule dans le monde?

Les opportunités d'évaluation

- Cette activité peut être évaluée selon Critère A: Compréhension de texte oral et visuel.

EXTENSION

Connais-tu une horloge ou pendule célèbre dans le monde? Fais une recherche dessus et **présente**-la à ta classe.

▼ Liens: Mathématiques

Petit sondage…

Les approches de l'apprentissage

- Compétences de communication: Faire des déductions et tirer des conclusions. Organiser et représenter les informations de manière logique
- Compétence de pensée critique: Tirer des conclusions et des généralisations raisonnables

Fais un rapide sondage dans ton école. Pose les questions suivantes à environ 15 à 20 personnes dans l'école.

- Combien de temps passes-tu à faire tes devoirs?
- À quelle heure vas-tu au lit?
- À quelle heure te lèves-tu le matin?
- Combien d'heures dors-tu la nuit?

Que penses-tu des résultats? Es-tu surpris des résultats? Est-ce normal?

Écris un article pour la classe présentant tes résultats avec un diagramme ou un graphique.

Les opportunités d'évaluation

- Cette activité peut être évaluée selon Critère C: Communication en réponse à du texte oral, écrit et/ou visuel et Critère D: Utilisation de la langue sous forme orale et/ou écrite.

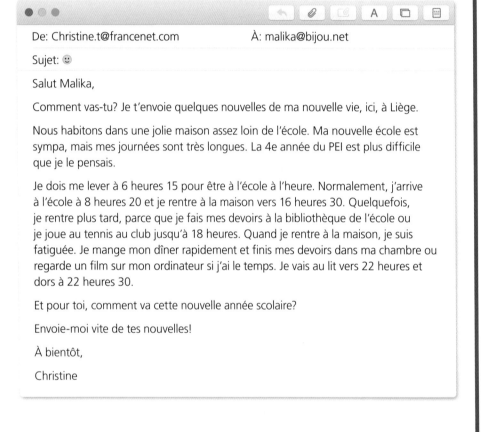

De: Christine.t@francenet.com   À: malika@bijou.net

Sujet: ☺

Salut Malika,

Comment vas-tu? Je t'envoie quelques nouvelles de ma nouvelle vie, ici, à Liège.

Nous habitons dans une jolie maison assez loin de l'école. Ma nouvelle école est sympa, mais mes journées sont très longues. La 4e année du PEI est plus difficile que je le pensais.

Je dois me lever à 6 heures 15 pour être à l'école à l'heure. Normalement, j'arrive à l'école à 8 heures 20 et je rentre à la maison vers 16 heures 30. Quelquefois, je rentre plus tard, parce que je fais mes devoirs à la bibliothèque de l'école ou je joue au tennis au club jusqu'à 18 heures. Quand je rentre à la maison, je suis fatiguée. Je mange mon dîner rapidement et finis mes devoirs dans ma chambre ou regarde un film sur mon ordinateur si j'ai le temps. Je vais au lit vers 22 heures et dors à 22 heures 30.

Et pour toi, comment va cette nouvelle année scolaire?

Envoie-moi vite de tes nouvelles!

À bientôt,

Christine

Comment écrire un courriel?

Le courriel (courrier électronique) est un moyen de communication utile et rapide qui peut être formel ou informel.

Observe le courriel de Christine et relève au moins cinq caractéristiques visuelles du courriel.

ACTIVITÉ: Les activités quotidiennes

Les approches de l'apprentissage

■ Compétence de communication: Écrire dans différents objectifs

Relie les activités quotidiennes ci-dessous avec les images:

a aller à l'école
b dormir
c étudier pendant les cours
d faire les devoirs
e participer à la classe
f prendre son déjeuner
g rentrer à la maison
h s'habiller
i se brosser les dents
j se coucher
k se dépêcher
l se laver
m se préparer à sortir
n se reposer
o se réveiller

À partir des activités précédentes, **écris** la journée de Moussa, le personnage ci-dessus, en **expliquant** à quelle heure il fait ces activités. N'oublie pas de conjuguer les verbes!

RÉFLÉCHIR–PARTAGER–COMPARER

Prends quelques minutes et **réfléchis** à ta routine.

Partage avec un camarade de classe ce que tu fais pendant la journée.

Comparez vos routines. Avez-vous la même routine? Y a-t-il des différences?

ACTIVITÉ: Un courriel

■ Les approches de l'apprentissage

- ■ Compétence de communication: Écrire dans différents objectifs

Imagine que tu es Malika et réponds au courriel de Christine à la page 86. **Décris**-lui ta journée. N'oublie pas de respecter le format du courriel avec ses caractéristiques.

◆ Les opportunités d'évaluation

- ◆ Cette activité peut être évaluée selon Critère C: Communication en réponse à du texte oral, écrit et/ou visuel et Critère D: Utilisation de la langue sous forme orale et/ou écrite.

GRAMMAIRE

Les verbes réfléchis

Les verbes réfléchis sont des verbes qui se conjuguent avec un pronom. Le pronom réfléchi se trouve entre le sujet et le verbe, par exemple se lever, se laver, se coucher, etc.

je	me	lève
tu	te	lèves
il/elle/on	se	lève
nous	nous	levons
vous	vous	levez
ils/elles	se	lèvent

Attention!

La négation se place avant le pronom réfléchi, par exemple:

- Je ne me couche pas à 21 heures.

Qu'est-ce que tu étudies à l'école?

MON EMPLOI DU TEMPS

L'école organise des emplois du temps différents selon les classes et selon les choix des matières que tu désires étudier. L'emploi du temps est toujours quelque chose de complexe à organiser, particulièrement si les élèves peuvent étudier une grande variété de matières. Comment est ton emploi du temps?

ACTIVITÉ: L'emploi du temps de Christine

Les approches de l'apprentissage

■ Compétence de communication: Lire en faisant preuve d'esprit critique et dans le but de dégager du sens

Lis l'emploi du temps de la classe de Christine:

Classe PEI 4A

Heures (périodes)	Lundi	Mardi	Mercredi	Jeudi	Vendredi
8.30–9.30	Langue et littérature	Arts	Individus et sociétés	Acquisition de langues: français	Individus et sociétés
9.30–10.30	Langue et littérature	Arts	Individus et sociétés	Acquisition de langues: français	Mathématiques
10.30–10.45	La récréation				
10.45–11.45	Mathématiques	Mathématiques	Langue et littérature	Arts	Éducation physique et à la santé
11.45–12.45	Individus et sociétés	Acquisition de langues: français	Sciences	Sciences	Éducation physique et à la santé
12.45–13.30	Le déjeuner				
13.30–14.30	Sciences	Éducation physique et à la santé	Design	Langue et littérature	Design
14.30–15.30	Sciences	Éducation physique et à la santé	Acquisition de langues: français	Mathématiques	Design
15.30–16.30	Design	AEC* MUN (Modèle des Nations Unies)	Arts	AEC* Volleyball	AEC* Piano

*Activités extracurriculaires (non obligatoire)

Observe attentivement l'emploi du temps de Christine et réponds aux questions à la page suivante en suivant l'exemple:

À quelle heure Christine étudie-t-elle les mathématiques le lundi?

Christine étudie les mathématiques à 10 heures 45.

➤

---

1 À quelle heure Christine commence-t-elle les cours?
2 Combien de leçons de mathématiques est-ce que Christine a par semaine?
3 Quand est-ce que Christine étudie les sciences pendant la semaine?
4 Combien de temps dure la pause déjeuner?
5 À quelle heure est-ce que Christine étudie langue et littérature le mercredi?
6 Combien de temps dure la classe d'arts le mardi?
7 À quelle heure finissent les cours le vendredi?
8 À quelle heure est la récréation?
9 Combien de doubles leçons a Christine par semaine?
10 Quand est le club de MUN?
11 Quand est-ce que Christine étudie le français?
12 Combien de périodes est-ce que Christine a par semaine?

À ton tour maintenant de poser des questions sur l'emploi du temps de Christine. **Écris** trois questions supplémentaires sur l'emploi du temps de Christine et pose-les à un camarade.

ACTIVITÉ: Comparaison

■ Les approches de l'apprentissage

■ Compétence de communication: Écrire dans différents objectifs

Dessine un tableau et **écris** ton emploi du temps, puis **compare** ton emploi du temps à celui de Martine.

Écris un texte de 100 à 150 mots.

N'oublie pas d'**utiliser** la comparaison et le superlatif.

Considère les points suivants pour ton écrit:
● **Le nombre de cours**
● **Les matières que tu as ou n'as pas**
● **Les heures des cours, de récréations et du déjeuner**
● **Les activités extracurriculaires**
● **Est-ce que tu aimes ton emploi du temps? Ou préfères-tu celui de Martine?**

◆ Les opportunités d'évaluation

◆ Cette activité peut être évaluée selon Critère C: Communication en réponse à du texte oral, écrit et/ou visuel et Critère D: Utilisation de la langue sous forme orale et/ou écrite.

GRAMMAIRE

La comparaison et le superlatif

La comparaison:

Observe les phrases suivantes:

Jean est **plus** grand **que** Paul.

Paul est **moins** grand **que** Luc.

Jean est **aussi** grand **que** Luc.

Jean a **plus de** livres **que** Paul.

Luc a **moins de** livres **que** Paul.

Pierre a **autant de** livres **que** Paul.

Le superlatif:

Marie-Laure est **la plus** grande de la classe.

Audrey est **la moins** grande de la classe.

Jean travaille **plus** lentement **que** Luc.

Paul travaille **moins** lentement **que** Luc.

Pierre travaille **aussi** lentement **que** Luc.

Paul travaille **plus que** Jean.

Pierre travaille **moins que** Luc.

Luc travaille **autant que** Paul.

Audrey travaille **le plus** dans la classe.

Marie-Laure marche **le moins** dans la classe.

Comment forme-t-on la comparaison et le superlatif? Quelle est la règle?

Explique la règle à tes camarades de classe et prépare-leur un exercice à faire.

LES MATIÈRES SCOLAIRES

À l'école, tu apprends différentes matières scolaires où tu développes différentes capacités et aptitudes. Chaque matière suit un programme particulier et exécute des activités en relation aux thèmes enseignés. De plus en plus, les matières se regroupent les unes entre les autres; c'est ce que le PEI appelle «l'apprentissage interdisciplinaire».

ACTIVITÉ: Qu'apprends-tu dans tes différentes matières?

■ Les approches de l'apprentissage

■ Compétence de pensée créative: Procéder à des remue-méninges et avoir recours à des schémas visuels pour générer de nouvelles idées et recherches

Utilise le schéma ci-dessous pour classer les activités suivantes. Certaines activités sont pratiquées dans toutes les matières: place-les au centre du schéma. Dans quelles matières fais-tu les activités suivantes? Copie le schéma ci-dessous.

1   Analyser des dates
2   Analyser des statistiques
3   Analyser des textes
4   Calculer
5   Courir
6   Débattre
7   Dessiner
8   Diviser
9   Écrire des poèmes
10 Fabriquer des objets
11 Faire des expériences
12 Faire des graphes
13 Faire des jeux de rôles
14 Lire
15 Mémoriser
16 Multiplier
17 Planifier des projets
18 Rechercher des informations
19 Résoudre des problèmes
20 Se documenter
21 Travailler en équipe
22 Utiliser l'ordinateur

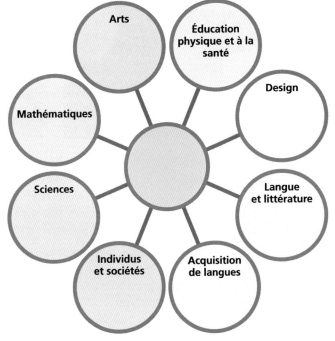

Travaille en groupe de deux et ajoutez au moins trois activités possibles dans chaque matière.

OBSERVER–COMPARER–PARTAGER

Quelle est ta matière préférée?

■ Les approches de l'apprentissage

■ Compétence de pensée créative: Procéder à des remue-méninges et avoir recours à des schémas visuels pour générer de nouvelles idées et recherches

Observe les questions suivantes:

1 Quelle est ta matière préférée? Et pourquoi?
2 Quelle(s) matière(s) aimes-tu le moins? Et pourquoi?
3 Quelles activités est-ce que tu aimes faire dans tes matières?
4 Qu'est-ce que tu aimes le moins faire?
5 Selon toi, quelles sont les matières qui sont importantes? Et moins importantes? Pourquoi?

Compare tes réponses avec un camarade et **partagez** vos réponses avec la classe.

Quelle est ta matière préférée?

J'adore les sciences, parce que j'aime faire des expériences dans le laboratoire.

Moi j'adore les langues. J'aime les cours de langue et littérature et l'acquisition de langue. J'aime lire des textes et apprendre de nouveaux mots. Par contre, je n'aime pas beaucoup les mathématiques, parce que je suis nul, mais je sais que c'est une matière importante.

Je n'aime pas beaucoup le dessin, parce que je dessine mal et je n'ai pas beaucoup de patience.

ACTIVITÉ: Journal des ados: l'école

■ Les approches de l'apprentissage

■ Compétence de pensée critique: Tirer des conclusions et des généralisations raisonnables

Regarde la vidéo suivante sur la journée quotidienne de ces élèves en suivant le lien et réponds aux questions:
https://youtu.be/iww3eUDIGM4

1 Réponds aux questions suivantes par *vrai* ou *faux*:
   a Hugo et Stephie habitent à Grenoble en France.
   b Hugo et Stephie vont dans la même école.
   c Hugo et Stephie sont dans la même classe.
   d L'emploi du temps de 5e C est difficile.
   e Hugo et Stephie ont l'école le mercredi.
   f Hugo et Stephie mangent à la maison.
   g Hugo mange des frites.
   h Stephie aime les desserts.
   i Hugo n'aime pas son prof de gym.
   j Hugo aime toujours ses cours à l'école.

2 Réponds aux questions suivantes par des phrases:
   a À quelle heure se lève Hugo le matin?
   b Comment est-ce que Hugo et Stephie vont à l'école?
   c Quel âge ont les élèves de l'école?
   d Qu'est-ce qu'apprend un élève en groupe formation?
   e Quelle activité fait Hugo pendant le cours d'éducation physique et à la santé?
   f Est-il bon en éducation physique et à la santé?

3 Réponds aux questions suivantes en justifiant tes réponses:
   a Pourquoi Hugo préfère aller à l'école en voiture?
   b Pourquoi Stephie préfère-t-elle l'histoire?
   c Pourquoi n'aime-t-elle pas les mathématiques?
   d Selon toi, quel est le moment préféré d'Hugo? Et pourquoi?

◆ Les opportunités d'évaluation

◆ Cette activité peut être évaluée selon Critère A: Compréhension de texte oral et visuel.

ACTIVITÉ: À ton tour d'être le prof!

■ Les approches de l'apprentissage

■ Compétence de réflexion: Réfléchir au développement des compétences spécifiques aux approches de l'apprentissage: Quelles sont les compétences que je possède déjà? Comment puis-je partager mes compétences pour venir en aide à mes pairs qui ont besoin de s'exercer davantage? Sur quelle compétence vais-je désormais travailler?

Tu as appris de nouveaux mots de vocabulaire et tu as découvert de nouveaux points de grammaire.

À ton tour de préparer un exercice, soit sur du vocabulaire soit un point de grammaire concernant cette unité, pour tes camarades de classe.

Tu peux préparer un mots mêlés ou un mots croisés ou encore préparer un jeu.

Voici quelques idées de sites gratuits pour préparer ton exercice:
● www.discoveryeducation.com/free-puzzlemaker/
● https://create.kahoot.it/login

COMMENT EST TON ÉCOLE?

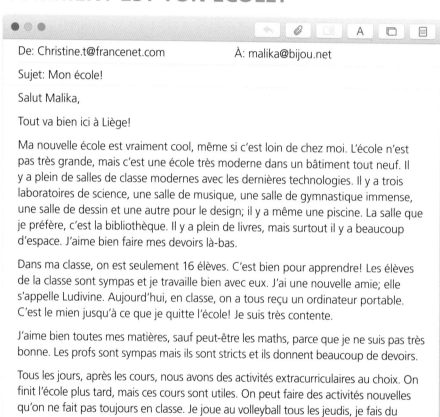

De: Christine.t@francenet.com   À: malika@bijou.net

Sujet: Mon école!

Salut Malika,

Tout va bien ici à Liège!

Ma nouvelle école est vraiment cool, même si c'est loin de chez moi. L'école n'est pas très grande, mais c'est une école très moderne dans un bâtiment tout neuf. Il y a plein de salles de classe modernes avec les dernières technologies. Il y a trois laboratoires de science, une salle de musique, une salle de gymnastique immense, une salle de dessin et une autre pour le design; il y a même une piscine. La salle que je préfère, c'est la bibliothèque. Il y a plein de livres, mais surtout il y a beaucoup d'espace. J'aime bien faire mes devoirs là-bas.

Dans ma classe, on est seulement 16 élèves. C'est bien pour apprendre! Les élèves de la classe sont sympas et je travaille bien avec eux. J'ai une nouvelle amie; elle s'appelle Ludivine. Aujourd'hui, en classe, on a tous reçu un ordinateur portable. C'est le mien jusqu'à ce que je quitte l'école! Je suis très contente.

J'aime bien toutes mes matières, sauf peut-être les maths, parce que je ne suis pas très bonne. Les profs sont sympas mais ils sont stricts et ils donnent beaucoup de devoirs.

Tous les jours, après les cours, nous avons des activités extracurriculaires au choix. On finit l'école plus tard, mais ces cours sont utiles. On peut faire des activités nouvelles qu'on ne fait pas toujours en classe. Je joue au volleyball tous les jeudis, je fais du piano les vendredis et je fais partie du groupe de MUN les mardis. J'aime beaucoup ce club. On apprend beaucoup sur les droits de l'homme et les relations internationales.

Et toi, aimes-tu ta nouvelle école?

À plus,

Christine

ACTIVITÉ: Compare ton école!

■ Les approches de l'apprentissage

■ Compétence de communication: Écrire dans différents objectifs

Réponds au courriel de Christine et **décris** ton école. Pense à inclure les éléments suivants dans ton courriel:

- **Les caractéristiques du courriel**
- **Description de l'école**
- **Les différents types de salle de classe**
- **Les avantages de ton école**
- **Les inconvénients de ton école**
- Etc.

Écris entre 100 et 150 mots.

◆ Les opportunités d'évaluation

◆ Cette activité peut être évaluée selon Critère C: Communication en réponse à du texte oral, écrit et/ou visuel et Critère D: Utilisation de la langue sous forme orale et/ou écrite.

ACTIVITÉ: Comment est ton école?

■ Les approches de l'apprentissage

■ Compétences de communication: Lire en faisant preuve d'esprit critique et dans le but de dégager du sens. Écrire dans différents objectifs

Lis le courriel de Christine et réponds aux questions suivantes:

1 **Décris l'école de Christine en utilisant trois adjectifs.**
2 **Quels sont les avantages de l'école de Christine?**
3 **Donne trois inconvénients de l'école.**
4 **Pourquoi Christine est-elle si contente?**
5 **Que pense Christine des activités extracurriculaires?**

Compare ton école à celle de Christine. Pour t'aider, **utilise** un diagramme de Venn.

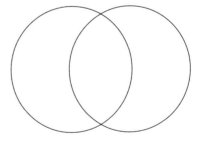

◆ Les opportunités d'évaluation

◆ Cette activité peut être évaluée selon Critère B: Compréhension de texte écrit et visuel.

À quoi sert l'école et les études?

Un jour ou l'autre, on se pose tous la question «à quoi ça sert d'aller à l'école?»

Le mot «éducation» vient du latin *ex ducere*, qui signifie «faire sortir de soi, développer, épanouir». En effet, c'est bien l'objectif de l'école. L'école aide les élèves à apprendre et développer leurs aptitudes et capacités intellectuelles, morales et physiques.

RÉFLÉCHIR–COMPARER–PARTAGER

1 **Réfléchis** aux questions ci-dessous et observe les photos pour t'aider à y répondre.

2 Puis, **compare** tes réponses avec un camarade et **partagez**-les avec la classe.

 a L'éducation est-elle obligatoire partout dans le monde?

 b Pourquoi allons-nous à l'école?

 c Qu'est-ce que l'école nous apprend à faire?

 d Est-ce que tout ce que nous apprenons est utile pour le futur?

ACTIVITÉ: Le profil de l'apprenant de l'IB

Les approches de l'apprentissage

■ Compétence de communication: Faire des déductions et tirer des conclusions

1 Observe le profil de l'apprenant de l'IB et les verbes dans l'encadré. **Sélectionne** deux verbes pour chaque attribut du profil.

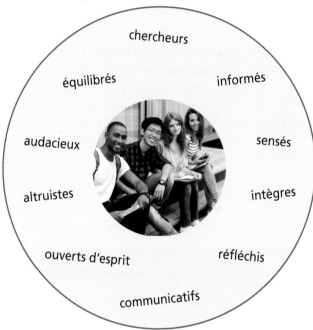

chercheurs

équilibrés

informés

audacieux

sensés

altruistes

intègres

ouverts d'esprit

réfléchis

communicatifs

accepter	penser
aider	prendre des initiatives
comprendre	questionner
écrire	raisonner
éduquer	rechercher
équilibrer	réfléchir
être honnête	respecter
étudier	s'améliorer
expérimenter	s'exprimer
modérer	s'informer

a J'adore le dessin et la peinture. Cela me permet de m'exprimer et de dire vraiment ce que je ressens.

b J'aime beaucoup travailler en groupe et collaborer avec mes camarades. Cela m'aide à mieux apprendre.

c À l'école, il y a tellement de cultures différentes; c'est vraiment intéressant. On s'accepte tous comme on est.

d En ce qui concerne le travail scolaire, il est important d'être honnête et responsable de ses actes.

e Ce que je préfère dans les cours, c'est faire des expériences scientifiques et des projets parce que je recherche des informations.

f C'est bien de travailler seul, de manière indépendante, parce que je peux prendre mes propres décisions et travailler sur ce qui m'intéresse.

2 Lis les bulles ci-dessus et fais-les correspondre avec le bon attribut du profil de l'apprenant.

3 Et toi, comment es-tu? Quels attributs du profil de l'apprenant te correspondent? **Écris** un texte de 100 à 150 mots **décrivant** quel genre d'apprenant tu es et pourquoi.

◆ Les opportunités d'évaluation

◆ Cette activité peut être évaluée selon Critère C: Communication en réponse à du texte oral, écrit et/ou visuel et Critère D: Utilisation de la langue sous forme orale et/ou écrite.

ACTIVITÉ: À quoi sert l'école?

- Compétence de communication: Utiliser une diversité de techniques oratoires pour communiquer avec des publics variés
- Compétences de collaboration: Gérer et résoudre les conflits à plusieurs, et travailler en équipe. Parvenir à un consensus
- Compétence de la pensée créative: Procéder à des remue-méninges et avoir recours à des schémas visuels pour générer de nouvelles idées et recherches

Travaillez en groupe de trois élèves et essayez de **déterminer** ensemble dix arguments **expliquant** la nécessité de l'école.

Prenez une feuille (A3 ou plus grand) et séparez-la en trois avec au centre «À quoi sert l'école?» Chaque partie correspond à une aptitude différente développée par l'école:
- **Intellectuelle**
- **Sociale**
- **Physique**

Utilisez un dictionnaire ou internet pour chercher le vocabulaire nécessaire.

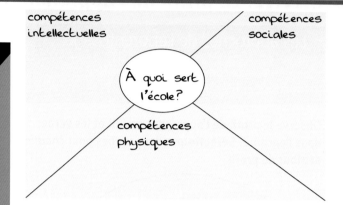

1. En silence, chaque élève cherche trois à quatre arguments au minimum pour chaque compétence et les écrit sur des notes adhésives.
2. Dans vos groupes, lisez vos arguments. Êtes-vous d'accord avec les arguments de vos camarades? Faut-il enlever un argument ou ajouter un argument? Au total, vous devez avoir dix arguments.
3. Présentez vos dix arguments à la classe en deux à trois minutes. Expliquez vos arguments et vos opinions. Soyez prêts à répondre aux questions de vos camarades et votre professeur après la présentation.

Les opportunités d'évaluation

- Cette activité peut être évaluée selon Critère C: Communication en réponse à du texte oral, écrit et/ou visuel et Critère D: Utilisation de la langue sous forme orale et/ou écrite.

ACTIVITÉ: À quoi ça sert l'école? (bis)

- Compétence de communication: Écrire dans différents objectifs
- Compétence de pensée critique: Tirer des conclusions et des généralisations raisonnables

Regarde la vidéo suivante. C'est une bande dessinée réalisée par une classe d'enfants de 11 ans:
https://youtu.be/_FPWZNj_qmg

1. Réponds aux questions suivantes par *vrai* ou *faux*. L'école sert à:
   a. t'améliorer tous les jours.
   b. savoir ce que Napoléon a fait.
   c. à voir que le monde va mal.
   d. à comprendre les actualités.
   e. à s'amuser.
   f. à respecter les autres.
   g. à partager ses devoirs.
   h. à être un adulte.
   i. à être meilleur que les autres.
   j. à persévérer.
2. Écris un article pour le journal de ton école où tu expliques pourquoi il est important d'aller à l'école. Écris entre 100 et 150 mots.

Les opportunités d'évaluation

- Cette activité peut être évaluée selon Critère A: Compréhension de texte oral et visuel; Critère C: Communication en réponse à du texte oral, écrit et/ou visuel; et Critère D: Utilisation de la langue sous forme orale et/ou écrite.

L'école impose certaines règles de conduite à suivre aux élèves, ce qui leur permet de développer un sens moral et communautaire.

Interdiction des téléphones portables à l'école!

1   Le Premier Ministre de l'Éducation nationale en France annonce que le téléphone portable va être interdit à l'école primaire et au collège à partir de septembre 2018.

2   Il est de plus en plus normal de voir des élèves et des étudiants avec des téléphones portables dans les mains dans les cours de récréation. À 11 ans, 8 élèves sur 10 possèdent un téléphone portable. Le portable rassure les parents, car leurs enfants rentrent souvent de l'école seuls. Pour les enfants, avoir un portable montre une volonté de grandir et de faire partie du monde «des grands».

3   À partir de septembre 2018, les élèves français ne vont plus pouvoir utiliser leurs téléphones portables. Bien que le portable apporte plusieurs avantages, il amène quelques inconvénients également. Par exemple, les enfants passent trop de temps sur les écrans, ils ne jouent plus directement avec leurs amis et peuvent être confrontés à des vidéos choquantes.

ACTIVITÉ: Interdiction du portable

■ Les approches de l'apprentissage

■ Compétence de communication: Lire en faisant preuve d'esprit critique et dans le but de dégager du sens

Lis l'article sur l'interdiction du portable, et réponds aux questions suivantes:

1 Qui a décidé d'interdire le téléphone portable dans les écoles françaises?
2 Dans quelles écoles ne va-t-on plus pouvoir utiliser le portable?
3 Pourquoi interdit-on le portable?
4 Cite un avantage du portable.
5 Cite trois inconvénients du portable.
6 Es-tu d'accord avec cette interdiction? Pourquoi?

ACTIVITÉ: Le tir à la corde

■ Les approches de l'apprentissage

■ Compétence de pensée critique: Recueillir et organiser des informations pertinentes afin de formuler un argument

POUR   ET SI?   CONTRE

1 Considère le dilemme suivant: Interdiction des portables à l'école.
2 En groupe de deux à trois élèves, recherchez des arguments *pour* l'interdiction, puis des arguments *contre*.
3 Au milieu de la corde, écrivez les questions que vous vous posez maintenant que vous avez réfléchi au pour et au contre.

Pour l'interdiction des portables	*Contre* l'interdiction des portables
Questions à penser ou à poser	

! Passer à l'action

! En groupe de deux à trois personnes, **créez** une affiche pour sensibiliser les élèves de l'école à la loi de l'interdiction du portable. Choisissez de créer une affiche soit pour soit contre l'interdiction des portables à l'école.

L'éducation offre-t-elle la même chance à tous?

L'école permet de découvrir nos intérêts et passions, d'établir nos points forts et nos faiblesses afin de faire le bon choix pour notre future carrière.

Lors de ta dernière année du PEI, tu vas travailler et présenter ton projet personnel démontrant les compétences que tu as apprises. Pour ce travail, tu es libre de choisir de faire ce qui t'intéresse.

RÉFLÉCHIR–COMPARER–PARTAGER

Un remue-méninges des professions!

■ Les approches de l'apprentissage

■ Compétence de pensée créative: Procéder à des remue-méninges et avoir recours à des schémas visuels pour générer de nouvelles idées et recherches

Fais un remue-méninges en **réfléchissant** à six professions qui t'intéressent et explique pourquoi elles t'intéressent, par exemple:

Je voudrais être un chef cuisinier parce que j'adore cuisiner.

Compare tes réponses avec un camarade, puis **partage** avec la classe.

ACTIVITÉ: Quelques professions…

Observe les professions suivantes et **recherche** la profession féminine:

1 un cuisinier
2 un boulanger
3 un mécanicien
4 un coiffeur
5 un acteur
6 un professeur
7 un gendarme
8 un journaliste
9 un docteur
10 un écrivain

ACTIVITÉ: Mon projet personnel

Les approches de l'apprentissage

■ Compétences de communication: Lire en faisant preuve d'esprit critique et dans le but de dégager du sens. Écrire dans différents objectifs

Lis les notes adhésives sur le mur des élèves. Ils expliquent ce qu'ils aiment, leurs points forts et leurs faiblesses et ce qu'ils pensent faire pour leur projet personnel:

a J'adore dessiner et créer des œuvres d'arts. Je suis toujours en train de mettre mes mains dans la peinture ou la colle. J'ai un bon sens des perspectives, mais ce que je préfère est laisser mon imagination m'emporter. Pour mon projet personnel, je vais recréer en forme de maquette «La Chambre à coucher» de Vincent Van Gogh.

b Je pense que je suis quelqu'un qui aime la précision; je suis très méticuleux. Je suis fort en mathématiques; j'aime résoudre des équations et des calculs complexes et les appliquer dans la vie de tous les jours. J'aime aussi le design et créer de nouveaux objets utiles et originaux. Pour mon projet personnel, je vais créer un mécanisme d'une horloge. Cela ne va pas être facile.

c Je suis passionné par le design, surtout en ce qui concerne des programmes avec les ordinateurs. Je suis bon en mathématiques et en physique aussi. J'aime beaucoup créer des robots et décrypter des codes. Pour mon projet personnel, je vais créer un jeu vidéo de combats. Je viens de commencer mon jeu; c'est excitant.

d J'adore m'exprimer et donner mon opinion sur différents sujets politiques ou éthiques. Je fais partie du club de MUN aussi. C'est important de pouvoir comprendre les droits de l'homme et comment on peut améliorer la situation dans le monde par la diplomatie. J'aime beaucoup l'histoire, faire des recherches et apprendre des erreurs du passé, mais j'adore aussi apprendre des langues différentes. Pour mon projet personnel, je vais écrire un conte pour enfants avec une morale que je vais écrire en français et traduire en anglais et en chinois.

e J'adore l'éducation physique et à la santé, et surtout le football. Je joue trois fois par semaine et tous les week-ends. Je suis assez bon au foot, mais pas assez pour devenir un professionnel. J'aime aussi travailler avec les chiffres, parce que je suis fort en mathématiques. J'aime bien faire de la comptabilité. Pour mon projet personnel, je vais créer un logo et une ligne de vêtements pour mon équipe de foot de l'école, car nous n'en avons pas.

f J'étudie la chimie cette année et j'adore ça. C'est un peu difficile, mais c'est très intéressant de connaître les différents éléments chimiques. J'aime beaucoup créer des bijoux pour mon plaisir aussi; c'est amusant. Pour mon projet personnel, je vais créer mes savons et sels de bains.

Lis les notes adhésives et réponds aux questions suivantes:

1 Quels adjectifs peut-on utiliser pour décrire chaque élève?
2 Quels sont les intérêts de chaque élève?
3 Quelles compétences développent-ils?
4 Avec quelle(s) matière(s) est relié le travail personnel de chaque élève?
5 Quelles professions pensez-vous qu'ils vont faire plus tard?

Le futur proche, le passé récent et le présent progressif

Le futur proche est utilisé pour indiquer un événement immédiat ou planifié dans le futur. À l'oral, de plus en plus, on préfère utiliser le futur proche au futur simple.

Aller (conjugué au présent) + infinitif

Par exemple:

- Je vais partir.
- La bouteille va tomber.

Le passé récent est utilisé pour parler de quelque chose qui vient de se produire.

Venir de (conjugué au présent) + infinitif

Par exemple:

- Anouar vient de rentrer à la maison.

Le présent progressif est utilisé pour dire que quelque chose se passe au moment où l'on parle.

Être en train de (conjugué au présent) + infinitif

Par exemple:

- Je suis en train de manger; je te rappelle plus tard.

ACTIVITÉ: 3-2-1 le pont

■ Les approches de l'apprentissage

■ Compétence de réflexion: Réfléchir au contenu: Qu'ai-je appris aujourd'hui? Quelles sont les notions que je ne comprends pas encore? Quelles questions me viennent à l'esprit maintenant?

Copie le tableau suivant.

Dans la colonne de gauche, **écris** tes idées et pensées avant d'avoir **exploré** l'utilité de l'école.

Dans la colonne de droite, écris tes réflexions et idées que tu as après avoir exploré ce thème.

Quel est le lien entre ce que tu pensais avant et ce que tu penses maintenant?

Tes réponses initiales	Fais maintenant le pont entre les deux. Explique comment tes nouvelles réponses connectent avec tes réponses initiales.	Tes nouvelles réponses sur le sujet
3 idées/pensées		3 idées/pensées
2 questions		2 questions
1 analogie		1 analogie

UNE ÉDUCATION ÉGALE POUR TOUS?

Nous n'avons pas tous les mêmes chances et opportunités dans la vie. Cela dépend de différents facteurs, comme le lieu où tu es né par exemple.

■ École 1

■ École 2

ACTIVITÉ: Différentes écoles

■ Les approches de l'apprentissage

- ■ Compétence de pensée créative: Procéder à des remue-méninges et avoir recours à des schémas visuels pour générer de nouvelles idées et recherches

Observe les photos en face qui te présentent des écoles très différentes.

Travaille en groupe de deux et **comparez** les photos des deux écoles. Faites une liste des différences qui existent entre les deux écoles et le matériel et salle de classe qu'il y a dans une école et dans l'autre.

École 1	École 2

▼ Liens: Individus et sociétés

■ Les approches de l'apprentissage

- ■ Compétence en matière de culture de l'information: Accéder aux informations pour s'informer et informer les autres

Depuis le 28 mars 1882, grâce à la loi Jules Ferry, l'école est obligatoire en France pour les enfants de 6 à 13 ans quel que soit le milieu social des parents. C'est une idée qui se développe à partir de la Révolution. À partir de 1850, il est obligatoire d'avoir une école pour les garçons et les filles dans les villages de plus de 800 personnes. L'école devient alors gratuite et laïque. Aujourd'hui, en France, l'école est obligatoire pour les enfants de 6 à 16 ans.

Recherche depuis quand l'école est obligatoire dans les pays suivants.

- Le Canada
- La Suisse
- Les États-Unis
- La Côte d'Ivoire
- Ton pays ou le pays où tu habites
1 Que penses-tu de ces dates? Est-ce surprenant ou non?
2 Connais-tu également des pays où l'école n'est pas obligatoire? Fais une recherche et partage tes résultats.

PROFIL DE L'APPRENANT: ALTRUISTES

Découvre un personnage historique: Charlemagne (c.742–814)

On dit souvent que Charlemagne a inventé l'école, mais cette affirmation n'est pas tout à fait correcte. L'école est une institution qui existe depuis des millénaires. Elle existe au temps des pharaons, de la Grèce Antique et de l'Empire romain. En France, au Moyen Age, c'est les moines qui sont éduqués.

Pourquoi Charlemagne et qui est-il? Il est roi de France au VIIIe siècle. Il veut améliorer le niveau intellectuel et moral de son peuple. Il décide d'ouvrir des écoles jusque dans les campagnes.

Écoute la chanson intitulée «Sacré Charlemagne»: **https://youtu.be/Rkx3dTwqEtk**

Drôle de façon d'aller à l'école!

1   Reprendre la routine scolaire après de longues vacances n'est jamais facile, surtout si le chemin de l'école est long. De nombreux enfants se déplacent à pied, car ils habitent près de l'école, mais d'autres ont de longs trajets et doivent utiliser des moyens de transports plus particuliers.

En ville

2   Maëva et Djamel habitent dans une grande ville. Pour aller à l'école, les enfants doivent marcher une trentaine de minutes, alors ils préfèrent aller à l'école en tandem. Eh oui, l'écomobilité est bonne pour la planète et pour la santé. Tous les matins, ils pédalent et font leur exercice physique pour la journée. D'ailleurs, ce moyen de transport est de plus en plus populaire dans la ville; les jeunes privilégient le vélo à la voiture! Sur la route et les trottoirs, il faut simplement faire attention aux voitures et piétons autour de soi pour éviter les accidents.

Sur un îlot

3   Jacques et sa sœur habitent sur un petit îlot en Bretagne au bord de l'Atlantique. Comme il n'y a pas d'école sur cette petite île, les enfants doivent aller sur le continent. Chaque matin, les enfants prennent une barque pour aller sur le continent, puis font dix minutes de train pour arriver à l'école. C'est un long voyage rempli de surprises chaque matin en fonction du temps qu'il fait.

Dans un village

4   Dans un petit village de Normandie, les enfants vont à l'école en calèche. Moyen de transport ancestral, cette navette amène les enfants directement à l'école sous la supervision de deux chaperons. Les parents peuvent déposer leurs enfants à des endroits précis au bord de la route principale, puis partir travailler.

En montagne

5   Rachid et Eléanore habitent en montagne dans un chalet. Dès que la neige arrive, ils mettent les skis pour aller à l'école. Celle-ci est proche des pistes de skis. Il n'y a rien de mieux pour commencer la journée; c'est juste dommage que la descente soit courte et ne dure que quelques minutes. À la fin de la journée, les enfants prennent le téléski pour rentrer à la maison. En été, le chemin de l'école est tout aussi amusant; il suffit de prendre son vélo tout terrain.

À la campagne

6   Soraya habite dans la campagne fribourgeoise. Pour aller à l'école, elle et ses copains qui habitent dans les fermes à côté se déplacent à dos d'âne. Moyen de transport assez pratique, puisque l'animal porte les enfants et les cartables. De plus, les enfants peuvent caresser et câliner la bête, ce qui motive les enfants à aller à l'école le matin.

Au bord du lac

7   Vivre au bord d'un lac a ses bénéfices et ses inconvénients. Tarik prend tous les matins un bateau traversant le lac d'un bout à l'autre, lui permettant ainsi d'apprécier tous les jours le paysage. Le voyage dure une trentaine de minutes, mais lorsqu'il pleut ou il y a du vent, la traversée peut durer plus longtemps. Au moins, sur le bateau, Tarik a le temps de prendre son petit-déjeuner ou de terminer ses devoirs.

8   Sept élèves sur dix de maternelle et de l'école primaire vont à l'école en voiture. Pourtant, ils habitent à un ou deux kilomètres de leur école.

9   Faire de l'exercice physique, comme du vélo, de la marche ou de la course, apporte de l'oxygène au cerveau. Cela permet donc d'apprendre mieux et plus vite en classe.

10   L'écomobilité est un nouveau mot utilisé qui désigne toutes les formes de transports écologiques pour aller à l'école et au travail. On peut citer par exemple la marche, le pédibus ou encore le vélo.

ACTIVITÉ: Drôle de façon d'aller à l'école!

■ Les approches de l'apprentissage

■ Compétence de communication: Lire en faisant preuve d'esprit critique et dans le but de dégager du sens

Lis le texte intitulé «Drôle de façon d'aller à l'école!» aux pages précédentes et réponds aux questions suivantes.

1 Remplis un tableau comme le suivant:

Texte n°	Où habitent-ils?	Comment vont-ils à l'école?	Quels sont les avantages?	Quels sont les inconvénients?	Combien de temps est-ce que cela prend?
1					
2					
3					
4					
5					
6					

2 Réponds aux questions suivantes:

a Combien d'enfants vont à l'école en voiture?

b Que veut dire «écomobilité»?

c Pourquoi est-ce mieux de marcher ou faire du vélo pour aller à l'école?

d Si tu es un de ces élèves, quel moyen de transport choisis-tu? Pourquoi?

e Comment vas-tu à l'école?

f Quel est le but de cet article?
- Informer
- Divertir et informer
- Persuader et informer
- Informer, divertir et persuader

◆ Les opportunités d'évaluation

◆ Cette activité peut être évaluée selon Critère B: Compréhension de texte écrit et visuel.

ACTIVITÉ: Réflexion

■ Les approches de l'apprentissage

■ Compétence de réflexion: Réfléchir aux stratégies d'apprentissage personnelles: Que puis-je faire pour devenir un apprenant plus efficace et plus compétent? Comment puis-je faire preuve de davantage de souplesse dans le choix de mes stratégies d'apprentissage? Quels sont les facteurs importants pour m'aider à réaliser un apprentissage efficace?

Au cours de ce chapitre, tu as **développé** des techniques d'apprentissage et as aidé tes camarades à apprendre. Considère les questions suivantes et donne une réponse à chacune:

1 Que puis-je faire pour devenir un apprenant plus efficace et plus compétent?

2 Comment puis-je faire preuve de davantage de souplesse dans le choix de mes stratégies d'apprentissage?

3 Quels sont les facteurs importants pour m'aider à réaliser un apprentissage efficace?

L'ÉCOLE, ÉVOLUE-T-ELLE?

L'école évolue en fonction de la société. L'école change avec le progrès technologique. Aujourd'hui, on utilise des ordinateurs et internet, alors qu'avant on utilisait des cahiers, des livres et des encyclopédies.

RÉFLÉCHIR–TRAVAILLER À DEUX–PARTAGER

Comment est l'école en 1960 selon toi?

Réfléchis aux questions suivantes pour répondre à la question au-dessus:
- **Quels adjectifs peux-tu utiliser pour expliquer ceci?**
- **Comment sont les profs?**
- **Combien d'élèves y a-t-il par classe?**
- **Quelles punitions existe-t-il?**
- **Quelles matières étudies-tu?**

Travaille avec un camarade et **partagez** vos réponses avec la classe.

ACTIVITÉ: L'école en 1960

■ Les approches de l'apprentissage

■ Compétence de pensée critique: Tirer des conclusions et des généralisations raisonnables

Regarde la vidéo en suivant le lien: **http://education.francetv.fr/matiere/epoque-contemporaine/ce1/video/l-ecole-en-1960-notre-histoire**

Réponds aux questions suivantes par *vrai* ou *faux*:

1 **Léo est curieux et Gladis est féministe.**
2 **Les professeurs peuvent punir les enfants avec un bonnet d'âne.**
3 **L'école est toujours très sévère.**
4 **L'école est obligatoire jusqu'à 16 ans depuis 1969.**
5 **Les enfants écrivent dans un cahier avec un crayon.**
6 **Les enfants étudient la grammaire, la conjugaison et le calcul.**
7 **Les enfants étudient aussi l'histoire, la géographie et la biologie.**
8 **Les enfants étudient l'hygiène.**
9 **Les filles étudient le tricot et la couture.**
10 **Quand les enfants travaillent bien, les professeurs leur donnent des bons points et quelquefois une médaille.**

VOCABULAIRE

une ardoise
un bonnet d'âne
un buvard
la guerre

OBSERVER–RÉFLÉCHIR–SE POSER DES QUESTIONS

Observe les photos et **décris** ce que tu vois.

Réfléchis sur ces photos. Que penses-tu? Que font les élèves et pourquoi? Que remarques-tu?

Quelles questions **te poses**-tu en regardant ces photos?

ACTIVITÉ: L'école en 2060

▪ Les approches de l'apprentissage

- ▪ Compétence de communication: Écrire dans différents objectifs

Écris un texte de 100 à 150 mots **expliquant** comment tu imagines l'école en 2060. Pense à inclure les points suivants:
- **Les matières étudiées**
- **Le type d'élèves**
- Les professeurs
- La technologie ou le matériel qu'on utilise

◆ Les opportunités d'évaluation

- ◆ Cette activité peut être évaluée selon Critère C: Communication en réponse à du texte oral, écrit et/ou visuel et Critère D: Utilisation de la langue sous forme orale et/ou écrite.

ÉVALUATION SOMMATIVE

CES ACTIVITÉS PEUVENT ÊTRE ÉVALUÉES SELON LE CRITÈRE C: COMMUNICATION EN RÉPONSE À DU TEXTE ORAL, ÉCRIT ET/OU VISUEL ET LE CRITÈRE D: UTILISATION DE LA LANGUE SOUS FORME ORALE ET/OU ÉCRITE.

Pour ces évaluations, l'usage du dictionnaire n'est pas autorisé.

Évaluation 1

Regarde les photos suivantes et prépare une présentation pour ton professeur sur les matières et ce que tu apprends à l'école.

Tu as dix minutes pour te préparer.

Ta présentation doit durer entre une et deux minutes, puis ton professeur va te poser des questions sur ta présentation.

Évaluation 2

Imagine que tu viens de déménager et que tu commences une nouvelle école dans le pays francophone de ton choix. **Écris** un courriel à ton/ta meilleur(e) ami(e) pour lui parler de ta nouvelle école, des matières que tu étudies, des profs, etc.

N'oublie pas de donner ton opinion sur ta nouvelle école.

Fais attention à respecter le format du courriel.

Écris environ 150 mots.

Réflexion

Dans ce chapitre, tu as découvert et as exploré les journées quotidiennes, l'utilité et l'importance de l'école. De plus, tu as réfléchi sur ce que l'école apporte envers ton propre développement et ton apprentissage.

Utilise ce tableau pour réfléchir sur ce que tu as appris dans ce chapitre.					
Les questions posées	Les réponses trouvées	D'autres questions?			
Factuelles: Que fais-tu pendant la journée? Qu'est-ce que tu étudies à l'école?					
Conceptuelles: À quoi sert l'école et les études?					
Invitant au débat: L'éducation offre-t-elle la même chance à tous?					
Les approches de l'apprentissage utilisées dans ce chapitre:	Description: quelles nouvelles compétences as-tu développées?	La maîtrise de ces compétences			
		Novice	Apprenti	Pratiquant	Expert
Compétences de communication					
Compétences de collaboration					
Compétences de réflexion					
Compétences en matière de culture de l'information					
Compétences de pensée critique					
Compétences de pensée créative					
Les qualités du profil de l'apprenant:	Réfléchis sur l'importance d'être altruiste dans l'apprentissage de ce chapitre.				
Altruistes					

5 Qu'est-ce que tu aimes manger?

○ Les **pratiques** culinaires d'un pays reflètent son **contexte** géographique, sa **culture** et son **identité**.

EXAMINER ET RÉPONDRE AUX QUESTIONS:

Factuelles: Qu'est-ce que tu aimes manger?

Conceptuelles: Comment la nourriture peut-elle représenter la culture et l'identité d'un pays?

Invitant au débat: Quelle est la meilleure nourriture du monde?

Maintenant **partage et compare** tes réponses à ces questions avec ton voisin ou la classe.

┌─○ DANS CE CHAPITRE, NOUS ALLONS:

- **Découvrir** différents types de nourriture et des plats nationaux francophones.
- **Explorer** les plats que nous mangeons et leur valeur nutritive.
- **Passer à l'action** en goûtant des nourritures nouvelles, variées et particulières.

- Nous nous efforcerons de réfléchir aux qualités du profil de l'apprenant, pour comprendre ce que signifie:

- Ouverts d'esprit: Nous portons un regard critique sur nos propres cultures et expériences personnelles, ainsi que les valeurs et traditions d'autrui. Nous recherchons et évaluons un éventail de points de vue et nous sommes disposés à en tirer des enrichissements.

◆ Dans ce chapitre, les opportunités d'évaluation seront basées sur:

- Critère A: Compréhension de texte oral et visuel
- Critère B: Compréhension de texte écrit et visuel
- Critère C: Communication en réponse à du texte oral, écrit et/ou visuel
- Critère D: Utilisation de la langue sous forme orale et/ou écrite

■ Ces compétences spécifiques aux approches de l'apprentissage nous seront utiles:

- Compétences de communication
- Compétences en matière de culture de l'information
- Compétences de pensée critique
- Compétences de pensée créative
- Compétences de transfert

RÉFLÉCHIR–COMPARER–PARTAGER

Réfléchis à la question suivante et trouve des réponses:

Peux-tu trouver en français:

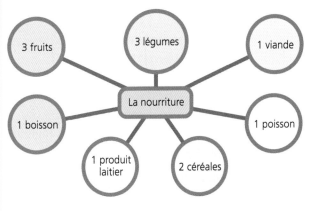

Compare tes réponses avec un camarade, puis **partagez** vos réponses avec la classe.

GRAMMAIRE

- L'article partitif
- La quantité
- L'impératif

VOCABULAIRE SUGGÉRÉ

Substantifs		Adjectifs	Verbes
un aliment	une viande	acide	avaler
une alimentation	une assiette	aigre	boire
une boisson	une bouteille	délicieux	consommer
une calorie	une fourchette	doux	couper
une céréale	une cuillère	épicé	cuisiner
un dessert	un couteau	fade	cuire
un fruit	un plat	goûteux	découper
une graine	un verre	gras	déguster
un légume	un kilo	juteux	mâcher
une nourriture	un litre	maigre	manger
une nutrition	le gras	malsain	préparer
une pâtisserie	le sucre	nutritif	servir
un produit laitier	le sel	sain	vomir
une protéine	le poivre		
une recette	des vitamines		
un régime			

Qu'est-ce que tu aimes manger?

La nourriture que nous mangeons est culturelle et permet de montrer, en quelque sorte, notre identité. Nous mangeons la nourriture que nous aimons et à laquelle nous avons accès. Tous les jours, nous mangeons une variété de nourriture pour nous nourrir, apprécier de bons plats ou goûter de nouvelles saveurs. Nous mangeons des fruits, des légumes, des protéines et des féculents, selon nos goûts.

Pour manger un repas équilibré, il faut manger des fibres, des protéines et des féculents, et boire beaucoup d'eau.

OBSERVER–TRAVAILLER À DEUX–PARTAGER

Observe les questions suivantes. **Travaille** avec un camarade et réponds-y.

1 **Quels fruits aimes-tu? J'aime…**
2 **Quels légumes aimes-tu? J'aime…**
3 **Manges-tu de la viande? Je mange…/je ne mange pas…**
4 **Quelle nourriture détestes-tu manger? Je déteste…**
5 **Quelle nourriture préfères-tu manger? Je préfère…**
6 **Qu'est-ce que tu manges dans ton sandwich? Dans mon sandwich, je mange…**

Partagez vos réponses avec la classe.

ACTIVITÉ: Qu'est-ce qu'on mange?

■ Les approches de l'apprentissage

■ Compétence de communication: Lire en faisant preuve d'esprit critique et dans le but de dégager du sens

Lis les mots dans l'encadré ci-dessous et relie-les avec les images dans le tableau.

1 l'abricot	11 le citron	21 la tomate	31 le lait	41 les lentilles
2 l'agneau	12 la courgette	22 le beurre	32 le pain	42 les noisettes
3 l'ail	13 la fraise	23 le bœuf	33 le poisson	43 les œufs
4 l'avocat	14 la framboise	24 le brocoli	34 le poivron	44 les pâtes
5 l'huile d'olives	15 le jambon	25 le céleri	35 le poulet	45 les petits pois
6 l'oignon	16 la laitue	26 le champignon	36 le raisin	46 le gâteau
7 l'orange	17 le melon	27 le chocolat	37 le riz	47 le biscuit
8 la banane	18 la pêche	28 le chou	38 le saumon	48 la crevette
9 la carotte	19 la pomme	29 le chou-fleur	39 le yaourt	
10 la cerise	20 la pomme de terre	30 le fromage	40 les cacahuètes	

Les approches de l'apprentissage

- Compétence en matière de culture de l'information: Utiliser des procédés mnémotechniques pour développer sa mémoire à long terme

Dans la classe, révisez le vocabulaire appris et l'article partitif.

Le jeu est simple: un élève commence et dit:

A Je vais au supermarché; j'achète des pommes.

Le deuxième élève continue et répète:

B Je vais au supermarché; j'achète des pommes et du jambon.

Le troisième élève continue:

C Je vais au supermarché; j'achète des pommes, du jambon et de l'ail, etc.

GRAMMAIRE

Les quantités indéterminées

On utilise les articles partitifs pour parler de quantité indéterminée. On utilise «de» + un article défini:

- Je mange **du** poisson.
- Je mange **de la** viande.
- Je mange **de l'**agneau.
- Je mange **des** crevettes.

Pourquoi utilise-t-on «du», «de la», «de l'» ou «des»? Quelle est la règle?

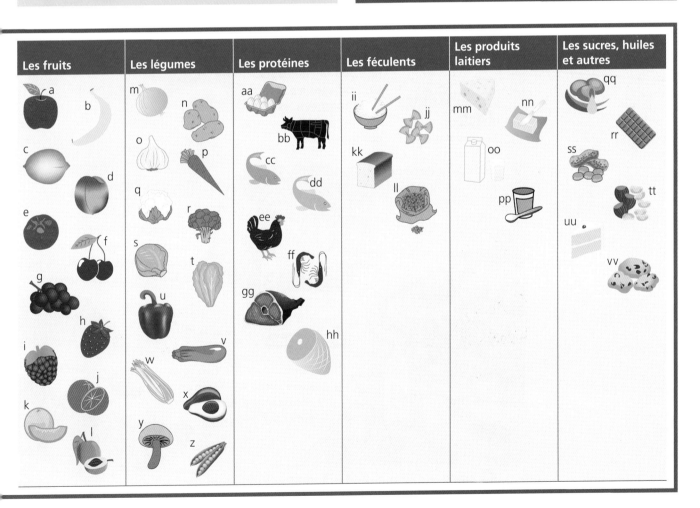

Les fruits	Les légumes	Les protéines	Les féculents	Les produits laitiers	Les sucres, huiles et autres

10 aliments français incontournables*

La cuisine française est réputée* dans le monde entier. Cette riche gastronomie est même* inscrite au patrimoine* culturel de l'Unesco !

1

Le chocolat chaud

Le chocolat chaud traditionnel, c'est du cacao avec de l'eau, sans* lait ou crème !

Les fromages

La France produit plus de 1 200 fromages. Les fromages les plus* consommées sont le camembert et l'emmenthal.

2

Le steak tartare

Les Français aiment la viande de bœuf crue* ! Les ingrédients sont : de la viande crue, un jaune d'œuf, des oignons, des câpres, du persil*, de la moutarde et du tabasco.

3

Les crêpes

Farine, œufs, lait, beurre et sucre : voilà les ingrédients nécessaires pour les fameuses crêpes.

4

5

La baguette

7

C'est la star des pains français et un symbole de la France. Avant la baguette, le pain traditionnel est... rond.

Le diabolo

C'est une boisson sucrée avec du sirop et de la limonade. Le diabolo-menthe est très populaire.

8

Le croque-monsieur

6

Un délicieux sandwich de fromage et jambon grillé. Il y a aussi le croque-madame : c'est un croque-monsieur avec un œuf.

Les escargots

9

C'est un plat traditionnel de la gastronomie française. Ail, persil, beurre, escargots et... bon appétit !

WOW!
Les Français mangent 500 millions d'escargots par an !

Les haricots verts

10

C'est un légume populaire dans la cuisine française : en accompagnement, en salade ou en purée.

Le croissant

C'est le petit-déjeuner typique en France. Mais l'origine du croissant est... autrichienne* !

LANGUAGE LAB

Découvre l'unité d'apprentissage ici :
www.mg-plus.net/frlanglab

AUDIO

Écoute la piste 3 ici :
www.mg-plus.net/AYaudio

MOTS

✻ **incontournable** – key, must-try ✻ **réputé(e)** – famous ✻ **même** – even ✻ **un patrimoine** – heritage ✻ **sans** – without ✻ **les plus** – the most ✻ **cru(e)** – raw ✻ **du persil** – parsley ✻ **autrichien(ne)** – Austrian

Les réponses sont à la page 15.

5

ACTIVITÉ: «10 aliments français incontournables»

■ Les approches de l'apprentissage

■ Compétence de communication: Lire en faisant preuve d'esprit critique et dans le but de dégager du sens

Lis le texte aux pages précédentes intitulé «10 aliments français incontournables» et réponds aux questions:

1 Réponds aux questions par *vrai* ou *faux*:
   a La cuisine française est célèbre parce qu'elle est inscrite au patrimoine culturel de l'UNESCO.
   b Normalement, le chocolat chaud, c'est du cacao et du lait.
   c Un croque-madame est un croque-monsieur avec du jambon.
   d La baguette est un pain rond.
   e Les escargots sont un plat gastronomique.
   f On mange souvent des haricots verts en France.
2 Réponds aux questions suivantes par des phrases:
   a Qu'est-ce qu'un steak tartare?
   b Comment fait-on des crêpes?
   c Quelle est l'origine du croissant?
3 Réponds aux questions en justifiant tes réponses:
   a Fabrique-t-on beaucoup de fromages en France?
   b Est-ce que le diabolo est une boisson bonne pour la santé?
   c Quel est ton aliment français préféré?

◆ Les opportunités d'évaluation

◆ Cette activité peut être évaluée selon Critère B: Compréhension de texte écrit et visuel.

RÉFLÉCHIR–COMPARER–PARTAGER

Qu'est-ce que tu manges?

■ Les approches de l'apprentissage

■ Compétences de communication: Donner et recevoir des retours d'information appropriés. Lire en faisant preuve d'esprit critique et dans le but de dégager du sens

Réfléchis aux questions suivantes, puis **compare** tes réponses avec un camarade:

1 Qu'est-ce que tu manges pour le petit-déjeuner?
2 Quand tu es à l'école, qu'est-ce que tu manges au déjeuner?
3 Est-ce que tu prends un goûter après l'école? Qu'est-ce que tu manges?
4 Qu'est-ce que tu manges au dîner pendant la semaine?
5 Est-ce que tu manges régulièrement des desserts? Lesquels?
6 Manges-tu tous les jours cinq fruits et légumes?
7 Manges-tu de la viande tous les jours?
8 Qu'est-ce que tu bois pendant la journée?

Partagez vos réponses avec la classe.

◆ Les opportunités d'évaluation

◆ Cette activité peut être évaluée selon Critère C: Communication en réponse à du texte oral, écrit et/ou visuel et Critère D: Utilisation de la langue sous forme orale et/ou écrite.

ACTIVITÉ: Quels sont les 10 aliments incontournables de ton pays?

■ Les approches de l'apprentissage

■ Compétence de communication: Écrire dans différents objectifs

À ton tour de rechercher des aliments incontournables de ton pays. Prépare une affiche avec les dix aliments de ton choix et fais une présentation à ta classe de deux minutes maximum.

À la fin de ta présentation, tes camarades et ton professeur te poseront quelques questions.

◆ Les opportunités d'évaluation

◆ Cette activité peut être évaluée selon Critère C: Communication en réponse à du texte oral, écrit et/ou visuel et Critère D: Utilisation de la langue sous forme orale et/ou écrite.

OBSERVER–RÉFLÉCHIR–PARTAGER

Qu'est-ce qu'un plat équilibré?

■ Les approches de l'apprentissage

■ Compétence de pensée critique: Tirer des conclusions et des généralisations raisonnables

Observe les photos suivantes et **réfléchis** aux questions qui suivent:

1 Qu'est-ce qu'un repas équilibré?
2 Quelle nourriture est saine?
3 Quelle nourriture est malsaine?
4 Qu'est-ce qu'il faut éviter de manger souvent?

Partage tes réponses avec un camarade.

◆ Les opportunités d'évaluation

◆ Cette activité peut être évaluée selon Critère C: Communication en réponse à du texte oral, écrit et/ou visuel et Critère D: Utilisation de la langue sous forme orale et/ou écrite.

▼ Liens: Sciences: Biologie

Un repas équilibré?

■ Les approches de l'apprentissage

■ Compétence de transfert: Appliquer ses compétences et ses connaissances dans des situations nouvelles

Travaille avec un camarade. En utilisant les photos ci-dessus et en recherchant sur internet, composez un repas équilibré avec une entrée, un plat principal et un dessert que vous présenterez à votre classe.

Faites une affiche ou une présentation sur diapositives pour présenter votre repas. La classe votera pour le meilleur repas.

◆ Les opportunités d'évaluation

◆ Cette activité peut être évaluée selon Critère C: Communication en réponse à du texte oral, écrit et/ou visuel et Critère D: Utilisation de la langue sous forme orale et/ou écrite.

Comment la nourriture peut-elle représenter la culture et l'identité d'un pays

LES PLATS RÉGIONAUX FRANCOPHONES

Chaque pays et chaque région possède un plat typique. Les plats sont composés de fruits et légumes cultivés, ainsi que d'aliments présents dans le pays. Les plats dépendront du lieu où on se trouve, des saisons et du temps qu'il fait.

Lis l'article suivant sur quelques plats régionaux francophones:

Des plats francophones à déguster!

1   Faites le tour du monde de quelques plats régionaux francophones.

Le garba

2   Le garba est un plat traditionnel de la Côte d'Ivoire. C'est un plat populaire à base de poisson et d'attiéké, une semoule au manioc. Ce plat très coloré est vendu dans les rues à bon prix. Il se compose de morceaux de thon frits assortis de piments frais, et selon les variantes, de tomates et d'oignons. C'est un véritable délice du continent africain.

La tourtière

3   La tourtière est un plat succulent du Québec à base de viande, de bœuf, de volaille, de gibier ou de viande hachée. Dégustée pendant les fêtes de Noël, chaque région a sa recette traditionnelle. Certaines régions y ajoutent des pommes de terre en cubes. La tourtière est un plat qui se cuisine lentement à basse température.

La rougaille

4   La rougaille est un plat traditionnel de l'île Maurice, pays dont les origines sont très diverses. Ce plat créole très goûteux est à base de tomate. À l'île Maurice,

les tomates, communément appelées pommes d'amour, sont écrasées et cuisinées avec de l'ail, du gingembre, du thym et du persil. Ce plat est préparé avec du poisson, des saucisses ou de la viande et il est accompagné de riz.

Le tajine

5   Le tajine est un plat traditionnel du Maroc. C'est un ragout rustique qui se cuisine dans un ustensile du même nom. Ce plat mélange les saveurs de la viande, des légumes et les parfums des épices orientales, comme la coriandre, la cannelle, la muscade, le cumin, etc. On peut manger des tajines de bœuf, d'agneau, de volaille ou de poisson. Ce plat est accompagné de couscous.

La ratatouille

6   La ratatouille est une spécialité du sud de la France à base de légumes mijotés lentement. Elle est composée de tomates, d'aubergines, de courgettes, d'oignons, de poivrons et d'ail. Les légumes sont cuits séparément, puis sont assemblés dans un plat. La ratatouille est servie avec des pâtes, du poisson ou du poulet.

ACTIVITÉ: Les plats régionaux francophones

■ Les approches de l'apprentissage

■ Compétences de communication: Lire en faisant preuve d'esprit critique et dans le but de dégager du sens. Écrire dans différents objectifs

Lis l'article sur les plats régionaux francophones et réponds aux questions suivantes:

1 Remplis un tableau comme celui-ci:

Plats	Lieu d'origine	Ingrédients principaux	Accompagnements
Le garba			
La tourtière			
La rougaille			
Le tajine			
La ratatouille			

2 Quel(s) plat(s) est/sont végétarien(s)?

3 Quels sont les plats qui sont sains et équilibrés?

4 Quels plats voudrais-tu manger? Pourquoi?

Écris un courriel à un ami racontant que tu as mangé deux plats régionaux français. **Explique** ce qu'il y a dans le plat et ce que tu en penses. Écris 100 à 150 mots.

◆ Les opportunités d'évaluation

◆ Cette activité peut être évaluée selon Critère B: Compréhension de texte écrit et visuel; Critère C: Communication en réponse à du texte oral, écrit et/ou visuel; et Critère D: Utilisation de la langue sous forme orale et/ou écrite.

EXTENSION

Ton plat régional?

Quel est le plat traditionnel de ton pays ou de ta région? Fais une recherche sur un plat régional de ton pays et **écris** un article.

ACTIVITÉ: Connais-tu d'autres plats francophones?

■ Les approches de l'apprentissage

■ Compétence en matière de culture de l'information: Accéder aux informations pour s'informer et informer les autres

■ Compétence de communication: Lire en faisant preuve d'esprit critique et dans le but de dégager du sens

Connais-tu d'autres plats francophones? Voici une liste de quelques plats.

- **La fondue**
- **La poutine**
- **La mitraillette**
- **Le jambalaya**
- **La bouillabaisse**
- **Le thiéboudienne**
- **Le fafaru**
- **Les chicons au gratin**
- **Le ravitoto**
- **L'alloco**
- **Le Malakoff**
- **Le coq au vin**

Choisis deux plats traditionnels et **recherche** les informations suivantes sur les plats: dans quel pays on mange ces plats, quels sont les ingrédients, avec quoi on mange ces plats et comment on les cuisine. Ajoute une photo des plats et fais une présentation de deux minutes à ta classe.

◆ Les opportunités d'évaluation

◆ Cette activité peut être évaluée selon Critère C: Communication en réponse à du texte oral, écrit et/ou visuel et Critère D: Utilisation de la langue sous forme orale et/ou écrite.

Le papet vaudois

Préparation: 20 minutes

Cuisson: 45 minutes

Ingrédients pour 4 personnes

800g de poireaux

500g de patates

1 oignon

une cuillère à soupe de beurre

poivre et sel

5 dl de vin blanc

1 bouillon de légumes

une saucisse aux choux par personne

2 dl d'eau

1 dl de crème

1   En premier, préparer les poireaux. Coupez les poireaux en morceaux de 2–3 cm et laver avec de l'eau froide.

2   En deuxième, peler les patates, les passer sous l'eau et les couper en cubes.

3   En troisième, hacher l'oignon.

4   Puis placer dans une casserole les morceaux de poireaux, l'oignon et du beurre. Cuire et dorer pendant quelques minutes, saler et poivrer.

5   Ensuite ajouter le vin blanc et le cube de bouillon et laisser cuire pendant 15 minutes.

6   Mettre les saucisses dans une casserole d'eau bouillante. Laisser cuire à petit feu pendant 35 minutes.

7   Ajouter de l'eau et les patates avec les poireaux. Laisser cuire pendant 30 minutes.

8   Ajouter de la crème et assaisonner de sel et poivre.

9   Finalement servir avec la saucisse.

ACTIVITÉ: Le papet vaudois

■ Les approches de l'apprentissage

■ Compétence de communication: Lire en faisant preuve d'esprit critique et dans le but de dégager du sens

Lis la recette et réponds aux questions suivantes:

1 Quels sont les trois ingrédients essentiels pour faire le papet vaudois?
2 Quelle quantité de beurre faut-il utiliser?
3 Penses-tu que c'est un plat vite préparé?
4 Combien de personnes peuvent manger selon cette recette?
5 Comment sont coupées les patates?
6 Comment faut-il cuire la saucisse?
7 Qu'est-ce qu'une «patate»? Y a-t-il un autre mot?
8 Les poireaux et patates sont-ils cuisinés séparément?
9 Selon toi, est-ce que cette recette est bonne pour la santé? Justifie.
10 Selon toi, quelle partie de cette recette est plus difficile à faire?

◆ Les opportunités d'évaluation

◆ Cette activité peut être évaluée selon Critère B: Compréhension de texte écrit et visuel.

GRAMMAIRE

Exprimer une quantité déterminée

Pour exprimer une quantité déterminée, on utilise des expressions de quantité avec la préposition «de» ou «d'» devant des voyelles ou «h» muet. Observe les quantités suivantes:

• Je mange **cent grammes de** poulet.
• Je bois **un litre d'**eau.
• J'achète **beaucoup de** légumes.
• Nous buvons **une bouteille de** coca.
• J'achète **deux bouquets de** fleurs.

Comment écrire une recette?

Observe la recette du papet vaudois et relève cinq caractéristiques visuelles concernant ce type de texte.

Une recette de cuisine est structurée. Il y a trois parties distinctes dans une recette:
• Le temps de préparation et cuisson
• Les ingrédients
• La marche à suivre

Pour écrire une recette, il est important d'organiser ses idées de manière chronologique et logique. Il faut inclure les éléments suivants:
• On mentionne les ingrédients et la quantité (kilo, gramme, litre, décilitre, une cuillère à soupe, etc.)
• On écrit les verbes en premier à l'infinitif
• On utilise des connecteurs logiques, comme «puis», «ensuite», «en premier, en deuxième, en troisième», etc.
• On indique le temps de cuisson

ACTIVITÉ: Tu as une recette pour...?

■ Les approches de l'apprentissage

■ Compétence de communication: Écrire dans différents objectifs

À ton tour d'**écrire** une recette sur un plat de ton pays que tu aimes.

Écris environ 150 mots. Respecte les caractéristiques d'une recette, ajoute une photo et **utilise** tes propres mots.

◆ Les opportunités d'évaluation

◆ Cette activité peut être évaluée selon Critère C: Communication en réponse à du texte oral, écrit et/ou visuel et Critère D: Utilisation de la langue sous forme orale et/ou écrite.

COMMENT FAUT-IL MANGER?

Chaque repas et culture différente impose une manière de manger la nourriture. Pour certaines cultures, il est normal de manger à table et d'utiliser un couteau et une fourchette; pour d'autres, il est de coutume de manger avec ses mains assis par terre. Aujourd'hui, avec la vie active, cela devient normal de ne plus s'asseoir à table et de ne pas suivre les conventions à table.

De plus, certains plats, comme le hamburger, se mangent plus facilement avec les mains qu'avec des couverts. Certains plats se mangent avec des baguettes et d'autres avec des feuilles de bananes. La manière dont nous mangeons dépend essentiellement de notre culture.

Lis le texte suivant:

Les règles de la table!

1 Assieds-toi en face de ton assiette!

2 Mets tes mains sur la table!

3 Attends que tout le monde soit servi pour commencer à manger!

4 Ne mange pas avec tes doigts!

5 Ne sale pas ton assiette avant de l'avoir goûtée!

6 Ne mets pas le couteau à la bouche!

7 Goûte à tous les aliments, même si tu ne les aimes pas!

8 Ne sauce pas ton assiette!

9 Ne mets pas les coudes sur la table!

10 Essuie-toi la bouche et lave-toi les mains après avoir mangé!

ACTIVITÉ: Le savoir-vivre à table

■ Les approches de l'apprentissage

■ Compétences de communication: Lire en faisant preuve d'esprit critique et dans le but de dégager du sens. Écrire dans différents objectifs

Lis les règles de la table ci-dessus et réponds aux questions:

1 À qui s'adressent ces règles?
2 Est-ce que tu as les mêmes règles à la maison?
3 Quelles règles supplémentaires as-tu à la maison?
4 Quelles règles trouves-tu importantes à respecter?
5 Quelles règles trouves-tu moins importantes?
6 À quel temps sont conjugués les verbes? Pourquoi?

Écris un guide de savoir-vivre pour manger dans un restaurant chic. Travaille avec un camarade. Écrivez dix règles.

◆ Les opportunités d'évaluation

◆ Cette activité peut être évaluée selon Critère B: Compréhension de texte écrit et visuel; Critère C: Communication en réponse à du texte oral, écrit et/ou visuel; et Critère D: Utilisation de la langue sous forme orale et/ou écrite.

L'impératif

On utilise l'impératif pour demander quelque chose ou donner un conseil ou un ordre.

L'impératif se conjugue comme au présent sans sujet. On l'utilise seulement pour «tu», «nous» et «vous». Par exemple:

- Finis tes devoirs!
- Finissons nos devoirs!
- Finissez vos devoirs!

Avec les verbes en -er, on élimine la terminaison du «s» de la deuxième personne. Par exemple:

- Mange ta soupe!
- Regarde les oiseaux!
- Va à l'école!

Il y a quatre verbes irréguliers:

être	avoir	savoir	vouloir
Sois tranquille!	Aie confiance!	Sache que je suis là!	
Soyons gentils!	Ayons confiance!	Sachons accepter nos erreurs!	
Soyez heureux!	Ayez du courage!	Sachez répondre!	Veuillez patienter!

AU RESTAURANT!

ACTIVITÉ: Au restaurant

▣ Les approches de l'apprentissage

- ▪ Compétence de pensée créative: Tirer des conclusions et des généralisations raisonnables

Regarde la vidéo suivante, qui se situe dans un restaurant: **https://youtu.be/ckTLQL7dvjI**

Remplis un tableau comme celui-ci:

Les plats	Le père	La mère	La fille
L'entrée			
Le plat principal			
Le dessert			
La boisson			

ACTIVITÉ: Un dialogue au restaurant

▣ Les approches de l'apprentissage

- ▪ Compétence de communication: Utiliser une diversité de techniques oratoires pour communiquer avec des publics variés

Travaille avec un camarade et prépare un dialogue au restaurant. Vous **présenterez** votre jeu de rôle devant la classe.

Dans votre jeu de rôle, imaginez un des problèmes suivants:

Il y a un cheveu dans le plat.

Le couteau est sale.

Il y a une limace dans la salade.

Le serveur apporte le mauvais plat.

Le plat est froid.

◆ Les opportunités d'évaluation

- ◆ Cette activité peut être évaluée selon Critère C: Communication en réponse à du texte oral, écrit et/ou visuel et Critère D: Utilisation de la langue sous forme orale et/ou écrite.

Les aliments les plus consommés dans le monde

1 Quels sont les aliments les plus consommés dans le monde? Malgré les différences de culture, il semble que nous avons tous pratiquement les mêmes goûts dans le monde. Dans la liste des aliments les plus consommés sur la planète, on pourrait s'attendre à voir des pâtes ou encore de la viande, mais cela n'est pas le cas.

Le blé

2 C'est une céréale qui est le plus consommée dans le monde. Le blé est dans le pain, les pâtes, les pâtisseries, la pizza, etc. Il n'est donc pas étonnant que cela soit l'aliment le plus consommé au monde. En plus, il est partout et il est cultivé sur chaque continent!

Les frites

3 Les frites, en effet, sont grandement appréciée et sont un véritable trésor mondial. Chaque pays invente sa spécialité avec les frites. On trouve des frites fines ou épaisses, frites ou au four, épicées ou salées et quelquefois même assorties avec du fromage. Même si l'origine des frites entre la Belgique et la France est incertaine, elles sont appréciées de tout le monde.

La vache qui rit®

4 En effet, c'est ce célèbre fromage avec son logo, La Vache qui rit, qui est le plus consommé dans le monde. Ce petit fromage en triangle est tartiné sur du pain. Selon le fabricant français, il y a 125 portions de Vache qui rit qui sont mangées chaque seconde dans le monde!

Le Coca-Cola®

5 Le Coca-Cola est la boisson la plus consommée dans le monde. On compte environ 1,5 milliard de Coca vendus! Originellement cette boisson avait été inventé par un pharmacien américain en 1870, comme un médicament pour se désintoxiquer. D'ailleurs aujourd'hui, on l'utilise toujours lorsque nous avons des maux de ventre!

Le thé

6 Du thé? C'est la boisson chaude la plus consommée et appréciée dans le monde. On trouve des goûts et manières différentes de le préparer. On peut y mélanger sucre, lait, épices, rondelles de citron. C'est une boisson versatile!

Le chewing-gum

7 En bon français, on appelle cela des «gommes à mâcher». Ce bonbon, qui ne se mange pas, a gagné son succès grâce aux promesses de blanchir les dents, rafraîchir l'haleine ou couper la faim.

Le lait

8 Une autre boisson consommée en masse dans le monde est le lait. Non seulement on le boit, mais on le cuisine également dans différentes sauces, gâteaux et desserts.

Le chocolat

9 Qui n'aime pas le chocolat? Cet aliment est irrésistible! Consommé en France depuis le 17ème siècle, nous mangeons des tonnes de kilos de chocolat par an. Il peut être blanc, noir, au lait, aux amandes ou au miel; un carré est rarement suffisant.

Le riz

10 Tout comme les frites, nous consommons de grandes quantités de riz chaque année. Apparemment, le riz représente les deux tiers de notre consommation alimentaire! Il existe différents types de riz: riz basmati, au jasmin, etc. et il accompagne de nombreux plats succulents.

Le ketchup

11 Cette sauce rouge et sucrée est utilisée dans de nombreux plats. Plus de 650 millions de bouteilles Heinz sont vendues annuellement dans le monde. Aujourd'hui, la recette est composée de tomates, de vinaigre, de sucre et sel, de cannelle et d'autres ingrédients additifs.

ACTIVITÉ: Les aliments les plus consommés dans le monde

Lis le texte aux pages précédentes intitulé «Les aliments les plus consommés dans le monde» et réponds aux questions suivantes:

1 Réponds à ces questions par *vrai* ou *faux*:
   a Les pâtes sont un des aliments préférés dans le monde.
   b Les frites sont préparées de manière différente dans chaque pays.
   c Le fromage La Vache qui rit est un carré.
   d Le Coca-Cola était un médicament.
   e Le thé est épicé.
   f Le lait est cuisiné et non bu.
   g Le chocolat est adoré par les enfants seulement.
   h Il y a des algues dans beaucoup de sauces.
   i Le riz accompagne toujours les plats célèbres.
2 Pourquoi les frites sont un trésor mondial?
3 Comment mange-t-on La Vache qui rit?
4 Qui a inventé le Coca?
5 Pourquoi le blé est l'aliment le plus consommé dans le monde?
6 Cite deux avantages du chewing-gum.
7 Selon toi, quel aliment faisant partie de ce top est une surprise?
8 Pourquoi le chocolat est-il populaire?
9 Quelle est la boisson la plus vendue?
10 Cet article cherche à:
   a choquer
   b informer
   c persuader.

OBSERVER–RÉFLÉCHIR–PARTAGER

Quelques nourritures particulières

■ Les approches de l'apprentissage

■ Compétence de pensée critique: Tirer des conclusions et des généralisations raisonnables

Observe les photos ci-dessous et **décris** ce que tu vois.

Réfléchis aux questions suivantes et **partage** tes réponses avec un camarade:

1 As-tu déjà mangé ces plats?
2 Voudrais-tu manger ces plats?
3 Quelle nourriture étrange mange-t-on dans ton pays? Et dans le monde?
4 Quelle nourriture étrange serais-tu d'accord de goûter?
5 Quelle nourriture refuses-tu de manger? Pourquoi?

ACTIVITÉ: Quelques nourritures particulières

■ Les approches de l'apprentissage

■ Compétence de communication: Écrire dans différents objectifs

Lors d'un voyage en France, tu **écris** un courriel à un ami pour lui **expliquer** quelques spécialités particulières que l'on mange.

Dans ton courriel, pense à respecter le format du courriel et à **décrire**:
● **Les plats ordinaires avec les aliments**
● **Le goût**
● **Ton opinion sur ces plats**

Écris entre 100 et 150 mots.

◆ Les opportunités d'évaluation

◆ Cette activité peut être évaluée selon Critère C: Communication en réponse à du texte oral, écrit et/ou visuel et Critère D: Utilisation de la langue sous forme orale et/ou écrite.

LES PÂTISSERIES, LES DESSERTS ET LES VIENNOISERIES

Est-ce que tu aimes les desserts et les pâtisseries? La cuisine francophone est en effet réputée pour ses desserts. Voici quelques-unes des meilleures pâtisseries francophones:

OBSERVER–COMPARER–PARTAGER

Observe les photos en face et réponds aux questions:

1 Connais-tu ces pâtisseries? Donne le nom de cinq desserts, pâtisseries ou viennoiseries sur les photos.
2 Que préfères-tu manger pour le petit-déjeuner?
3 Manges-tu ce genre de nourriture régulièrement?
4 Est-ce que tu aimes manger des desserts?
5 Quel est ton dessert préféré?

Compare tes réponses avec un camarade, puis **partage** avec la classe.

ACTIVITÉ: Le macaron

■ Les approches de l'apprentissage

■ Compétence de communication: Lire en faisant preuve d'esprit critique et dans le but de dégager du sens

Écoute et lis le texte sur le macaron en suivant le lien:
www.podcastfrancaisfacile.com/texte/le-macaron-texte-en-francais-facile.html

Réponds aux questions suivantes:

1 Quelle est la forme du macaron?
2 Quelle est la grandeur d'un macaron?
3 Quels sont les ingrédients pour faire des macarons?
4 Y a-t-il plus de sucre que d'amandes dans les macarons?
5 Quel goût a le macaron beige?
6 Le macaron brun est uniquement au chocolat. Est-ce vrai?
7 Depuis quand fabrique-t-on des macarons?
8 Cite un des macarons les plus aimés.
9 La recette des macarons est la même partout. Vrai ou faux?
10 Les macarons sont délicats à fabriquer. Vrai ou faux?

ACTIVITÉ: La mousse au chocolat

■ Les approches de l'apprentissage

■ Compétence de pensée critique: Tirer des conclusions et des généralisations raisonnables
■ Compétence de communication: Écrire dans différents objectifs

Regarde la vidéo et réponds aux questions suivantes:
http://apprendre.tv5monde.com/fr/apprendre-francais/reussir-la-mousse-au-chocolat

1 Réponds par *vrai* ou *faux*:
   a Il faut chauffer un peu la crème.
   b Il faut faire fondre le chocolat lentement.
   c Il faut ajouter du sucre dans le chocolat.
   d Quand on ajoute le jaune d'œuf, le chocolat doit être froid.
   e Il faut mélanger le chocolat avec de la crème froide.
   f On ajoute du miel dans le chocolat.
2 Quels sont les ingrédients nécessaires pour faire la mousse?
3 Écris la recette de la mousse au chocolat.

◆ Les opportunités d'évaluation

◆ Cette activité peut être évaluée selon Critère A: Compréhension de texte oral et visuel; Critère C: Communication en réponse à du texte oral, écrit et/ou visuel; et Critère D: Utilisation de la langue sous forme orale et/ou écrite.

Le dessert de ton pays

Recherche un dessert typique de ton pays et **écris** un texte **expliquant** les ingrédients en ajoutant une photo.

▼ Liens: Individus et sociétés: Histoire; Sciences: Biologie

Sais-tu comment le chocolat est arrivé en France?

Lis le blog.

Fais une recherche et cite les bienfaits du chocolat sur la santé. Partage tes résultats avec la classe.

Du chocolat en Europe

1   C'est Hernan Cortés qui découvre le breuvage chocolaté lors de la conquête du Mexique et le ramène en Espagne. Le chocolat est introduit dans la cour du roi de Charles Quint au XVIe siècle et devient très rapidement apprécié par les aristocrates et le clergé espagnols.

2   En France, on découvre le chocolat en 1615 à Bayonne lors du mariage de l'infante espagnole Anne d'Autriche avec Louis XIII. C'est avec Louis XIV et son épouse Marie-Thérèse d'Autriche que le chocolat entre dans les habitudes de la cour du château de Versailles. Le chocolat est consommé chaud sous forme de boisson, mais seule la cour y a accès.

3   Et dans ton pays, comment est arrivé le chocolat?

PROFIL DE L'APPRENANT: OUVERTS D'ESPRIT

Découvre un personnage historique: Daniel Peter (1836–1919)

Daniel Peter est un célèbre chocolatier suisse du XIXe siècle. Il commence sa fabrication du chocolat en 1867 et crée son entreprise, appelée «Peter-Cailler & Cie» avec sa femme. En 1875, après de nombreuses recherches et expériences, il commence une nouvelle recette pour fabriquer du chocolat au lait. C'est un véritable succès. En 1905, le chocolat au lait de Peter est vendu par Nestlé. En 1929, son entreprise s'unit à Nestlé.

! Passer à l'action: Une journée internationale pour fêter différentes nourritures

! Pour terminer cette unité, avec ta classe, **organise** une fête pour célébrer la nourriture de différentes cultures dans ton école.

! Chaque élève de la classe apporte un plat ou un dessert de son pays et **écrit** une petite fiche **expliquant** les ingrédients **utilisés**. Dégustez vos plats et donnez votre opinion sur les différents plats.

Quelles sont les cinq cuisines les plus saines au monde?

La cuisine méditerranéenne

1 La cuisine méditerranéenne est pleine d'huile d'olive e[t] pourtant, elle est très saine, car l'huile d'olive est rich[e] en acide gras et aide à prévenir les maladies du cœur[.] Cette cuisine se compose essentiellement de fruits e[t] légumes, de céréales complètes, de poissons frais et d[e] produits laitiers. Cette cuisine est considérée par le[s] scientifiques comme une des plus saines au mond[e] garantissant une longue vie. En plus, c'est une cuisin[e] délicieuse et savoureuse.

La cuisine japonaise

2 On sait que les Japonais vivent longtemps grâ[ce] en partie à leur régime alimentaire. Ils mange[nt] principalement des aliments frais comme les fruits, l[es] légumes, le riz, la viande et le poisson cru. De plus, l[es] Japonais boivent beaucoup d'eau et de thé au lieu [de] boissons transformées.

La cuisine scandinave

3   Dans les pays nordiques, on mange couramment le pain de seigle, les poissons gras, les racines comestibles, le lait et les fromages fermentés. Cette cuisine est riche en fibre et faible en sucre. Ce régime alimentaire est aussi sain que la cuisine méditerranéenne. Elle a l'avantage de diminuer les risques de certaines maladies, comme le cancer.

La cuisine de l'Afrique de l'Ouest

4   La nourriture traditionnelle du Mali, du Tchad, du Sénégal et de la Sierra Leone est aussi saine que la nourriture japonaise. Elle contient des aliments bénéfiques pour la santé comme les fruits et légumes, les céréales complètes, des poissons séchés ou fumés et d'autres aliments riches en fibre et en oméga 3. De plus, la nourriture africaine est moins transformée.

La cuisine française

5   C'est un grand mystère. La France est le pays du croissant au beurre, du pain, du fromage, du vin et d'une nourriture riche en graisse et pourtant, il y a peu de personnes obèses. La raison est que les Français mangent moins en quantité que les Anglais et les Américains.

6   En conclusion, il est important de manger des fruits, des légumes frais et des céréales complètes avec des huiles saines comme l'huile d'olives. Il faut manger aussi peu de poisson et de viande et boire beaucoup d'eau. En fait, il est essentiel d'oublier la nourriture transformée et préparée.

ÉVALUATION SOMMATIVE

CES ACTIVITÉS PEUVENT ÊTRE ÉVALUÉES SELON LE CRITÈRE B: COMPRÉHENSION DE TEXTE ÉCRIT ET VISUEL; LE CRITÈRE C: COMMUNICATION EN RÉPONSE À DU TEXTE ORAL, ÉCRIT ET/OU VISUEL; ET LE CRITÈRE D: UTILISATION DE LA LANGUE SOUS FORME ORALE ET/OU ÉCRITE.

Pour ces évaluations, l'usage du dictionnaire n'est pas autorisé.

Évaluation 1

Lis le texte aux pages précédentes intitulé «Quelles sont les cinq cuisines les plus saines au monde?» et réponds aux questions suivantes:

1 Quelle est la nourriture la plus saine au monde?
2 Quel est le point commun entre les cuisines méditerranéennes, japonaises et africaines de l'Ouest?
3 Qu'est-ce que l'on mange dans la cuisine française et la cuisine scandinave?
4 Quel est l'avantage de la cuisine méditerranéenne?
5 Quel adjectif est utilisé pour décrire la nourriture japonaise?
6 Quelle est la boisson préférée des Japonais?
7 Qu'est-ce que mangent les habitants des pays nordiques?
8 Pourquoi la nourriture scandinave est-elle saine?
9 Qu'est-ce que les Africains de l'Ouest ne mangent pas?
10 Pourquoi la cuisine méditerranéenne est contradictoire?
11 Pourquoi les Français ne sont-ils pas obèses?
12 Selon toi, quelle nourriture préfère l'auteur de l'article?
13 Selon toi, quelle est la cuisine la plus saine?
14 Cite trois éléments à faire pour avoir un bon régime alimentaire.
15 Quelle nourriture préfères-tu? Pourquoi?

Évaluation 2

Imagine que tu es en vacances en France. Tu **écris** un article pour le journal de l'école pour raconter la nourriture que tu aimes et celle que tu apprécies moins. Pense à mentionner les points suivants:

- Un plat national
- La description de certains aliments
- La nourriture saine et malsaine
- Ton opinion

Respecte le format de l'article et écris environ 150 mots.

Réflexion

Dans ce chapitre, tu as découvert et as exploré différents aliments et nourritures que l'on mange dans le monde francophone. La nourriture est liée avec la culture d'un pays et nos plats traditionels sont composés d'aliments que l'on trouve dans nos régions.

Utilise ce tableau pour réfléchir sur ce que tu as appris dans ce chapitre.					
Les questions posées	Les réponses trouvées	D'autres questions?			
Factuelles: Qu'est-ce que tu aimes manger?					
Conceptuelles: Comment la nourriture peut-elle représenter la culture et l'identité d'un pays?					
Invitant au débat: Quelle est la meilleure nourriture du monde?					
Les approches de l'apprentissage utilisées dans ce chapitre:	Description: quelles nouvelles compétences as-tu développées?	La maîtrise de ces compétences			
		Novice	Apprenti	Pratiquant	Expert
Compétences de communication					
Compétences en matière de culture de l'information					
Compétences de pensée critique					
Compétences de pensée créative					
Compétences de transfert					
Les qualités du profil de l'apprenant:	Réfléchis sur l'importance d'être ouvert d'esprit dans l'apprentissage de ce chapitre.				
Ouverts d'esprit					

6 Tu fais du sport?

○ Nos activités et aptitudes sportives ont pour **but** de **développer notre bien-être physique et spirituel**.

EXAMINER ET RÉPONDRE AUX QUESTIONS:

Factuelles: Quels sports pratiques-tu? Quels sports aimes-tu?

Conceptuelles: Pourquoi faut-il faire du sport? Qu'est-ce que le sport nous apporte?

Invitant au débat: Le sport influence-t-il notre personnalité?

Maintenant **partage et compare** tes réponses à ces questions avec ton voisin ou la classe.

○ DANS CE CHAPITRE, NOUS ALLONS:

- **Découvrir** des sports individuels variés et des sports d'équipe.
- **Explorer** les bienfaits du sport sur le corps et l'esprit et l'influence que le sport peut avoir sur notre personnalité.
- **Passer à l'action** en pratiquant du sport et organisant un cours de yoga et en proposant de nouveaux sports dans ton école.

- Ces compétences spécifiques aux approches de l'apprentissage nous seront utiles:

  - Compétences de communication
  - Compétences en matière de culture de l'information
  - Compétences en matière de culture des médias
  - Compétences de pensée critique
  - Compétences de pensée créative
  - Compétences de transfert

- Nous nous efforcerons de réfléchir aux qualités du profil de l'apprenant, pour comprendre ce que signifie:

  - Équilibrés: Nous accordons une importance équivalente aux différents aspects de nos vies – intellectuel, physique et affectif – dans l'atteinte de notre bien-être personnel et de celui des autres. Nous reconnaissons notre interdépendance avec les autres et le monde dans lequel nous vivons.

- Dans ce chapitre, les opportunités d'évaluation seront basées sur:

  - Critère A: Compréhension de texte oral et visuel
  - Critère B: Compréhension de texte écrit et visuel
  - Critère C: Communication en réponse à du texte oral, écrit et/ou visuel
  - Critère D: Utilisation de la langue sous forme orale et/ou écrite

OBSERVER–RÉFLÉCHIR–PARTAGER

Observe la photo et nomme les sports que tu vois. **Réfléchis** à d'autres sports et ajoute d'autres noms de sports, puis **partage** tes réponses avec un camarade.

VOCABULAIRE SUGGÉRÉ

Substantifs

le sport
les parties du corps
la douleur
le muscle
l'entraînement
l'équipement de sport
le terrain de sport
le stade
la piscine
le vélo
le ballon
la compétition
le championnat
la victoire
la défaite
la coupe

la médaille
le concurrent
la règle
l'abandon
l'athlète
l'entraîneur

Adjectifs

actif
agressif
compétitif
coopératif
éducatif
flexible
plaisant
responsable
sain

solidaire
sportif

Verbes

bouger
courir
étirer
être en forme
entraîner/s'entraîner
gagner
marcher
perdre
plier
jouer
se baisser
se détendre
rencontrer

GRAMMAIRE

- Jouer
- Faire

Quels sports aimes-tu?

Pour beaucoup de personnes, le sport a une grande importance dans leur vie. Certaines personnes pratiquent un sport, voire plusieurs; d'autres suivent et regardent leur sport favori à la télévision. Les sports auxquels nous nous intéressons reflètent, en général, nos intérêts et passions et en quelque sorte notre identité et personnalité.

RÉFLÉCHIR–COMPARER–PARTAGER

Lis les bulles, **réfléchis** aux questions suivantes et **compare** tes réponses avec un camarade. Puis, **partage** les réponses de ton camarade avec la classe:

1 **Quel est ton sport favori?**
2 **Fais-tu un sport régulièrement? Lequel?**
3 **Depuis quand fais-tu du sport?**
4 **Qui est ton sportif préféré?**
5 **Aimes-tu regarder les sports à la télévision? Lesquels?**

Mon sport préféré est le football. Je joue au football trois fois par semaine après l'école dans un club. On fait des matchs contre d'autres équipes. C'est sympa! J'aime aussi regarder les matchs de football, en particulier mon équipe préférée!

Je ne fais pas de sport, mais j'adore suivre les compétitions et les matchs de rugby à la télévision.

Moi, j'adore le tennis. Je joue au tennis depuis que j'ai 8 ans. Je m'entraîne quatre fois par semaine. C'est beaucoup et cela peut être difficile à gérer avec l'école. Mon joueur de tennis préféré, c'est Federer. J'aimerais bien pouvoir jouer aussi bien que lui un jour.

ACTIVITÉ: Sports collectifs ou sports individuels?

■ Les approches de l'apprentissage

■ Compétence de pensée créative: Procéder à des remue-méninges et avoir recours à des schémas visuels pour générer de nouvelles idées et recherches

Individuellement, **recherche** au moins six sports collectifs et individuels:

Sports individuels	Sports collectifs

Parmi les qualités suivantes, lesquelles faut-il avoir pour faire un sport individuel ou un sport collectif? Réponds à la question en faisant un diagramme de Venn:

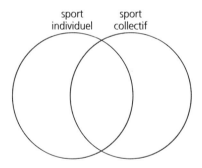

1 coopératif
2 concentré
3 déterminé
4 agressif
5 vif
6 flexible
7 agile
8 attentionné
9 social
10 compétitif

GRAMMAIRE

«Faire de» ou «jouer à»

Lorsqu'on parle de sport, on utilise les verbes «faire de» ou «jouer à».

Faire de	Jouer à
faire du vélo	jouer au foot
faire de l'équitation	
faire de la natation	
Sports individuels	*Sports collectifs*

ACTIVITÉ: Qu'est-ce que tu aimes comme sport?

■ Les approches de l'apprentissage

■ Compétence de pensée critique: Tirer des conclusions et des généralisations raisonnables

Regarde la vidéo suivante et réponds aux questions:
http://enseigner.tv5monde.com/fle/sport-416

1 Cite quatre sports collectifs mentionnés.
2 Cite quatre sports individuels mentionnés.
3 Quels sports de rue est-ce que les enfants font?
4 Combien de fois par jour est-ce que les enfants font du sport?
5 Donne deux raisons pour lesquelles le sport est important.

ACTIVITÉ: Moi, j'aime...

■ Les approches de l'apprentissage

■ Compétence de communication: Écrire dans différents objectifs

Après avoir visionné la vidéo de l'activité «Qu'est-ce que tu aimes comme sport?», **écris** un texte répondant aux questions posées.

1 Qu'est-ce que tu aimes comme sport?
2 Qu'est-ce que tu fais comme sport au collège?
3 Est-ce que tu fais un sport de rue?
4 Est-ce que tu fais du sport tous les jours?
5 Le sport, c'est important pour toi?

Écris entre 100 et 150 mots.

◆ Les opportunités d'évaluation

◆ Cette activité peut être évaluée selon Critère C: Communication en réponse à du texte oral, écrit et/ou visuel et Critère D: Utilisation de la langue sous forme orale et/ou écrite.

OBSERVER–COMPARER–PARTAGER

Quelques informations autour du sport

Les approches de l'apprentissage

- Compétence en matière de culture de l'information: Recueillir, consigner et vérifier les données

Observe le tableau suivant et remplis les informations individuellement:

Le sport	Le lieu où on pratique le sport	Objets ou équipements nécessaires	Une qualité requise
le football	un stade	un ballon un maillot	l'esprit d'équipe
le rugby			
l'équitation			
la natation			
la boxe			
le hockey			
le ski			
le tennis			
le cyclisme			
l'escalade			
la voile			

Compare tes réponses avec un camarade et **partagez** vos réponses avec la classe.

ACTIVITÉ: Quelques activités sportives

■ Les approches de l'apprentissage

- ■ Compétence de transfert: Appliquer ses compétences et ses connaissances dans des situations nouvelles

Nomme les sports pour les actions suivantes:

1 marcher
2 courir
3 sauter
4 rouler
5 glisser

6 frapper une balle
7 dribbler
8 pédaler
9 tirer
10 nager

OBSERVER–COMPARER–PARTAGER

Sports de filles et sports de garçons

■ Les approches de l'apprentissage

- ■ Compétence de pensée critique: Tirer des conclusions et des généralisations raisonnables

Observe les photos et cherche les mots de vocabulaire nécessaire pour **décrire** ce que tu vois. Puis observe les questions suivantes et essaie de donner une réponse avec une explication:

1 Y a-t-il des sports pour les garçons et des sports pour les filles?
2 Cite quelques sports (au moins trois) typiquement pour les garçons et d'autres typiquement pour les filles.
3 Pourquoi penses-tu que ces sports soient plus masculins ou féminins? Quelles sont les caractéristiques?
4 Quelle est ton opinion?

Compare tes réponses avec un camarade, puis **partagez** vos réponses avec la classe.

ACTIVITÉ: J'ai cherché

Les approches de l'apprentissage

■ Compétence de pensée critique: Tirer des conclusions et des généralisations raisonnables

Observe le clip vidéo et écoute la chanson «J'ai cherché» interprétée par Amir en suivant le lien:

https://youtu.be/kQysGibXphE

1 Quels sports veulent pratiquer les deux jeunes?
2 Pourquoi la jeune fille s'intéresse-t-elle à ce sport? Donne deux raisons.
3 Où pratiquent-ils ces sports?
4 Quels objets ou accessoires reliés aux sports voit-on dans la vidéo?
   a des gants de boxe
   b un vélo
   c des chaussons de danse
   d une médaille
   e une ceinture
   f un tutu
   g un casque
   h un kimono
   i un ballon
   j une coupe

5 Comment réagissent les personnes qui croisent les deux jeunes?
6 Pourquoi, selon toi, ces personnes agissent de cette manière?
7 Quel trait de caractère similaire montrent les deux jeunes?
8 Que se passe-t-il huit ans plus tard?
9 Pourquoi penses-tu que ces jeunes deviennent des professionnels sportifs plus tard?
10 Quel message essaie de faire passer cette vidéo?

Lis les paroles de la chanson et réponds aux questions:
www.paroles.net/amir/paroles-j-ai-cherche

11 Qu'est-ce qui donne un sens à l'existence des deux jeunes?
12 Quelle phrase dans le texte montre que dans la vie il faut persévérer et continuer à s'entraîner?
13 Qu'est-ce que le sport apporte aux jeunes selon le refrain («Tu m'as donné l'envie … dans mes bras») de la chanson?
14 Pourquoi faut-il toujours garder un espoir de réussir, selon les paroles?

◆ Les opportunités d'évaluation

◆ Cette activité peut être évaluée selon Critère A: Compréhension de texte oral et visuel et Critère B: Compréhension de texte écrit et visuel.

ACTIVITÉ: Un sport que j'aime

Les approches de l'apprentissage

■ Compétence de communication: Écrire dans différents objectifs

Imagine que tu es un des jeunes de la vidéo de la chanson «J'ai cherché».
Écris un texte **expliquant** pourquoi tu aimes le sport que tu fais. Pense à inclure les éléments suivants:
● **Pourquoi avoir choisi de faire ce sport**
● **Les qualités de ce sport**
● **L'équipement à avoir pour pratiquer le sport**
● **L'entraînement à faire**

Écris entre 100 et 150 mots.

◆ Les opportunités d'évaluation

◆ Cette activité peut être évaluée selon Critère C: Communication en réponse à du texte oral, écrit et/ou visuel et Critère D: Utilisation de la langue sous forme orale et/ou écrite.

Quels sports pratiques-tu?

▼ Liens: Éducation physique et à la santé

OBSERVER–COMPARER–PARTAGER:
Quels sports y a-t-il dans ton école?

■ Les approches de l'apprentissage

- Compétence de communication: Faire des déductions et tirer des conclusions
- Compétence de pensée critique: Tirer des conclusions et des généralisations raisonnables

Observe et réponds aux questions suivantes. Puis **compare** tes réponses avec un camarade.

1 Quels sports pratiques-tu à l'école?
2 Combien de fois fais-tu du sport à l'école?
3 Quels sports fais-tu pendant tes cours d'éducation physique?
4 Combien de fois as-tu de leçons d'éducation physique à l'école?
5 Penses-tu que tu fais assez de sports à l'école?

Partagez avec la classe un résumé de ce que vous avez discuté.

ACTIVITÉ: L'académie Bernard Diomède

■ Les approches de l'apprentissage

- Compétence de pensée critique: Tirer des conclusions et des généralisations raisonnables

Regarde la vidéo sur l'académie Bernard Diomède et réponds aux questions: **https://youtu.be/a8Fa0UCzebU**

1 Qui est Bernard Diomède?
2 Quel genre d'école est cette académie?
3 Quel âge ont les enfants?
4 1600 candidats ont postulé pour faire partie de l'école, mais quel est le pourcentage d'élèves qui ont été choisi?
5 Quels sont les critères pour entrer dans l'école?
6 Combien coûte l'école?
7 Quel voyage Inès a-t-elle fait avec l'académie?
8 Quand sont les cours classiques?
9 Qu'apprend-on pendant les cours de péri-sportif?
10 Quelles qualités ont développé les enfants avec le cours de théâtre?
11 Quand est l'étude? Que font les enfants à ce moment-là?
12 Quels sont les résultats des examens de cette école?
13 Qui sont les fondateurs de l'académie?
14 Est-ce que tous les enfants deviennent des footballeurs?
15 Qu'est-ce que l'internat?
16 À quoi compare-t-on cette école?
17 Les enfants sont-ils heureux d'aller dans cette école?
18 Que penses-tu de cette école? Voudrais-tu y aller?

◆ Les opportunités d'évaluation

- Cette activité peut être évaluée selon Critère A: Compréhension de texte oral et visuel.

ACTIVITÉ: Quel est le sport le plus populaire à l'école?

■ Les approches de l'apprentissage

- ■ Compétence en matière de culture de l'information: Recueillir, consigner et vérifier les données
- ■ Compétences de communication: Faire des déductions et tirer des conclusions. Organiser et représenter les informations de manière logique

Avec un camarade de classe, **recherche** les différents sports qui sont proposés dans ton école comme activités extracurriculaires. Quand ont-ils lieu pendant la semaine? Combien d'élèves participent aux différents sports? Y a-t-il un sport plus populaire selon les âges des élèves?

Puis, fais un sondage parmi les élèves pour voir quel est le sport le plus populaire et le moins populaire. Et pourquoi?

Présente tes résultats à l'aide d'un schéma et **écris** un article pour le journal de l'école. Écris entre 100 et 150 mots.

◆ Les opportunités d'évaluation

- ◆ Cette activité peut être évaluée selon Critère C: Communication en réponse à du texte oral, écrit et/ou visuel et Critère D: Utilisation de la langue sous forme orale et/ou écrite.

ACTIVITÉ: Un nouveau sport pour l'école?

■ Les approches de l'apprentissage

- ■ Compétence de communication: Utiliser une diversité de techniques oratoires pour communiquer avec des publics variés

Après le sondage de l'activité «Quel est le sport le plus populaire à l'école?», tu vas proposer un sport qui n'est pas offert dans ton école. Travaille avec un camarade et prépare une affiche pour **présenter** un sport de votre choix. Pensez à mentionner les points suivants:

- ● **Quel genre de sport est-ce? Collectif ou individuel?**
- ● **Où pratiquons-nous ce sport?**
- ● **De quel équipement a-t-on besoin?**
- ● **Qu'est-ce que ce sport apporte aux élèves de l'école?**
- ● **Quelles qualités est-ce que ce sport va développer?**
- ● **Quel est votre opinion sur ce sport?**

Lorsque chaque groupe a présenté son sport, la classe votera pour le meilleur sport pour votre école.

Votre présentation durera environ deux à trois minutes. Votre professeur et vos camarades poseront des questions après la présentation.

◆ Les opportunités d'évaluation

- ◆ Cette activité peut être évaluée selon Critère C: Communication en réponse à du texte oral, écrit et/ou visuel et Critère D: Utilisation de la langue sous forme orale et/ou écrite.

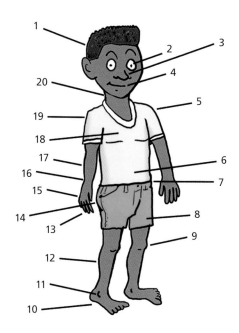

OBSERVER–COMPARER–PARTAGER

Observe les mots dans l'encadré et fais correspondre les mots au bon numéro sur le dessin:

a	la tête	**h**	le doigt	**o**	le derrière
b	le pied	**i**	la poitrine	**p**	le nez
c	le cou	**j**	la bouche	**q**	le ventre
d	le dos	**k**	l'œil/les yeux	**r**	la hanche
e	la jambe	**l**	le genou	**s**	la cuisse
f	le bras	**m**	l'épaule	**t**	le poignet
g	la main	**n**	la cheville		

Compare et **partage** tes réponses avec un camarade.

a

b

c

d

e

Lis le texte suivant sur le yoga:

1 La posture de la demi-pince

Assieds-toi par terre. Plie la jambe gauche et allonge la jambe droite. Avec les mains, touche le pied droit en gardant la jambe tendue. Baisse la tête vers le genou.

2 La posture de l'arbre

Mets-toi debout. Joins les mains devant la poitrine, puis garde les bras tendus et lève les mains au ciel.

3 La posture du chien tête en bas

Mets-toi debout et pose les mains sur le sol en gardant les pieds à plat au sol.

4 La posture du guerrier 1

Mets-toi debout. Place la jambe droite en avant et plie le genou à 45°. Garde la jambe gauche tendue en arrière.

5 La posture du chat

Mets-toi à genou et garde le haut du corps droit. Mets les épaules en avant et baisse la tête. Place les mains devant les genoux et fais le dos rond.

▼ Liens: Éducation physique et à la santé

Parle avec ton professeur d'éducation physique et à la santé et demande-lui quels sont les bienfaits du yoga sur le corps et sur l'esprit. Présente à la classe au moins cinq effets positifs.

ACTIVITÉ: Tu fais du yoga?

■ Les approches de l'apprentissage

■ Compétences de communication: Faire des déductions et tirer des conclusions. Organiser et représenter les informations de manière logique

1 Lis les différents exercices de yoga et fais correspondre chaque photo à chaque posture.
2 À ton opinion:
   a Quelle est la meilleure posture à faire si j'ai mal au dos?
   b Quelle(s) posture(s) permet(tent) d'étirer les muscles aux jambes?
   c Quelle posture muscle les cuisses?
   d Quelle posture muscle les bras?
   e Quelle posture étire les muscles de l'abdomen?
3 À ton tour maintenant de faire les exercices de yoga. Travaille avec un camarade, suis les instructions et fais les exercices.

! Passer à l'action: Fais un peu de yoga!

■ Les approches de l'apprentissage

■ Compétences de communication: Définir des idées et des connaissances en concertation avec ses pairs et les enseignants. Organiser et représenter les informations de manière logique

! Travaille en groupe de deux à trois élèves et préparez une session de yoga pour vos camarades de classe.
! **Écrivez** six exercices de yoga différents pour votre classe. Vous **expliquerez** chacun à votre tour l'exercice à faire à vos camarades.
! Quelques conseils pratiques:
   ◆ Demandez à votre professeur d'éducation physique et à la santé de vous donner des exemples d'exercices de yoga
   ◆ Recherchez des exercices sur internet
   ◆ Pratiquez les positions dans vos groupes avant de demander à la classe de faire les exercices

Le sport influence-t-il notre personnalité?

LE SPORT ET LA SANTÉ

Lis le texte suivant sur le sport et la santé:

● ● ●

← → C

Quels sont les meilleurs sports pour la santé?

1   On nous répète continuellement, à l'école, à la télévision, dans les journaux, que pratiquer une activité physique est bon pour la santé, car il est essentiel de prévenir l'obésité, les maladies cardiovasculaires, le stress et bien d'autres choses. Existe-t-il des sports meilleurs que d'autres pour la santé?

La course à pied

2   La course à pied est un sport d'endurance. Commence par deux séances de 30 minutes par semaine. Si tu es essoufflé, marche rapidement pendant une ou deux minutes, puis recommence à courir.

3   Ce sport diminue les maladies cardiovasculaires, augmente la masse musculaire et diminue la masse grasse.

4   On peut le pratiquer partout: il suffit simplement d'une bonne paire de baskets!

La natation

5   La natation, comme le crawl ou la nage avec les palmes, est un sport faisant fonctionner de multiples muscles. Cela permet de remodeler les jambes et avoir plus de muscles au ventre; cela améliore également la respiration.

6   La natation se pratique en pleine mer, dans les lacs ou à la piscine. Il faut un maillot de bain, des lunettes de natation et une serviette.

Le roller

7   Le roller a un double avantage: non seulement c'est un transport écologique, mais c'est également un sport d'endurance et d'équilibre. Le roller renforce les muscles et assouplit les articulations. Tu développes l'équilibre, les réflexes et l'anticipation: il faut faire attention aux imperfections des routes et trottoirs, des piétons, des vélos, etc.

8   Le roller se pratique presque partout: dans le parc et dans la rue. Tu as besoin d'une paire de roller, d'un casque et il est conseillé de porter des genouillères, des coudières et des protège-poignets.

Le vélo

9   Le vélo est également une activité d'endurance qui fait travailler le cœur. Il est bien de varier les efforts en pédalant sur du plat, en montant des côtes ou en les descendant. Le vélo fait travailler les hanches, les genoux et les chevilles.

10   Fais du vélo en ville, à la campagne, à la montagne, à la maison… En plus de ton vélo, n'oublie pas de t'équiper d'un casque!

Le Pilates

11 Le Pilates permet de renforcer les muscles et d'améliorer la force, la coordination et la posture.

12 On pratique le Pilates au sol, sur un tapis ou sur une machine, appelée un «reformer». Il se pratique en club, mais également à la maison!

Le judo

13 Le judo est un art martial qui permet d'améliorer l'équilibre et la force et permet d'apprendre des techniques de défenses. C'est un sport très physique et bon pour le mental. Il se pratique en club.

La boxe

14 De plus en plus de femmes pratiquent la boxe. En lâchant coups de poings et coups de pieds, ce sport est très complet et développe le physique et le mental. La boxe affine la silhouette, améliore le cardiovasculaire, brûle les graisses, travaille la concentration et améliore l'endurance et les réflexes.

15 La boxe se pratique sur un ring dans un club. Il suffit de s'équiper de gants de boxe, de chaussures adaptées et d'un casque.

Le volleyball

16 Le volley est un sport d'équipe qui développe réflexes, adresse, rapidité et équilibre. Ce sport renforce les cuisses et les abdominaux et élance la silhouette. Il favorise également la concentration et la coordination et permet de socialiser.

17 Pratique le volley dans une salle, à l'extérieur ou même sur la plage.

18 Quel sport vas-tu choisir pour rester en forme?

ACTIVITÉ: Le sport et la santé

■ Les approches de l'apprentissage

■ Compétence de communication: Lire en faisant preuve d'esprit critique et dans le but de dégager du sens

Lis le blog intitulé «Quels sont les meilleurs sports pour la santé?» aux pages précédentes et réponds aux questions suivantes:

1 Copie et remplis le tableau suivant:

Sports	Les bienfaits pour le corps	Équipements	Lieu	Inconvénients du sport
La course à pied				
La natation				
Le roller				
Le vélo				
Le Pilates				
Le judo				
La boxe				
Le volleyball				

2 Pourquoi faut-il faire du sport?

3 Quel conseil est donné si tu commences à courir?

4 Quel conseil est donné pour faire du vélo?

5 Quels sports améliorent la fonction du cœur?

6 Qu'est-ce que permet de faire le volleyball que d'autres sports listés ne peuvent pas faire?

7 Selon toi, quel est le meilleur sport pour améliorer la santé? Justifie.

8 Quel est l'objectif de ce blog:

   a informer   **b divertir**   **c persuader**

ACTIVITÉ: Quel genre de sportif es-tu?

■ Les approches de l'apprentissage

■ Compétence de communication: Écrire dans différents objectifs

Écris un texte **décrivant** le genre de sportif que tu es et comment le sport que tu pratiques t'aide à développer ta personnalité. Pense à mentionner:

● Le sport ou les sports que tu aimes
● Qu'est-ce que tu aimes dans ce(s) sport(s)
● Ce que le(s) sport(s) t'apporte(nt)

Écris entre 100 et 150 mots.

ACTIVITÉ: Est-ce que le sport identifie un trait de personnalité?

■ Les approches de l'apprentissage

■ Compétence de communication: Organiser et représenter les informations de manière logique
■ Compétence en matière de culture de l'information: Accéder aux informations pour s'informer et informer les autres

1 Quel trait de caractère faut-il avoir pour pratiquer les sports suivants?

   a le basketball   **e le kite-surfing**
   b le tennis   **f l'escrime**
   c le saut à l'élastique   **g le ski de fond**
   d le golf   **h le parachutisme**

Compare tes réponses avec un camarade.

2 Travaille avec un camarade et choisissez un sport dans la liste ci-dessus. Recherchez les éléments suivants concernant votre sport:

● Les bienfaits de votre sport
● Ce que ce sport peut apporter à la personnalité du sportif
● L'équipement nécessaire à avoir
● Le lieu où le pratiquer
● Quels pourraient être les inconvénients

Préparez une affiche ou une présentation sur diapositives. **Présentez** votre sport à la classe.

◆ Les opportunités d'évaluation

◆ Cette activité peut être évaluée selon Critère C: Communication en réponse à du texte oral, écrit et/ou visuel et Critère D: Utilisation de la langue sous forme orale et/ou écrite.

LES SPORTS NATIONAUX DES PAYS FRANCOPHONES

Certains sports pratiqués varient d'un pays à l'autre à cause de son lieu géographique. Dans un pays comme le Canada où il fait froid en hiver et il y a de la neige, on pratique essentiellement le hockey. En Suisse, pays célèbre pour ses montagnes et ses glaciers, on adore le hockey également, ainsi que le ski alpin. Alors qu'à l'île Maurice, les sports pratiqués sont plus logiquement reliés à l'océan: on pratique de nombreux sports aquatiques, comme la natation, la voile et la plongée sous-marine. Néanmoins, il existe un sport qui représente le sport national de nombreux pays dans le monde: le football.

LES RÈGLES DU FOOTBALL

Lieu

Le football se joue sur un terrain qui fait 120 mètres de long et 90 mètres de large

Personnes

Deux équipes de 11 joueurs avec 3 remplaçants

Un arbitre

Deux juges

Équipement

Un ballon rond

Un maillot de couleur de l'équipe avec le numéro correspondant au rôle du footballeur

Deux poteaux de but

Durée

2 × 45 minutes

Pause de 15 minutes entre chaque mi-temps

Les règles

Les joueurs ne peuvent pas toucher le ballon avec les mains ou les bras.

L'équipe gagnante est celle qui marque le plus de buts.

L'arbitre dirige le match et siffle les fautes commises par les joueurs ou si la balle sort du terrain.

Quand un joueur fait une faute grave, il reçoit un avertissement avec un carton jaune ou il est interdit avec un carton rouge.

S'il y a égalité entre les deux équipes, il est possible de faire une prolongation de 2 × 15 minutes, puis une épreuve des tirs au but pour départager les équipes. Il est interdit de jouer avec un carton rouge.

ACTIVITÉ: Les règles du jeu

■ Les approches de l'apprentissage

- Compétence de communication: Lire en faisant preuve d'esprit critique et dans le but de dégager du sens

Lis les règles du jeu du football et réponds aux questions suivantes:

1 Combien de temps dure un match normal?
2 Combien de joueurs y a-t-il sur le terrain pour jouer à un match de foot?
3 Qu'est-ce que fait l'arbitre?
4 Où faut-il marquer des buts?
5 Avec quelle partie du corps est-ce que les joueurs ne peuvent pas toucher le ballon?
6 Combien de temps peut durer la prolongation d'un match?
7 Dans quelle situation est-ce que les joueurs passent à l'épreuve des tirs au but?
8 Que se passe-t-il quand un joueur reçoit un carton rouge?
9 Selon toi, pourquoi y a-t-il des règles dans un sport?
10 Quel trait de caractère développent les règles d'un sport?

◆ Les opportunités d'évaluation

- Cette activité peut être évaluée selon Critère B: Compréhension de texte écrit et visuel.

ACTIVITÉ: Quelques sports francophones

■ Les approches de l'apprentissage

- Compétence de communication: Écrire dans différents objectifs
- Compétence en matière de culture des médias: Trouver, organiser, analyser, évaluer, synthétiser et utiliser de manière éthique des informations provenant d'une variété de sources et de médias, notamment des médias sociaux numériques et des réseaux en ligne

Choisis un sport ci-dessous et **recherche** quelques informations:
- Lacrosse (Canada)
- La lutte ou hornussen (Suisse)
- La pétanque (France)
- Le jeu de paume (France)
- Le moringue (Madagascar)
- La pêche sportive (Sénégal)
- Le va'a (Tahiti)

Écris un blog **expliquant**:
- Les régles du jeu de ce sport
- La structure du jeu
- L'origine du sport
- Ton opinion sur le sport

Écris entre 100 et 150 mots.

◆ Les opportunités d'évaluation

- Cette activité peut être évaluée selon Critère C: Communication en réponse à du texte oral, écrit et/ou visuel et Critère D: Utilisation de la langue sous forme orale et/ou écrite.

Qu'est-ce que le sport nous apporte?

Les sportifs sont-ils trop payés ?

Je suis cher !

↗ Est-ce normal de gagner 20 millions d'euros par an, comme Cristiano Ronaldo ? Ou d'être « *acheté* » pour 100 millions d'euros, comme Paul Pogba ?

96 % des Français pensent que les sportifs gagnent trop d'argent. Et toi ? Regarde ces infographies et donne ton avis.

En 2016, le club de football Manchester United achète le footballeur français Paul Pogba pour 100 millions d'euros. Qu'est-ce que tu peux acheter avec cet argent... ?

145 833 333
KitKats

10 500 000
billets de cinéma

138 889
iPhone 7s

469
billets pour l'espace avec Virgin Galactic

250
appartements à Paris

Trois autres footballeurs qui ont coûté très cher :

90 millions d'€
Gonzalo Higuaín

91 millions d'€
Gareth Bale

94 millions d'€
Cristiano Ronaldo

CULTURE EXPRESS

D'autres inégalités*
de salaires*
en France

Salaire d'un
footballeur de Ligue 1 :
45 000 €
par mois

Salaire du président :
14 910 €
par mois

Salaire d'un enseignant* :
2 635 €
par mois

Salaire d'un infirmier* :
2 200 €
par mois

**Salaire
de Squeezie
(YouTubeur):
48 834 €**
par mois

Paul
Pogba

Réagis : quels salaires sont justes ou injustes ?

⌐ BOÎTE À OUTILS

+	-
C'est normal...	C'est pas normal...
C'est juste...	C'est pas juste...
C'est mérité*...	C'est pas mérité...
Ils ne sont pas trop payés...	Ils sont trop payés...
Ils travaillent dur... plus que...	Ils ne travaillent pas dur... pas autant que...

⌐ EXTRA

Réponds au sondage et donne ton avis ici :
mg-plus.net/bjextra

⌐ AUDIO

Écoute la piste 2 ici : **mg-plus.net/bjaudio**

⌐ MOTS

* **l'inégalité (f)** – inequality * **le salaire** – salary * **l'enseignant (e)** – teacher
* **l'infirmier/ère** – nurse * **être mérité** – to be deserved

Adapté d'un article du magazine *Click*.

11

Les salaires et le prix d'objets

■ Les approches de l'apprentissage

■ Compétence de pensée critique: Tirer des
conclusions et des généralisations raisonnables

Observe les salaires des sportifs et d'autres professions
dans l'article «Les sportifs sont-ils trop payés?».
Réponds aux questions suivantes, puis compare avec un
camarade de classe:

1 **Calcule combien chacun gagne par an.**
2 **Qui gagne le plus?**
3 **Qui gagne le moins?**
4 **Quels salaires sont justes ou injustes? Pourquoi?**
5 **Observe le prix des objets que l'on peut acheter avec
   100 millions d'euros.**
   Calcule le prix:
   a **d'un KitKat**
   b **d'un billet de cinéma**
   c **d'un iPhone 7s**
   d **d'un billet pour l'espace avec Virgin Galactic**
   e **d'un appartement à Paris**

ACTIVITÉ: Les sportifs sont-ils trop payés?

■ Les approches de l'apprentissage

■ Compétence de communication: Lire en faisant
preuve d'esprit critique et dans le but de dégager
du sens

Lis l'article aux pages précédentes et réponds aux
questions suivantes:

1 **Quel footballeur a coûté le plus cher?**
2 **Combien d'iPhone 7s peut-on acheter avec 100
   millions d'euros?**
3 **Que peut-on acheter 469 fois?**
4 **Quel pourcentage des Français pensent que les
   footballeurs gagnent trop d'argent?**
5 **Existe-t-il des inégalités de salaires en France?**
6 **Combien gagne un infirmier par mois?**
7 **Quel est le salaire de Ronaldo?**
8 **Selon toi, quelle est l'opinion du journaliste sur ce
   sujet?**
9 **Et toi, qu'en penses-tu? Les sportifs sont-ils
   trop payés?**
10 **Que ferais-tu avec 100 millions d'euros?**

◆ Les opportunités d'évaluation

◆ Cette activité peut être évaluée selon Critère B:
Compréhension de texte écrit et visuel.

ACTIVITÉ: Le salaire des sportifs

Écris un courriel à un ami et **explique** l'article que tu viens de lire sur les salaires des sportifs. Écris ton opinion dessus. Pense à **résumer** quelques informations que tu as **calculées** et lues dans les activités précédentes.

Écris entre 100 et 150 mots.

ACTIVITÉ: «Top Trumps» ou jeu de la Bataille

Crée un jeu de cartes «Top Trumps» sur des footballeurs du monde avec ta classe. Chaque élève choisit cinq footballeurs différents et remplit une carte selon le modèle:

Nom: Cristiano Ronaldo
Nationalité: Portugais
Position: Attaquant
Âge: 32 ans
Qualités: meilleur buteur
Salaire: 32 millions d'euros

Regroupe les cartes de toute la classe et fais plusieurs copies afin d'avoir plusieurs jeux, puis en groupe de quatre élèves jouez au «Top Trumps».

Voici un rappel des règles du jeu:

1 Distribue le même nombre de cartes à chaque joueur.
2 Chaque joueur cache ses cartes sur la table.
3 Le premier joueur choisit un critère et le lit à voix haute, par exemple: Âge: 32 ans.
4 Tous les joueurs doivent montrer la carte du dessus et comparer le critère choisi.
5 La personne qui a le critère le plus fort remporte toutes les cartes des autres.
6 La personne avec toutes les cartes gagne la partie.

LES JEUX OLYMPIQUES

Les Jeux Olympiques (JO) sont un événement international où différents sports d'été et d'hiver sont pratiqués. Des milliers d'athlètes se préparent pour participer à cette rencontre sportive. Les JO se déroulent tous les quatre ans, les années paires, en alternant les JO d'été et les JO d'hiver.

Les JO ont débuté en Grèce antique à Olympe, puis ont été repris en 1894 par Pierre de Coubertin. Il a fondé le Comité International olympique. Le CIO a défini la Charte olympique et décide de la structure des JO.

RÉFLÉCHIR–COMPARER–PARTAGER

Réfléchis et donne une réponse aux questions suivantes:

1 Peux-tu donner des sports qui sont pratiqués aux JO d'été? et aux JO d'hiver?
2 Préfères-tu les JO d'été ou d'hiver? Pourquoi?
3 Quel sport trouves-tu le plus intéressant à regarder? Et le moins intéressant?
4 Sais-tu pourquoi le drapeau des JO a des cercles en différentes couleurs?

Compare tes réponses avec un camarade et **partagez** vos réponses avec la classe.

PROFIL DE L'APPRENANT: EQUILIBRÉS

Découvre un personnage historique: Le baron Pierre de Coubertin (1863–1937)

Le baron de Coubertin est français. Il naît à Paris en 1863 et meurt le 2 septembre 1937 à Genève en Suisse. Historien et pédagogue, il fait des recherches et base ses études sur l'exemple américain et britannique concernant le sport. Il essaie d'introduire le sport dans les écoles françaises et commence une campagne. Malheureusement, il n'est pas soutenu par les enseignants et les parents.

Pour rendre le sport populaire, Coubertin pense qu'il faut l'internationaliser. Il rénove l'idée des Jeux Olympiques et organise leur rétablissement. Il voulait que les premiers jeux se passent à Paris en 1900, au même moment que l'exposition universelle, mais c'est en Grèce en 1896 que les premiers jeux ont lieu.

Connais-tu des athlètes qui sont devenus célèbres grâce aux Jeux Olympiques?

Fais une recherche et présente un(e) athlète. Mentionne les éléments suivants:
- Le nom, l'âge
- La nationalité, le pays représenté
- La discipline pratiquée
- Les JO où il/elle s'est présenté(e)
- Les médailles obtenues
- Le grand exploit

ACTIVITÉ: Les premiers Jeux Olympiques

■ Les approches de l'apprentissage

■ Compétence de communication: Lire en faisant preuve d'esprit critique et dans le but de dégager du sens

Va sur le site officiel des Jeux Olympiques:
www.olympic.org/fr/jeux-olympiques

Clique sur Jeux Olympiques et trouve les réponses aux questions suivantes:

1 Où et quand se déroulent les premiers JO?
2 Combien de pays participent aux premiers JO?
3 Combien de spectateurs sont présents?
4 Où doivent nager les sportifs?
5 Quel dieu se trouve sur les médailles?
6 Quel autre événement important se passe à Paris en 1900?
7 Combien de temps durent les JO de 1900?
8 Quelle est la nouveauté des JO de 1900?
9 Pourquoi les JO ont lieu à Londres en 1908?
10 Pourquoi n'y a-t-il pas de JO en 1914? et en 1940? et 1944?

Travaille avec un camarade et fais une recherche sur un des Jeux Olympiques suivants:

- Paris 1924
- Amsterdam 1928
- LA 1932
- Berlin 1936
- Londres 1948
- Oslo 1952
- Melbourne/Stockholm 1956
- Rome 1960
- Tokyo 1964
- Mexico 1968

Faites une présentation de deux à trois minutes sur un des JO et mentionnez la particularité de ces JO, les sports joués, les médailles données, les records battus, etc.

◆ Les opportunités d'évaluation

◆ Cette activité peut être évaluée selon Critère B: Compréhension de texte écrit et visuel; Critère C: Communication en réponse à du texte oral, écrit et/ou visuel; et Critère D: Utilisation de la langue sous forme orale et/ou écrite.

ÉVALUATION SOMMATIVE

CES ACTIVITÉS PEUVENT ÊTRE ÉVALUÉES SELON
LE CRITÈRE C: COMMUNICATION EN RÉPONSE À DU
TEXTE ORAL, ÉCRIT ET/OU VISUEL ET LE CRITÈRE D:
UTILISATION DE LA LANGUE SOUS FORME ORALE
ET/OU ÉCRITE.

Pour ces évaluations, l'usage du dictionnaire n'est pas autorisé.

Évaluation 1

Observe les photos et **présente** un sport.

Pense à mentionner les éléments suivants:
- Le sport et les règles du sport
- Les qualités requises pour pratiquer ce sport
- Les équipements
- Les avantages du sport
- Un sportif célèbre que tu aimes et pourquoi tu l'admires
- Ton opinion

Tu as dix minutes pour te préparer et présenter ton
sport et les informations nécessaires à ton professeur. Ta
présentation doit durer entre deux et trois minutes. Après ta
présentation, tu vas interagir avec ton professeur qui va te
poser des questions.

Évaluation 2

Tu **écris** un blog pour le journal de l'école où tu **présentes**
les trois meilleures activités sportives que l'école propose.

Dans ton blog, tu mentionnes les avantages et bienfaits des
sports, l'équipement nécessaire à avoir, le lieu et l'heure des
activités. **Explique** également ton opinion sur ces activités.

Écris environ 150 mots.

Réflexion

Dans ce chapitre, tu as découvert des sports variés et as exploré les bienfaits du sport sur le corps et l'esprit. De plus, tu as réfléchi sur l'influence que le sport peut avoir sur ta personnalité.

Utilise ce tableau pour réfléchir sur ce que tu as appris dans ce chapitre.					
Les questions posées	Les réponses trouvées	D'autres questions?			
Factuelles: Quels sports pratiques-tu? Quels sports aimes-tu?					
Conceptuelles: Pourquoi faut-il faire du sport? Qu'est-ce que le sport nous apporte?					
Invitant au débat: Le sport influence-t-il notre personnalité?					
Les approches de l'apprentissage utilisées dans ce chapitre:	Description: quelles nouvelles compétences as-tu développées?	La maîtrise de ces compétences			
		Novice	Apprenti	Pratiquant	Expert
Compétences de communication					
Compétences en matière de culture de l'information					
Compétences en matière de culture des médias					
Compétences de pensée critique					
Compétences de pensée créative					
Compétences de transfert					
Les qualités du profil de l'apprenant:	Réfléchis sur l'importance d'être équilibré dans l'apprentissage de ce chapitre.				
Équilibrés					

Quels sont tes loisirs?

C'est par les loisirs et les divertissements que l'on **exprime** sa **culture** et que l'on donne du **sens** à ce que l'on **aime faire**.

EXAMINER ET RÉPONDRE AUX QUESTIONS:

Factuelles: Quels sont tes loisirs préférés? Quels sont les loisirs les plus populaires?

Conceptuelles: Qu'est-ce que nous apportent les loisirs? Comment utilise-t-on les divertissements pour faire passer un message? Comment choisissons-nous nos loisirs?

Invitant au débat: Les loisirs sont-ils différents selon les générations? Les loisirs sont-ils différents d'avant?

Maintenant **partage et compare** tes réponses à ces questions avec ton voisin ou la classe.

DANS CE CHAPITRE, NOUS ALLONS:

- **Découvrir** les différents types de loisirs.
- **Explorer** pourquoi nous avons tous besoin d'avoir des loisirs et l'équilibre et le bien-être qu'ils nous apportent.
- **Passer à l'action** en expliquant l'importance d'avoir des loisirs variés et en organisant une journée des jeux de société.

Ces compétences spécifiques aux approches de l'apprentissage nous seront utiles:

- Compétences de communication
- Compétences de collaboration
- Compétences de réflexion
- Compétences en matière de culture de l'information
- Compétences de pensée critique
- Compétences de pensée créative
- Compétences de transfert

Dans ce chapitre, les opportunités d'évaluation seront basées sur:

- Critère A: Compréhension de texte oral et visuel
- Critère B: Compréhension de texte écrit et visuel
- Critère C: Communication en réponse à du texte oral, écrit et/ou visuel
- Critère D: Utilisation de la langue sous forme orale et/ou écrite

Nous nous efforcerons de réfléchir aux qualités du profil de l'apprenant, pour comprendre ce que signifie:

• Communicatifs: Nous nous exprimons avec assurance et créativité dans plus d'une langue ou d'un langage et de différentes façons. Nous écoutons également les points de vue d'autres individus et groupes, ce qui nous permet de collaborer efficacement avec eux.

OBSERVER–COMPARER–PARTAGER

Observe les photos et réponds aux questions suivantes:

1 Quels loisirs peux-tu identifier sur les photos?
2 Quels loisirs aimes-tu?
3 Quel est ton loisir préféré?
4 Quelles activités aimes-tu pratiquer seul, avec ta famille ou avec tes amis?
5 Pratiques-tu tes loisirs régulièrement?

Compare tes réponses avec un camarade et **partagez** vos réponses avec la classe.

GRAMMAIRE

• Le passé composé
• L'imparfait
• Les pronoms relatifs simples «qui», «que», «où»

VOCABULAIRE SUGGÉRÉ

Substantifs	Adjectifs
la jeunesse	agréable
la lecture	amusant
la peinture	artistique
le cinéma	calme
le dessin	célèbre
un art	créatif
un instrument de musique	détendu
un jeu de société	divertissant
un parc d'attractions	ennuyeux
un passe-temps	intéressant
un spectacle	lent
une affiche	mauvais
une bande-annonce	monotone
une console	nul
une exposition	populaire

rapide
simple
sportif
vulgaire

Adverbes

de temps en temps
fréquemment
jamais
quotidiennement
rarement
régulièrement
souvent

Verbes

accompagner
danser

dessiner
divertir
écouter
faire partie de
jouer
jouer la comédie
lire
partager
passer le temps
peindre
pratiquer un loisir
s'amuser
se détendre
se divertir
télécharger

Quels sont les loisirs les plus populaires?

NOS LOISIRS FAVORIS

Il existe une grande variété de passe-temps et loisirs. Nous pratiquons un passe-temps régulièrement pour nous détendre et casser la routine de la vie quotidienne. Certains passe-temps peuvent être pratiqués quotidiennement; d'autres sont pratiqués les week-ends ou plus rarement. La fréquence de nos loisirs dépend de notre temps libre, de notre humeur et de notre goût.

ACTIVITÉ: Les passe-temps

Les approches de l'apprentissage

■ Compétence de communication: Lire en faisant preuve d'esprit critique et dans le but de dégager du sens

Observe le tableau suivant et réponds aux questions qui suivent:

Nom	Lundi	Mardi	Mercredi	Jeudi	Vendredi	Samedi	Dimanche
Marie	Écouter de la musique	Regarder la télévision	Chanter	Lire un livre	Aller au cinéma	Danser	Jouer au Monopoly avec mes parents
Thomas	Écouter la radio	Dessiner	Dessiner	Boire un verre avec Oscar et André	Faire la cuisine	Dessiner	Écouter de la musique
Sandrine	Regarder la télévision	Jouer aux jeux vidéos	Écouter de la musique	Aller au cinéma	Lire un magazine	Regarder la télévision	Aller au restaurant avec Olivier
À ton tour							

1 Quelle activité pratique Thomas les vendredis?
2 Quel est le passe-temps commun aux trois personnes?
3 Quand est-ce que Marie va au cinéma?
4 Avec qui Sandrine va-t-elle au restaurant?
5 Quand est-ce que Sandrine lit?

6 Quelle activité Thomas fait-il régulièrement?
7 Quelle est l'activité préférée de Sandrine?
8 Qui joue aux jeux vidéo?
9 Que fait Marie tous les dimanches?
10 Qui a le plus de loisirs individuels?

À ton tour de remplir les loisirs que tu fais pendant la semaine. **Présente**-les à un camarade de classe.

OBSERVER–COMPARER–PARTAGER

Quelques chiffres sur les loisirs et les Français

Les approches de l'apprentissage

- Compétence en communication: Utiliser la compréhension interculturelle pour interpréter des communications

Observe les chiffres dans le tableau ci-dessous, lis le texte et réponds aux questions suivantes:

1 Y a-t-il un résultat surprenant dans cette liste d'activités?

2 Y a-t-il une différence entre les loisirs des Français en 2015 et en 2017?

3 Selon toi, est-il surprenant que seulement 37% de personnes utilisent les réseaux sociaux pour leurs loisirs?

4 Parmi les activités mentionnées dans le tableau, quelles sont les trois activités que tu préfères? Pourquoi?

5 Selon toi, quelles sont les activités et loisirs qui manquent dans la liste?

Compare tes réponses avec un camarade et **partagez** vos résultats avec la classe.

Activités de loisirs pratiquées par les Français lors de leur temps libre en 2015 et 2017

Activités de loisirs pratiquées par les Français lors de leur temps libre en 2015 et 2017

Activité	2015	2017
Écouter de la musique	87%	87%
Regarder la télévision	83%	84%
Sortir avec des amis	81%	82%
Lire un magazine ou un journal	79%	80%
Échanger à distance avec...	79%	77%
Écouter la radio	74%	
Surfer sur Internet	69%	
Regarder une vidéo	66%	
Aller au cinéma	63%	
Faire une sortie culturelle	58%	
Faire du shopping	51%	
Aller sur les réseaux sociaux	37%	
Jouer aux jeux vidéos	27%	
Aucune de ces activités	1%	

Part des personnes interrogées

● 2015 ● 2017

Sources
Ipsos, CNL
© Statista 2018

Informations complémentaires:
France, Ipsos, 19 - 31 janvier 2017, 1 003 personnes interrogées, 15 ans et plus

statista ◤

Ce tableau représente les loisirs préférés et les plus populaires en France en 2015 et en 2017. 1003 personnes (hommes et femmes) de plus de 15 ans ont été interrogées pour obtenir ces statistiques. La question de recherche pour obtenir ces résultats était: En plus de la lecture, quels loisirs pratiquez-vous pendant votre temps libre?

ACTIVITÉ: Quelles sont les activités préférées des élèves de l'école?

■ Les approches de l'apprentissage

- ■ Compétence en matière de culture de l'information: Accéder aux informations pour s'informer et informer les autres
- ■ Compétences de communication: Faire des déductions et tirer des conclusions. Écrire dans différents objectifs

Sais-tu quelles sont les activités préférées des élèves de ton école?

Tu vas recueillir des informations pour pouvoir **présenter** les résultats dans un article.

Sélectionne une année de ton choix dans ton école. **Crée** un questionnaire de cinq questions différentes sur un des loisirs suivants:
- **Regarder la télévision**
- **Aller au cinéma/théâtre**
- **Voir des concerts**
- **Faire du sport**
- **Lire**
- **Écouter de la musique**
- **Jouer d'un instrument**
- **Visiter des musées ou des expositions**
- **Jouer à des jeux sur internet/sur la console/sur le téléphone**
- **Jouer à des jeux de société**

Considère les éléments suivants pour les questions que tu vas poser:
- **La fréquence (souvent, rarement, tous les jours, etc.)**
- **Le temps consacré au loisir (1h par jour, 1h par semaine, etc.)**
- **Des justifications pour les réponses**

Analyse les résultats de ton questionnaire et **écris** un article pour le journal de l'école **expliquant** ta recherche et les résultats avec un tableau et les conclusions que tu as tirées.

◆ Les opportunités d'évaluation

- ◆ Cette activité peut être évaluée selon Critère C: Communication en réponse à du texte oral, écrit et/ou visuel et Critère D: Utilisation de la langue sous forme orale et/ou écrite.

VIVE LA MUSIQUE!

Le loisir le plus populaire est la musique. En effet, nous sommes tous entourés continuellement de musique, soit par les chansons que nous écoutons à la radio, en CDs ou en les téléchargeant en ligne, soit par la musique que nous jouons. La musique a beaucoup d'avantages; elle aide à penser, calme et réconforte.

ACTIVITÉ: Les instruments de musique

Les approches de l'apprentissage

■ Compétence en matière de culture de l'information: Utiliser des procédés mnémotechniques pour développer sa mémoire à long terme

Observez la photo ci-contre. Retrouvez au moins dix instruments de musique.

En plus des instruments que vous avez mentionnés, ajoutez cinq autres instruments de musique.

Partagez vos réponses et prenez vos notes.

Travaille avec un camarade et faites un remue-méninges pour **trouver** des instruments de musique. Vous allez répertorier les mots de vocabulaire que vous et vos camarades allez partager.

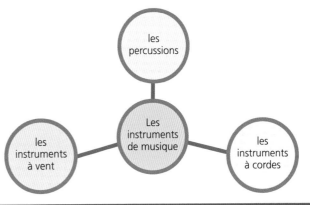

ACTIVITÉ: Tu aimes la musique?

■ Les approches de l'apprentissage

■ Compétence de pensée critique: Tirer des conclusions et des généralisations raisonnables

Regarde la vidéo suivante et réponds aux questions:

http://enseigner.tv5monde.com/fle/musique-216

1 Copie et remplis le tableau et mentionne combien de personnes aiment ou n'aiment pas certains genres musicaux:

La musique	Aime	N'aime pas
La musique classique		
La chanson française		
La pop		
Le rap		
Le rock		
L'électro		
Le jazz		

2 Donne trois noms d'artistes français mentionnés dans la vidéo.
3 Sur quoi écoutent-ils de la musique?
4 Cite trois instruments de musique que jouent les garçons.

ACTIVITÉ: Connais-tu la chanson française?

■ Les approches de l'apprentissage

■ Compétence de pensée critique: Recueillir et organiser des informations pertinentes afin de formuler un argument

Voici quelques noms de chanteurs francophones. Écoute les chansons puis copie et remplis le tableau:

Les chansons	Titre de la chanson	Genre de musique	Message général	Opinion sur la chanson	Opinion sur la vidéo
Stromae https://youtu.be/oiKj0Z_Xnjc					
Louane https://youtu.be/niyGWxVE-e4					
Bigflo & Oli https://youtu.be/8AF-Sm8d8yk					
Black M https://youtu.be/lpH8oztlheg					
Soprano https://youtu.be/OVmfGb8XKSg					

French for the IB MYP 4&5: *by Concept*

OBSERVER–COMPARER–PARTAGER

Discussion sur la musique

■ Les approches de l'apprentissage

■ Compétence de collaboration: Donner et recevoir des retours d'information appropriés

Observe et réponds aux questions suivantes:

1 Joues-tu d'un instrument de musique? Si oui, lequel et depuis combien de temps?
2 Quel genre de musique aimes-tu?
3 Qui est ton artiste préféré? Préfères-tu les groupes ou les chanteurs?
4 Quelles chansons ou quel album est-ce que tu écoutes en ce moment? Pourquoi?
5 Quand écoutes-tu de la musique?
6 Qu'est-ce que la musique t'apporte? Comment te sens-tu quand tu écoutes de la musique?
7 Quels sont pour toi les groupes ou chanteurs représentent les grands classiques de la musique?

Compare tes réponses avec un camarade. Prends des notes sur ce qu'il/elle te dit et vice versa. Tu **partageras** ses réponses avec la classe.

◆ Les opportunités d'évaluation

◆ Cette activité peut être évaluée selon Critère C: Communication en réponse à du texte oral, écrit et/ou visuel et Critère D: Utilisation de la langue sous forme orale et/ou écrite.

ACTIVITÉ: Un courriel

■ Les approches de l'apprentissage

■ Compétence de communication: Écrire dans différents objectifs

Après avoir écouté quelques chansons francophones, **écris** un courriel à un ami pour **expliquer** ce que tu aimes et n'aimes pas dans la musique.

Pense à mentionner les points suivants:
● **Le genre de musique que tu aimes**
● **Ton chanteur ou groupe préféré**
● **Ce que tu aimes dans la musique**
● **Ce que tu penses de la chanson francophone**

Écris environ 150 mots.

◆ Les opportunités d'évaluation

◆ Cette activité peut être évaluée selon Critère C: Communication en réponse à du texte oral, écrit et/ou visuel et Critère D: Utilisation de la langue sous forme orale et/ou écrite.

Qu'est-ce que nous apportent les loisirs?

Accordes-tu beaucoup d'importance à tes loisirs?

1 Les loisirs sont essentiels au bien-être et au bonheur de chacun. Nous accordons tous quotidiennement quelques instants à nos passe-temps pour nous oxygéner et nous détendre du stress de l'école et de la vie.

2 Le journal «Mon Canard quotidien» a interviewé trois jeunes francophones, Aya, Omar et Bintou, qui ont accepté de répondre à nos questions. Voici leurs témoignages:

Aya

3 Je m'appelle Aya. J'ai 24 ans et je suis étudiante en droit.

4 J'ai beaucoup de loisirs et ils sont tous très variés. J'adore la lecture, car cela me permet de m'évader de la vie quotidienne. J'aime beaucoup les livres d'aventures et les romans policiers. C'est amusant parce que tu peux résoudre les énigmes en lisant.

5 Le week-end, j'aime bien faire les magasins, aller au cinéma ou simplement boire un verre avec mes amis. On se retrouve régulièrement pour discuter et passer un bon moment ensemble. On parle de tout et de rien, et on rigole beaucoup. C'est parfait pour se détendre et évacuer le stress de la semaine.

6 Pendant les vacances, je profite de faire mes loisirs préférés. Je voyage et visite de nouvelles villes. J'adore découvrir des lieux différents. Je collectionne un objet de chaque pays ou ville que je visite.

Omar

7 Je suis Omar, j'ai 22 ans et je suis étudiant.

8 En effet, pour être équilibré dans la vie, c'est essentiel d'avoir des loisirs. Moi, j'adore faire du sport, particulièrement les sports extrêmes. Pendant les vacances d'été, je fais souvent du parapente

ou de l'escalade. J'adore le goût du risque et j'aime les sensations fortes. Cela me permet de me sentir libre et indépendant.

9   Mes loisirs quotidiens sont moins dangereux. J'aime écouter de la musique, et je vais assez souvent voir des concerts. J'aime aussi jouer sur mon ordinateur ou surfer sur le net pour trouver les derniers gadgets à la mode.

10 Le week-end, j'aime rencontrer mes amis au restaurant ou au café. On discute et joue au billard en racontant nos histoires de la semaine. Quelquefois, on visite des expositions; c'est sympa de varier les activités pour ne pas s'ennuyer.

Bintou

11 Je m'appelle Bintou et j'ai 15 ans.

12 Pour moi, les loisirs sont très importants; cela permet de me détendre et de me relaxer. Pendant la semaine, je n'ai généralement pas beaucoup de temps à consacrer à mes loisirs, car j'ai des devoirs à finir. J'écoute de la musique sur mon iPod tous les jours en allant à l'école et en rentrant chez moi; cela me permet de réfléchir à ce que je dois faire et à ce qui s'est passé pendant la journée. Je fais également du karaté deux fois par semaine. C'est bon pour l'esprit et le corps. Cela permet de me maintenir en forme et de gagner en souplesse et en équilibre.

13 C'est surtout le week-end que je consacre plus de temps à mes loisirs et à ma véritable passion: le dessin et la peinture. Lorsque je dessine, cela me calme et je peux m'exprimer de différentes manières. J'adore ajouter de la couleur sur mes peintures, surtout quand je suis de bonne humeur.

ACTIVITÉ: Accordes-tu beaucoup d'importance à tes loisirs?

■ Les approches de l'apprentissage

- ■ Compétence de communication: Lire en faisant preuve d'esprit critique et dans le but de dégager du sens

Lis le texte intitulé «Accordes-tu beaucoup d'importance à tes loisirs?» aux pages précédentes et réponds aux questions suivantes:

1 Pourquoi les loisirs sont-ils essentiels?
2 Quand pratiquons-nous les loisirs?
3 Quels sont les loisirs d'Aya?
4 Décris le caractère d'Omar. Cite au moins deux mots.
5 Pourquoi Omar aime-t-il les sports extrêmes?
6 Quels sont les passe-temps quotidiens d'Omar?
7 Pourquoi Omar varie-t-il ses loisirs?
8 Pourquoi Bintou écoute-t-elle de la musique?
9 Qu'est-ce que Bintou recherche avec ses loisirs?
10 Selon toi, quel est le passe-temps quotidien le plus efficace pour se détendre?
11 Selon toi, quel est le ou les loisirs qui permet(tent) le mieux de découvrir sa personnalité?
12 Quel est l'objectif de ce texte?
    a informer
    b donner son opinion
    c témoigner
    d persuader

◆ Les opportunités d'évaluation

- ◆ Cette activité peut être évaluée selon Critère B: Compréhension de texte écrit et visuel.

OBSERVER–RÉFLÉCHIR–PARTAGER

Observe les photos des loisirs ci-dessus et **réfléchis** aux questions suivantes:

1   Qu'est-ce que ces loisirs apportent aux personnes qui les pratiquent?
2   Comment se sentent-ils?
3   Que ressentent-ils?

Partage tes réponses avec la classe.

ACTIVITÉ: Et toi, accordes-tu beaucoup d'importance à tes loisirs?

■ Les approches de l'apprentissage

■ Compétence de communication: Écrire dans différents objectifs

En te basant sur les témoignages d'Aya, Omar et Bintou, **écris** ton témoignage et **explique** ce que représentent les loisirs pour toi.

Pense à ajouter les points suivants:
● **Les loisirs que tu aimes faire**
● **Ce que cela t'apporte**
● **Les loisirs que tu fais pendant le week-end et les vacances**

Essaie d'**utiliser** des pronoms relatifs.

Écris environ 150 mots.

◆ Les opportunités d'évaluation

◆ Cette activité peut être évaluée selon Critère C: Communication en réponse à du texte oral, écrit et/ou visuel et Critère D: Utilisation de la langue sous forme orale et/ou écrite.

GRAMMAIRE

Les pronoms relatifs simples «qui», «que» et «où»

Les pronoms relatifs lient deux phrases en une. Observe les phrases suivantes:

● La fille est grande. La fille porte une robe bleue.
→ La fille **qui** est grande porte une robe bleue.
● L'exposition de peinture est fascinante. L'exposition est sur Picasso.
→ L'exposition de peinture **qui** est sur Picasso est fascinante.
● La fille est grande. Je regarde la fille.
→ La fille **que** je regarde est grande.
● Je lis un livre. Le livre est passionnant.
→ Le livre **que** je lis est passionnant.
● Nous allons au cinéma. Le cinéma est moderne.
→ Le cinéma **où** nous allons est moderne.

Quelle est la règle? Quand faut-il utiliser «qui», «que» et «où»?

Les loisirs sont-ils différents selon les générations?

LOISIRS DES JEUNES OU LOISIRS D'ADULTES

Les loisirs changent et évoluent en fonction de nouvelles technologies introduites sur le marché. Avec l'arrivée d'internet, du smartphone et des tablettes, de nouveaux loisirs sont apparus et ont intéressé une diversité de personnes. Les loisirs de nos parents et grands-parents sont-ils différents des nôtres?

OBSERVER–RÉFLÉCHIR–SE POSER DES QUESTIONS

Choisis une des photos ci-dessus et fais le travail suivant:

1 **Observe** la photo: que vois-tu? Décris ce que tu vois sur la photo et cherche le vocabulaire nécessaire pour décrire ce que tu vois.
2 **Réfléchis** à ce que tu vois: que penses-tu? Explique ce que tu penses de la photo en donnant des justifications.
3 Quelles questions **te poses**-tu sur ta photo?

Présente ta photo à ta classe en deux à trois minutes.

ACTIVITÉ: Les passe-temps préférés ont-ils changé?

■ Les approches de l'apprentissage

- ■ Compétence en matière de culture de l'information: Accéder aux informations pour s'informer et informer les autres
- ■ Compétence de communication: Écrire dans différents objectifs

Réponds toi-même aux questions suivantes, puis pose-les à deux autres camarades dans ta classe. **Compare** tes réponses avec celles de tes camarades. Que remarques-tu?

1 Préfères-tu jouer aux jeux vidéo ou aux jeux de société?
2 Préfères-tu jouer aux jeux vidéo avec tes amis en ligne ou à la maison?
3 Préfères-tu aller au cinéma ou télécharger un film sur internet?
4 Préfères-tu regarder des films ou des séries télévisées?
5 Préfères-tu acheter la musique sur des CDs ou la télécharger en ligne?

À partir des réponses aux questions, **écris** un compte-rendu **expliquant** les résultats obtenus. Écris environ 150 mots.

Pense à:
- **Comparer les similitudes et les différences entre les réponses obtenues**
- **Justifier les réponses**
- **Donner des exemples**
- **Écrire une introduction et une conclusion**

◆ Les opportunités d'évaluation

- ◆ Cette activité peut être évaluée selon Critère C: Communication en réponse à du texte oral, écrit et/ou visuel et Critère D: Utilisation de la langue sous forme orale et/ou écrite.

ACTIVITÉ: Les loisirs des retraités

■ Les approches de l'apprentissage

- ■ Compétence de pensée critique: Tirer des conclusions et des généralisations raisonnables

Regarde la vidéo suivante sur les loisirs des personnes de 60 ans et plus: **https://youtu.be/GUqibNwOE68**

Prends des notes concernant les éléments suivants en regardant la vidéo:
- **Les loisirs pratiqués**
- **Les caractéristiques des personnes**
- **Les loisirs que l'on ne pratique plus**
- **Ce que l'on veut encore apprendre par les loisirs**
- **Les nouveaux loisirs que l'on veut faire**

Écris un compte-rendu en réponse à la vidéo **expliquant** les loisirs de personnes de 60 ans. Explique également tes conclusions et donne ton opinion. Écris entre 100 et 150 mots.

◆ Les opportunités d'évaluation

- ◆ Cette activité peut être évaluée selon Critère A: Compréhension de texte oral et visuel; Critère C: Communication en réponse à du texte oral, écrit et/ou visuel; et Critère D: Utilisation de la langue sous forme orale et/ou écrite.

Comment écrire un compte-rendu?

L'objectif du compte-rendu est de résumer les informations qui ont été collectées et de tirer des conclusions.

Pour écrire un bon compte-rendu, pense à inclure les éléments suivants:
- L'objectif de la recherche
- Les personnes comprises
- Les constatations faites – les faits à rapporter: pour faire ceci, il est utile de comparer les réponses et de faire un tableau ou un schéma pour voir les réponses atypiques; les constatations peuvent être présentées sous forme de liste
- Des conclusions en justifiant les réponses et en utilisant des exemples précis
- Une conclusion

Les loisirs sont-ils différents d'avant?

OBSERVER–COMPARER–PARTAGER

Les loisirs d'avant et les loisirs d'aujourd'hui

■ Les approches de l'apprentissage

■ Compétence de transfert: Appliquer ses compétences et ses connaissances dans des situations nouvelles

Observe les photos et réfléchis aux loisirs d'avant et aux loisirs d'aujourd'hui.

Quelles étaient les activités avant, et comment sont-elles aujourd'hui?

Écris au moins cinq phrases en suivant ce modèle:

Avant, + imparfait; aujourd'hui + présent.

Par exemple:

Avant, les enfants regardaient plus la télévision; aujourd'hui ils utilisent plus l'ordinateur.

Compare tes réponses avec celles d'un camarade et **partage**-les avec la classe.

GRAMMAIRE

L'imparfait

L'imparfait est un temps du passé. Il est utilisé pour décrire des situations et des lieux et pour parler d'habitudes dans le passé.

Pour former l'imparfait, il faut prendre le radical de la première personne du pluriel (nous) au présent et ajouter la terminaison de l'imparfait:

Avoir – nous avons – **av-**

	Radical	Terminaisons
je	av	-ais
tu	av	-ais
il/elle/on	av	-ait
nous	av	-ions
vous	av	-iez
ils/elles	av	-aient

Boire – nous buvons – **buv-**

	Radical	Terminaisons
je	buv	-ais
tu	buv	-ais
il/elle/on	buv	-ait
nous	buv	-ions
vous	buv	-iez
ils/elles	buv	-aient

Il y a une exception: le verbe **être**:

j'	étais
tu	étais
il/elle/on	était
nous	étions
vous	étiez
ils/elles	étaient

ACTIVITÉ: Les loisirs d'avant et les loisirs d'aujourd'hui

■ Les approches de l'apprentissage

■ Compétence de communication: Écrire dans différents objectifs

Écris un article pour le journal de l'école sur les loisirs d'avant et les loisirs d'aujourd'hui.

Pense à:
- **Mentionner plusieurs loisirs**
- **Inclure les loisirs d'avant et d'aujourd'hui**
- **Utiliser la structure de phrases suivante: avant, + imparfait; aujourd'hui, + présent**
- **Comparer les loisirs**
- **Donner des exemples**
- **Donner ton opinion**

Écris environ 150 mots.

◆ Les opportunités d'évaluation

◆ Cette activité peut être évaluée selon Critère C: Communication en réponse à du texte oral, écrit et/ou visuel et Critère D: Utilisation de la langue sous forme orale et/ou écrite.

LES JEUX DE SOCIÉTÉ

Les jeux de société existent depuis l'Antiquité. Ils permettent de passer un bon moment en famille ou avec des amis. Certains jeux sont considérés comme des jeux intellectuels, car il faut suivre des règles et utiliser la réflexion et la logique. Pour gagner à la plupart des jeux de société, il faut utiliser sa mémoire, observer les échanges ou agir rapidement.

OBSERVER–COMPARER–PARTAGER

Observe les photos et réponds aux questions:

1 Nomme les jeux de société que tu vois sur les photos.
2 Connais-tu d'autres jeux de société? Cite cinq autres jeux.
3 Quel est ton jeu de société préféré?
4 Quand joues-tu aux jeux de société?
5 Avec qui joues-tu aux jeux de société?
6 Qu'est-ce que tu aimes dans les jeux de société? Qu'est-ce que tu n'aimes pas?

Compare tes réponses avec un camarade. Puis **partage** avec la classe.

Les jeux de société sont-ils toujours aussi populaires?

1 Les jeux de société sont toujours aussi populaires malgré l'apparition de nouvelles technologies et de jouets électroniques. Lors de périodes de fêtes, enfants, parents et grands-parents sortent les jeux de société et ont toujours grand plaisir à jouer ensemble et à partager un moment privilégié de joie et de rires. C'est toujours une valeur sûre!

2 Aujourd'hui, il existe de nouveaux jeux de société dans les magasins qui sont de plus en plus populaires. As-tu déjà entendu parler de «Dobble» et du «Jungle speed»? Ce sont deux jeux amusants qui invitent les joueurs à réfléchir rapidement.

3 Chez moi, j'ai grandi avec les jeux de société. C'était la tradition de jouer au «Scrabble», au «Cluedo», au «Monopoly» ou le jeu du «Menteur». Mon préféré était le jeu du «Menteur», car c'est le jeu qui m'a fait le plus rire avec mes grands-parents. En plus, les règles du jeu sont simples!

4 C'était un jeu de cartes avec une famille. Dans la famille, il y avait le grand-père, la grand-mère, le père, la mère, la sœur, le frère, le bébé et la tante carabosse. Le but du jeu était de ne plus avoir de cartes. Chaque joueur recevait un nombre de cartes identiques. Le premier joueur posait une carte à l'envers sur le jeu en commençant par le grand-père. Il annonçait sa carte; c'est alors que les autres joueurs pouvaient intervenir et accuser le joueur de mentir. Si ce dernier avait menti, il ramassait toutes les cartes. S'il n'avait pas menti, c'est l'autre joueur qui ramassait toutes les cartes sur le jeu. Je joue toujours à ce jeu avec mes neveux.

5 En plus des fous rires, les jeux de société développent de nombreuses capacités. Ils permettent aux joueurs de réfléchir rapidement, d'observer, de trouver des stratégies et surtout de créer des souvenirs.

6 Et toi, quelle est ton expérience avec les jeux de société?

Juliette

Commentaires

7 Zach – 23 septembre

J'adore également les jeux de société, particulièrement le jeu des «7 familles». C'est un jeu de cartes facile, mais il faut bien se concentrer si tu veux gagner!

ACTIVITÉ: Les jeux de société

■ Les approches de l'apprentissage

■ Compétence de communication: Lire en faisant preuve d'esprit critique et dans le but de dégager du sens

Lis le blog intitulé «Les jeux de société sont-ils toujours aussi populaires?» et réponds aux questions suivantes:

1 Réponds par *vrai* ou *faux*:
   a Les jeux de société sont moins populaires que les jeux vidéo.
   b «Dobble» est un nouveau jeu.
   c Les jeux de société invitent les joueurs à réfléchir.
   d Les jeux de société permettent de développer les capacités intellectuelles et sociales des joueurs.
   e Le jeu des «7 familles» est un jeu difficile.
2 Quand joue-t-on à des jeux de société?
3 Qui joue aux jeux de société?
4 Quel est le jeu préféré de Juliette?
5 Quel est l'objectif du jeu du «Menteur»?
6 Quels sont les points communs entre le jeu du «Menteur» et le jeu des «7 familles»?
7 Quels sont les avantages des jeux?
8 Pourquoi les jeux de société sont une valeur sûre?
9 Selon toi, Juliette aime-t-elle toujours jouer aux jeux de société?
10 À ta place, à quel jeu jouerais-tu en famille?

◆ Les opportunités d'évaluation

◆ Cette activité peut être évaluée selon Critère B: Compréhension de texte écrit et visuel.

ACTIVITÉ: Encore des jeux

■ Les approches de l'apprentissage

■ Compétence en matière de culture de l'information: Accéder aux informations pour s'informer et informer les autres
■ Compétence de communication: Donner et recevoir des retours d'information appropriés

Choisis un jeu de société parmi la liste suivante. Fais une recherche sur le jeu. **Explique** les règles du jeu, les modalités du jeu et le nombre de joueurs à avoir, et donne ton opinion.

Ta présentation doit durer entre deux et trois minutes.

Ton professeur te posera des questions après la présentation.

Voici quelques jeux:
- Le Dobble
- Le Jungle speed
- Le jeu des 7 familles
- La Bonne paye
- Les Dominos
- Le bridge
- Le poker
- Les loups-garous
- L'awalé
- Le Boggle
- Le jeu de l'oie
- Le Yahtzee
- Le Dix de chute

◆ Les opportunités d'évaluation

◆ Cette activité peut être évaluée selon Critère C: Communication en réponse à du texte oral, écrit et/ou visuel et Critère D: Utilisation de la langue sous forme orale et/ou écrite.

ACTIVITÉ: Crée ton jeu!

■ Les approches de l'apprentissage

- ■ Compétence de pensée créative: Appliquer ses connaissances existantes pour générer de nouvelles idées et de nouveaux produits et processus
- ■ Compétence de réflexion: Développer de nouvelles compétences, techniques et stratégies permettant un apprentissage efficace

L'objectif de cette activité est de fabriquer un jeu afin de pratiquer et réviser le français. Travailler en groupe de trois élèves.

- Sélectionnez le plateau de votre jeu.
- Créez les règles du jeu.
- Préparez des cartes avec des questions différentes selon les catégories: vocabulaire, grammaire, expression orale, défis, par exemple:
  - ○ **Vocabulaire:** Cite cinq instruments de musique
  - ○ **Grammaire:** Conjugue le verbe «jouer» à l'imparfait
  - ○ **Expression orale:** Explique quel est ton jeu préféré en deux minutes
  - ○ **Défis:** Chante une chanson en français

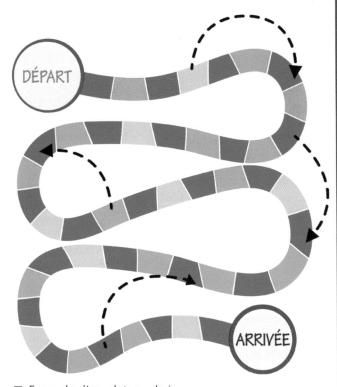

■ Exemple d'un plateau de jeu

Présentez votre jeu à la classe et jouez en petits groupes.

! Passer à l'action: Un après-midi en jeu!

- ! Avec ta classe de français, **organise** un après-midi de jeux de société à l'école afin de réunir des élèves de différents âges et les faire jouer et interagir ensemble.
- ! Travaillez en groupe de deux à trois élèves. **Sélectionnez** un jeu de société que vous allez préparer et auquel vous allez jouer avec d'autres élèves. Préparez une affiche pour inviter les élèves à venir jouer et préparez une fiche expliquant les règles du jeu.

Comment utilise-t-on les divertissements pour faire passer un message?

DES DIVERTISSEMENTS CULTURELS

Nous choisissons tous nos loisirs en fonction de nos goûts et nos passions, ainsi que selon nos humeurs du moment. Quelquefois, la meilleure manière de se détendre est de faire du sport ou écouter de la musique; d'autres fois, on préfère des loisirs utiles qui vont nous servir plus tard, comme le bricolage. D'autres personnes préfèrent des loisirs et divertissements plus culturels et intellectuels, comme le cinéma, le théâtre ou les visites dans des musées.

Et toi? Veux-tu que tes loisirs soient utiles? culturels? sociaux?

OBSERVER–COMPARER–PARTAGER

Observe les photos suivantes et réponds aux questions qui suivent:

■ Les divertissements culturels se présentent de différentes manières

1 **Pour toi, qu'est-ce que c'est un loisir culturel?**
2 **Quel genre de spectacles/expositions est culturel?**
3 **Quel genre de spectacles/expositions aimes-tu voir?**
4 **Qu'est-ce qui ne t'intéresse pas?**
5 **Penses-tu que les spectacles/expositions soient toujours très sérieux?**

Compare tes réponses avec un camarade et **partagez** vos réponses avec la classe.

LE CINÉMA

Le cinéma est un des loisirs les plus populaires au monde. Nous aimons tous regarder des films d'aventure, des films comiques ou romantiques au cinéma ou encore à la télévision. Et toi, quel genres de films aimes-tu?

DISCUSSION: Le cinéma

Travaille en groupe de trois personnes et **discutez** des questions suivantes:

1 **Combien de fois par mois vas-tu au cinéma?**
2 **Quand vas-tu généralement au cinéma?**
3 **Avec qui vas-tu au cinéma?**
4 **Quels genres de films regardes-tu au cinéma?**
5 **Quel est le dernier film que tu as vu?**
6 **Qui est ton acteur préféré? et actrice?**

Partage tes réponses avec la classe.

Ce film est un classique!
1

Un film interprété de manière exceptionnelle!
3

On rit aux larmes!
5

Enfin un véritable chef d'œuvre!
2

Un film à voir
4

Applaudi à toutes les séances!
6

ACTIVITÉ: Les films

■ Les approches de l'apprentissage

■ Compétence de communication: Lire en faisant preuve d'esprit critique et dans le but de dégager du sens

Lis les titres ci-dessus sur des films. Ces appréciations sont toutes positives. Parmi les appréciations suivantes, retrouve l'antonyme de chaque titre:

a **C'est un flop!**
b **Un film à éviter!**
c **Ce film est hué dans toutes les salles**
d **Ce film est une véritable monstruosité!**
e **L'interprétation est mauvaise**
f **À pleurer!**

ACTIVITÉ: Ton appréciation

■ Les approches de l'apprentissage

■ Compétence de communication: Écrire dans différents objectifs

Choisis quatre films que tu as vus. **Explique** le genre du film, donne ton appréciation sur chacun et explique pourquoi. **Écris** environ 150 mots.

◆ Les opportunités d'évaluation

◆ Cette activité peut être évaluée selon Critère C: Communication en réponse à du texte oral, écrit et/ou visuel et Critère D: Utilisation de la langue sous forme orale et/ou écrite.

1 Les films que je préfère sont les films comiques, surtout ceux avec Louis de Funès. C'est un acteur très drôle qui fait rire toute la famille.

2 Ma mère adore les films historiques qui durent au moins trois heures! Elle les trouve intéressants et éducatifs, car elle apprend des faits historiques, mais ce n'est pas toujours correct.

3 Quand je vais au cinéma avec mon frère, nous allons toujours regarder des films d'aventure. Il aime l'action et surtout des films de science-fiction avec des éléments futuristes improbables. Ce n'est pas ce que je préfère, mais j'aime bien aller au cinéma avec lui.

5 Le premier film que j'ai vu au cinéma, j'avais cinq ans. C'était un dessin animé de Walt Disney. Les dessins étaient magnifiques. Je me rappelle des couleurs vives et des dessins magnifiquement exécutés.

4 Mon père, lui, adore les films policiers. Il aime résoudre les enquêtes policières et adore le suspense.

ACTIVITÉ: Quels genres de films?

■ Les approches de l'apprentissage

■ Compétence de communication: Lire en faisant preuve d'esprit critique et dans le but de dégager du sens

Lis les textes ci-dessus sur les genres de films et remplis un tableau comme ci-dessous:

Genre de film	Intérêt du public pour ce genre	Nom d'un film

ACTIVITÉ: Une interview

■ Les approches de l'apprentissage

■ Compétence de réflexion: Identifier les points forts et les points faibles de ses stratégies d'apprentissage personnelles (autoévaluation)

L'objectif de cette activité est de pouvoir parler plus librement mais également de s'autocritiquer.

En groupe de deux ou trois, vous allez préparer et filmer l'interview d'une célébrité de votre choix. L'un d'entre vous jouera le journaliste et l'autre sera la personne célèbre.

Préparez cinq questions et réponses sur le thème des loisirs. Puis filmez votre interview.

Présentez votre film à la classe en **justifiant** votre travail.

◆ Les opportunités d'évaluation

◆ Cette activité peut être évaluée selon Critère C: Communication en réponse à du texte oral, écrit et/ou visuel et Critère D: Utilisation de la langue sous forme orale et/ou écrite.

ACTIVITÉ: Réflexion

■ Les approches de l'apprentissage

■ Compétence de réflexion: Identifier les points forts et les points faibles de ses stratégies d'apprentissage personnelles (autoévaluation)

Regarde l'interview précédente que vous avez filmée.

Identifie les points forts et les points faibles de ton travail et de celui du groupe en général.

Écris une réflexion de 50 à 100 mots sur ce que tu fais bien et sur ce que tu veux améliorer.

PROFIL DE L'APPRENANT: COMMUNICATIFS

Découvre un personnage historique: Louis de Funès (1914–1983)

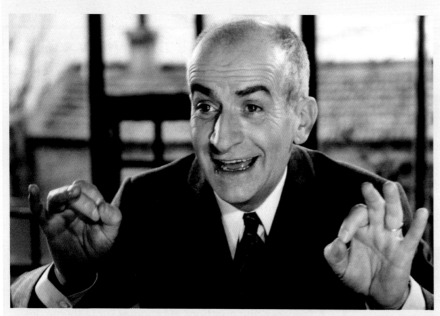

Louis de Funès est un acteur français né le 31 juillet 1914 et mort le 27 janvier 1983. Il est célèbre pour son jeu d'acteur comique. Il est considéré comme l'un des acteurs les plus comiques les plus célèbres du cinéma français. Il a joué dans plus de 140 films, dont les plus connus sont: «Le Corniaud», «La Grande Vadrouille», «Les grandes vacances» et bien d'autres.

Louis de Funès savait faire rire son public en utilisant un comique de gestes, de langage, de répétition, de situation et de caractère.

Les films de Louis de Funès sont toujours diffusés à la télévision française et représentent un véritable patrimoine culturel.

EXTENSION

Connais-tu d'autres acteurs français célèbres?

Fais une recherche sur un acteur de ton choix et **écris** une brève biographie de l'acteur. Écris environ 150 mots.

Comment choisissons-nous nos loisirs?

Comment choisissons-nous nos loisirs?

1. Les loisirs sont essentiels au bonheur et bien-être d'une personne. Nous avons tous un loisir ou un passe-temps nous permettant de nous détendre, nous amuser et nous découvrir. Mais comment découvrons-nous et choisissons-nous nos loisirs? Il y a différentes catégories de loisirs que nous choisissons de pratiquer, soit en fonction de notre humeur, de notre goût ou encore en fonction de notre lieu géographique et des saisons!

2. En cas de stress, il n'y a rien de mieux que de faire du sport, d'écouter de la musique, ou encore de surfer le net. Ces loisirs nous permettent de nous changer les idées et de penser à d'autres choses. Ce sont également les loisirs les plus populaires, car ils sont faciles d'accès et ne coûtent pas trop cher. Néanmoins, il y a certains loisirs sportifs qui ne peuvent être pratiqués partout dans le monde. Nos goûts sportifs sont définis en partie en fonction du lieu dans lequel nous vivons. Par exemple, à l'île Maurice, on ne peut pas skier, et en Suisse on ne peut pas faire de la plongée sous-marine dans l'océan.

3. Nous choisissons également nos loisirs en fonction du temps et des saisons. Le temps dicte très souvent nos humeurs. En hiver, on a tendance à rester à la maison et lire un bon livre ou regarder un film, alors qu'au printemps, on se réjouit de sortir de chez soi pour faire du vélo. En été, on fait souvent de longues promenades alors qu'en automne, on préfère visiter des musées et voir des expositions pour éviter la pluie.

4. De nombreuses personnes apprécient les loisirs plus culturels, comme le cinéma, le théâtre ou des expositions. Mais, attention, culturel ne veut pas forcément dire «intellectuel»; cela montre simplement un intérêt d'apprendre quelque chose de nouveau et de garder son esprit ouvert sur d'autres cultures. Il existe une grande variété de divertissements culturels amusants et instructifs. Personnellement, j'aime toutes sortes d'expositions, particulièrement les expositions scientifiques présentant de nouvelles technologies.

5. Il est important de mentionner les loisirs utiles! De nombreuses personnes décident d'apprendre une nouvelle activité, comme le bricolage ou le jardinage. Savoir changer une lampe ou réparer un objet électrique permet d'économiser de l'argent.

6. Finalement, les meilleurs loisirs sont sans doute ceux que nous partageons avec notre famille et nos amis. C'est toujours agréable de passer un moment à plusieurs et de rire ensemble.

7. Et vous, qu'en pensez-vous? Comment choisissez-vous vos loisirs? Laissez vos commentaires!

Brianna

ÉVALUATION SOMMATIVE

CES ACTIVITÉS PEUVENT ÊTRE ÉVALUÉES SELON LE CRITÈRE B: COMPRÉHENSION DE TEXTE ÉCRIT ET VISUEL; LE CRITÈRE C: COMMUNICATION EN RÉPONSE À DU TEXTE ORAL, ÉCRIT ET/OU VISUEL; ET LE CRITÈRE D: UTILISATION DE LA LANGUE SOUS FORME ORALE ET/OU ÉCRITE.

Pour ces évaluations, l'usage du dictionnaire n'est pas autorisé.

Évaluation 1

Lis le blog intitulé «Comment choisissons-nous nos loisirs?» et réponds aux questions:

1 Cite quatre catégories de loisirs mentionnés dans le texte.
2 Quel est l'objectif des loisirs?
3 Qu'est-ce que les loisirs nous apportent?
4 Quels sont les bienfaits des loisirs comme les activités sportives?
5 Pourquoi la musique est un des loisirs les plus populaires?
6 Pourquoi certains loisirs se pratiquent à certains moments de l'année?
7 Les loisirs culturels sont-ils toujours intellectuels?
8 Quels sont les avantages des loisirs culturels?
9 Qu'est-ce qu'un loisir utile?
10 Observe les photos avec le texte. Comment présentent-elles les loisirs mentionnés?
11 Selon toi, quels sont les meilleurs loisirs? Justifie.
12 Selon le texte, les loisirs définissent-ils la personnalité de quelqu'un?

Évaluation 2

Prépare une discussion avec ton professeur sur le sujet suivant:

«Est-il important d'avoir différents types de loisirs?»

Tu as dix minutes pour te préparer tes idées. La discussion durera environ deux minutes.

Évaluation 3

Écris un article pour le journal de l'école où tu **présentes** les loisirs d'aujourd'hui des jeunes de ton école.

Pense à mentionner les points suivants:
■ Les loisirs les plus populaires
■ Les nouveaux loisirs des jeunes
■ La fréquence des loisirs
■ Ce que les loisirs apportent

Écris au moins 150 mots.

Réflexion

Dans ce chapitre, tu as découvert divers types de loisirs et as exploré pourquoi il est important d'avoir des loisirs variés pour être heureux dans la vie.

Utilise ce tableau pour réfléchir sur ce que tu as appris dans ce chapitre.					
Les questions posées	Les réponses trouvées	D'autres questions?			
Factuelles: Quels sont tes loisirs préférés? Quels sont les loisirs les plus populaires?					
Conceptuelles: Qu'est-ce que nous apportent les loisirs? Comment utilise-t-on les divertissements pour faire passer un message? Comment choisissons-nous nos loisirs?					
Invitant au débat: Les loisirs sont-ils différents selon les générations? Les loisirs sont-ils différents d'avant?					
Les approches de l'apprentissage utilisées dans ce chapitre:	Description: quelles nouvelles compétences as-tu développées?	La maîtrise de ces compétences			
		Novice	Apprenti	Pratiquant	Expert
Compétences de communication					
Compétences de collaboration					
Compétences de réflexion					
Compétences en matière de culture de l'information					
Compétences de pensée critique					
Compétences de pensée créative					
Compétences de transfert					
Les qualités du profil de l'apprenant:	Réfléchis sur l'importance d'être communicatif dans l'apprentissage de ce chapitre.				
Communicatifs					

8 Suis-je responsable de mon environnement?

○ Nous développons tous une **culture** et un **sens** de responsabilité **solidaire** et **durable** envers les uns et les autres et l'**environnement** dans lequel nous vivons.

EXAMINER ET RÉPONDRE AUX QUESTIONS:

Factuelles: Qu'est-ce qu'une communauté? Qu'est-ce que la solidarité?

Conceptuelles: De quelle manière nos actions ont-elles un impact sur notre communauté et notre environnement?

Invitant au débat: Peut-on améliorer l'esprit communautaire par des actions?

Maintenant **partage et compare** tes réponses à ces questions avec ton voisin ou la classe.

○ DANS CE CHAPITRE, NOUS ALLONS:

■ **Découvrir** les caractéristiques d'une communauté durable et solidaire.
■ **Explorer** comment l'esprit communautaire se développe par des actions solidaires et des gestes simples.
■ **Passer à l'action** en organisant un projet communautaire et aidant sa communauté et la planète quotidiennement en accomplissant des gestes simples.

Ces compétences spécifiques aux approches de l'apprentissage nous seront utiles:

- Compétences de communication
- Compétences de collaboration
- Compétences de réflexion
- Compétences en matière de culture des médias
- Compétences de pensée critique
- Compétences de pensée créative

Nous nous efforcerons de réfléchir aux qualités du profil de l'apprenant, pour comprendre ce que signifie:

- Sensés: Nous utilisons nos capacités de réflexion critique et créative, afin d'analyser des problèmes complexes et d'entreprendre des actions responsables. Nous prenons des décisions réfléchies et éthiques de notre propre initiative.

Dans ce chapitre, les opportunités d'évaluation seront basées sur:

- Critère A: Compréhension de texte oral et visuel
- Critère B: Compréhension de texte écrit et visuel
- Critère C: Communication en réponse à du texte oral, écrit et/ou visuel
- Critère D: Utilisation de la langue sous forme orale et/ ou écrite

OBSERVER–EXPLORER–PARTAGER

Observe les mots suivants dans l'encadré et **explore** leurs significations. Quel est le sujet de cette unité? De quoi va-t-on parler?

- solidarité
- durabilité
- écologie
- communauté
- aide humanitaire

- entraide
- sauver
- détruire
- agir
- un geste

Essaie d'**écrire** trois phrases qui **résument** le sujet de l'unité en **utilisant** les mots ci-dessus.

Partage tes phrases avec un camarade ou la classe.

GRAMMAIRE

- Le futur simple
- Il faut + infinitif

VOCABULAIRE SUGGÉRÉ

Substantifs

la communauté
la météo
la pollution
la planète
la responsabilité
la solidarité
la société
la tempête
la volonté
le climat
le danger
le recyclage
l'écologie

l'entraide
une aide humanitaire
un geste
une initiative
une occupation

Adjectifs

alarmant
altruiste
caritatif
déplorable
durable
inquiétant
préoccupant
responsable

solidaire
volontaire

Verbes

agir
améliorer
causer
contribuer
dédier
détruire
gaspiller
maltraiter
provoquer
sauver

Qu'est-ce qu'une communauté? Qu'est-ce que la solidarité?

LES CLIMATS DIFFÉRENTS

Le climat de chaque pays est différent selon où vous êtes. Au Nord, il fait souvent froid, alors que dans les pays de l'hémisphère sud, il fait plus chaud. La température d'un lieu dépend également de l'altitude et des éléments géographiques. Ainsi, plus l'altitude est élevée, plus il fera froid. De plus, les saisons se manifestent de manière différente dans chaque pays.

OBSERVER–RÉFLÉCHIR–PARTAGER

Observe les photos ci-dessus et **réfléchis** à ce que tu vois. **Décris** le temps qu'il fait et les différents lieux. **Partage** tes réponses avec la classe.

Lis les reportages suivants sur la météo dans certains pays francophones:

1

Demain, le soleil ne sera pas au beau fixe en France. Il fera froid à Paris. Il fera −4°C et il y aura un vent venant du nord. Il pleuvra à l'ouest à Bordeaux, ainsi qu'à Nice au sud de la France. Il y aura également une tempête de neige dans les Alpes. À Strasbourg, il y aura du brouillard toute la journée. Ceci est définitivement un temps à rester à la maison!

2

Il fera chaud demain à Libreville au Gabon, malgré la pluie. Il pleuvra toute la journée, mais le soleil fera une brève apparition dans l'après-midi. Attention! Il y aura des éclairs en début de soirée. À Port-Gentil, il y aura du vent avec un ciel nuageux. Le thermomètre restera à 29°C dans les deux villes.

3

Aujourd'hui à Rabat au Maroc, le ciel est ensoleillé et parsemé de nuages. Demain, il y aura du soleil toute la journée avec un ciel clair. Les températures varieront entre 17° et 19°C pour le reste de la semaine.

4

Aujourd'hui, à Québec, il fait froid et il neige. Demain, il neigera encore et fera jusqu'à −7°C. C'est seulement le jour suivant que le soleil apparaîtra, mais il fera encore plus froid; le thermomètre descendra jusqu'à −16°C. Le thermomètre remontera en fin de semaine, mais il pleuvra.

ACTIVITÉ: Quelques reportages météorologiques

■ Les approches de l'apprentissage

- ■ Compétence de communication: Lire en faisant preuve d'esprit critique et dans le but de dégager du sens

Lis les reportages météorologiques et réponds aux questions par *vrai* ou *faux*. Corrige les phrases qui sont fausses:

1. Il fait beau en France.
2. Il y aura du brouillard dans les Alpes.
3. Il pleut à Libreville.
4. Il y a du soleil à Port-Gentil.
5. Il y a des nuages à Rabat.
6. Il fait 17°C au Maroc.
7. Il neige à Québec toute la semaine.
8. Il pleuvra cette semaine à Québec.
9. Le thermomètre descendra le plus bas dans les Alpes.
10. C'est à Rabat qu'il fera le plus chaud.

◆ Les opportunités d'évaluation

- ◆ Cette activité peut être évaluée selon Critère B: Compréhension de texte écrit et visuel.

Quel temps fait-il?

■ Les approches de l'apprentissage

- ■ Compétence en matière de culture des médias: Trouver, organiser, analyser, évaluer, synthétiser et utiliser de manière éthique des informations provenant d'une variété de sources et de médias, notamment des médias sociaux numériques et des réseaux en ligne.
- ■ Compétence de pensée critique: Tirer des conclusions et des généralisations raisonnables

Copie le tableau et recherche sur internet quel temps il fait dans les villes francophones suivantes:

Villes	Pays	Temps	Température
Paris			
Genève			
Bruxelles			
Rabat			
Yamoussoukro			
Kinshasa			
Port Louis			
Montréal			
Basse-Terre			
Cayenne			

- Observe le temps et les températures que tu as recueillis.
- Que penses-tu du temps qu'il fait dans les divers pays? Y a-t-il quelques anormalités?
- Quelles conclusions peux-tu tirer de ce tableau?

ACTIVITÉ: Quelle est la météo demain?

■ Les approches de l'apprentissage

- ■ Compétences de communication: Donner et recevoir des retours d'informations appropriés. Utiliser les formes rédactionnelles adaptées à différents objectifs et différents publics

À ton tour de **présenter** la météo dans le pays francophone de ton choix avec un camarade de classe.

À deux, préparez une carte du pays de votre choix, **dessinez** les icônes sur la carte, puis préparez ce que vous allez dire. **Utilisez** le futur simple pour parler de la météo!

Votre présentation doit durer environ deux minutes.

◆ Les opportunités d'évaluation

- ◆ Cette activité peut être évaluée selon Critère C: Communication en réponse à du texte oral, écrit et/ou visuel et Critère D: Utilisation de la langue sous forme orale et/ou écrite.

ACTIVITÉ: La météo

■ Les approches de l'apprentissage

- ■ Compétence de pensée critique: Tirer des conclusions et des généralisations raisonnables

Va sur le site de la télévision suisse RTS: www.rts.ch/meteo et regarde la dernière émission sur la météo.

Réponds aux questions suivantes:

1 Quel temps a-t-il fait hier?
2 Quel temps fait-il aujourd'hui?
3 Quelle est la température aujourd'hui?
4 Quel temps annonce-t-on demain?
5 Quelles seront les températures?
6 Y aura-t-il beaucoup de vent?
7 Quelle est la date?
8 À quelle heure le soleil va-t-il se lever? et se coucher?

◆ Les opportunités d'évaluation

- ◆ Cette activité peut être évaluée selon Critère A: Compréhension de texte oral et visuel.

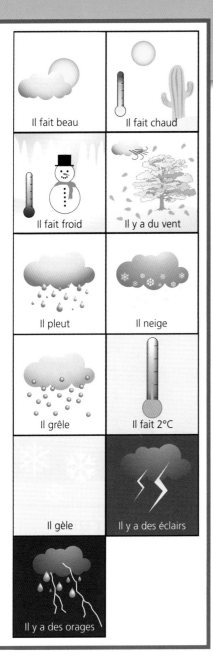

Il fait beau	Il fait chaud
Il fait froid	Il y a du vent
Il pleut	Il neige
Il grêle	Il fait 2°C
Il gèle	Il y a des éclairs
Il y a des orages	

Futur simple

On utilise le futur simple quand on imagine l'avenir ou quand on fait des projets.

Voici la conjugaison du futur simple:

parler

je	parler-	ai
tu	parler-	as
il/elle/on	parler-	a
nous	parler-	ons
vous	parler-	ez
ils/elles	parler-	ont

finir

je	finir-	ai
tu	finir-	as
il/elle/on	finir-	a
nous	finir-	ons
vous	finir-	ez
ils/elles	finir-	ont

boire

je	boir-	ai
tu	boir-	as
il/elle/on	boir-	a
nous	boir-	ons
vous	boir-	ez
ils/elles	boir-	ont

Quelle est la règle?

Attention!

Il y a des exceptions à la règle qu'il faut apprendre par cœur!

Voici quelques verbes:

être – je **serai**	faire – je **ferai**	recevoir – je **recevrai**
avoir – j'**aurai**	savoir – je **saurai**	voir – je **verrai**
aller – j'**irai**	pouvoir – je **pourrai**	
venir – je **viendrai**	vouloir – je **voudrai**	

LA SOLIDARITÉ

Qu'est-ce que veut dire la «solidarité»? La solidarité est une notion qui se développe dans un groupe ou une communauté. Ce sont les rapports qui existent et lient des personnes différentes d'une même communauté. Faire preuve de solidarité dans un groupe est un devoir moral entre individus pour s'entraider et rendre la vie communautaire plus harmonieuse et agréable.

Être solidaire est une notion que chaque élève du baccalauréat international développe au sein du programme. C'est pour cela que chaque élève doit agir en organisant son projet communautaire.

OBSERVER–PENSER–SE POSER DES QUESTIONS

Observe la photo ci-contre et **décris** ce que tu vois. **Recherche** du vocabulaire si nécessaire.

Que **penses**-tu de cette photo? Quelles activités font les personnes sur cette photo? Que pensent les personnes sur la photo?

Quelles questions **te poses**-tu concernant ce que tu vois sur la photo?

Partage tes réponses avec la classe.

ACTIVITÉ: Qu'est-ce qu'un acte solidaire?

■ Les approches de l'apprentissage

- Compétence de pensée créative: Procéder à des remue-méninges et avoir recours à des schémas visuels pour générer de nouvelles idées et recherches
- Compétence de réflexion: Développer de nouvelles compétences, techniques et stratégies permettant un apprentissage efficace

Fais un remue-méninges et **dessine** une carte conceptuelle **énumérant** différentes activités solidaires que quelqu'un peut faire pour aider la communauté.

Compare ta carte avec un camarade.

Observe les différentes cartes de tes camarades. Quelles cartes conceptuelles fonctionnent le mieux pour toi? et pourquoi?

Une communauté durable et solidaire

1 Le magazine «Salut» a interviewé trois jeunes francophones, Selma, Abdel et Farida, qui habitent dans trois villes francophones différentes, sur le sujet de la solidarité, ce que cela signifie pour eux et ce qu'ils font pour leur communauté.

■ Selma est française et habite dans la région parisienne

■ Abdel est canadien et habite à Québec

■ Farida est suisse et habite dans la banlieue de Genève

2 **Salut: Pour vous, qu'est-ce que veut dire «être solidaire»?**

3 *Selma:* Pour moi, être solidaire veut dire s'aider les uns et les autres dans toutes sortes de situations différentes à des moments différents.

4 *Abdel:* Pour moi, cela veut aussi dire être gentil avec les personnes autour de soi et faire un geste qui pourrait améliorer leur vie de tous les jours, car, peut-être un jour j'aurai besoin d'aide aussi.

5 *Farida:* Pour moi, être solidaire, c'est soit offrir un service soit faire un geste qui peut aider d'autres personnes dans une même communauté. C'est également créer un sentiment d'appartenance avec un groupe et savoir que l'on n'est pas seul et qu'il y a toujours quelqu'un sur qui on peut compter.

6 **Salut: Qu'est-ce que tu fais pour aider ta communauté?**

7 *Abdel:* Je joue du violon avec mon frère une fois par mois dans un centre de retraités. Les personnes âgées aiment entendre de la musique et ça leur permet de changer d'idées et de se détendre. Quelquefois, je leur montre aussi comment utiliser un ordinateur et comment surfer sur internet.

8 *Farida:* Avec ma mère, nous aidons un centre caritatif deux fois par mois. Dans le centre, on range les donations qui ont été faites, par exemple des vêtements, des chaussures et des jouets.

9 **Salut: Et ton école?**

10 *Selma:* À l'école, j'aide les élèves en première année du PEI s'ils ont des difficultés en maths ou dans d'autres matières.

11 *Abdel:* Dans l'école, je me porte volontaire pour aider les nouveaux élèves à mieux s'intégrer dans l'école et à comprendre comment l'école fonctionne.

12 **Salut: As-tu déjà organisé un projet communautaire?**

13 *Farida:* Pour mon projet communautaire, j'ai organisé une collecte de manteaux et vestes d'hiver pour des SDF.

14 *Selma:* Moi, je suis en train de préparer mon projet. Mon idée est de sensibiliser les élèves de l'école à la quantité de papiers qu'ils utilisent et gaspillent tous les jours afin de diminuer leur consommation.

15 *Abdel:* Je n'ai pas encore décidé; ce que je pense, c'est offrir mes services à un centre qui s'occupe des animaux abandonnés.

16 **Salut: Pour toi, est-ce important d'aider les autres?**

17 *Abdel:* Oui, c'est important d'aider les autres et de s'entraider à l'école par exemple. Tu te sens utile si tu peux aider quelqu'un.

18 *Farida:* Tu te sens bien de faire une bonne action et ça permet de créer des liens avec des personnes différentes et de se faire des amis aussi.

19 **Salut: Penses-tu que tu fais assez pour aider ta communauté?**

20 *Selma:* On peut toujours faire plus pour aider sa communauté. Moi, j'essaie de le faire quand je peux et quand j'ai du temps libre.

21 *Farida:* L'année dernière, je ne faisais rien pour aider ma communauté, mais maintenant j'essaie de m'impliquer plus.

22 *Abdel:* Oui, je fais beaucoup pour ma communauté. Pour moi, ça doit être quelque chose que j'aime faire.

ACTIVITÉ: La solidarité dans la francophonie

■ Compétence de communication: Lire en faisant preuve d'esprit critique et dans le but de dégager du sens

Lis l'interview à la page précédente et réponds aux questions suivantes:

1 Quel type de texte est-ce?
2 Quelles sont les deux catégories d'activités que tu peux faire pour aider ta communauté?
3 Quels services proposent Abdel au centre de retraités?
4 Qu'est-ce que Selma fait pour aider à l'école?
5 Qui a fini son projet communautaire?
6 Quel est l'objectif du projet de Selma?

7 Qui, entre Selma, Abdel et Farida, voudrait aider plus?
8 Selon toi, qui a la meilleure définition de la solidarité?
9 Pourquoi, selon toi, Abdel aide les autres?
10 Qu'est-ce que fait Abdel pour aider les autres à l'école?
11 Quelle photo ci-dessus représente le mieux la solidarité?
12 Quel est l'objectif de ce texte?
13 Qui des trois est le plus altruiste? Justifie ta réponse.
14 Quel exemple d'activités solidaires mentionnées est le meilleur pour la société? Justifie ta réponse.

◆ Les opportunités d'évaluation

◆ Cette activité peut être évaluée selon Critère B: Compréhension de texte écrit et visuel.

RÉFLÉCHIR–COMPARER–PARTAGER

Une interview solidaire

Les approches de l'apprentissage

- Compétence de communication: Donner et recevoir des retours d'informations appropriés

Relis les questions suivantes posées dans l'interview précédente:

1 Qu'est-ce que tu fais pour aider ta communauté?
2 Qu'est-ce que tu fais pour aider ton école?
3 As-tu déjà organisé un projet communautaire?
4 Pour toi, est-ce important d'aider les autres?
5 Penses-tu que tu fais assez pour aider ta communauté?
6 Qu'est-ce que tu aimerais organiser plus tard?

Réfléchis aux réponses que tu vas donner à ces questions, puis **compare** tes réponses avec un camarade. **Partagez** les résultats avec la classe.

! Passer à l'action

! **Discute** avec le responsable d'action et service dans ton école et propose-lui un projet communautaire de ton choix. Ton projet peut être mené seul ou en groupe.
1 Fais un remue-méninges d'idées possibles pour accomplir un geste solidaire.
2 Décide le genre de services ou d'actions que tu voudrais faire.
3 Décide l'objectif de ton projet.
4 Fais des recherches pour accomplir ton projet (un centre en particulier à aider).
5 Propose ton projet au responsable.

ACTIVITÉ: Fais ton interview!

Les approches de l'apprentissage

- Compétence de communication: Écrire dans différents objectifs

L'objectif de cette activité est de produire une interview par **écrit**. Lis la case intitulée «Comment faire et écrire une interview?» à la page suivante.

Maintenant c'est à toi de faire une interview sur le sujet suivant: «Une communauté durable et solidaire?». Avant de choisir un camarade à qui tu vas poser tes questions, prépare ton interview soigneusement.

Suis ces instructions:
- **Formule** cinq questions au minimum que tu vas poser
- **Corrige** tes questions avec ton professeur
- **Choisis** la personne à qui tu vas poser tes questions
- **Prends** des notes pendant l'interview

Écris l'interview pour le journal de l'école en respectant le format du texte, et vois la page suivante. Écris au minimum 150 mots sans les questions.

◆ Les opportunités d'évaluation

- Cette activité peut être évaluée selon Critère C: Communication en réponse à du texte oral, écrit et/ou visuel et Critère D: Utilisation de la langue sous forme orale et/ou écrite.

Comment faire et écrire une interview?

Pour écrire une interview, il faut suivre quelques caractéristiques concernant le format:

1 Un titre

2 Un paragraphe d'introduction expliquant le sujet, la personne interviewée et le but de l'interview

3 Les questions

4 Les réponses de la personne interviewée

5 Les questions doivent se distinguer visuellement des réponses

6 Il est possible de retranscrire des éléments de l'oral dans les réponses, par exemple euh, et bien, etc.

7 Il est important d'utiliser la ponctuation pour faire passer les émotions de la personne interviewée

8 On peut mettre des photos, soit de l'invité soit du sujet de l'interview

GRAMMAIRE

Quelques phrases impersonnelles

Les phrases impersonnelles suivantes sont utilisées pour exprimer la nécessité:

• Il faut + infinitif
• Il est important de + infinitif
• Il est essentiel de + infinitif
• Il est nécessaire de + infinitif

ACTIVITÉ: Quel est le pays le plus altruiste au monde?

■ Les approches de l'apprentissage

■ Compétence de pensée critique: Tirer des conclusions et des généralisations raisonnables

La fondation *Positive Planet* calcule l'indice de positivité des nations de l'OCDE. Cet indice permet de déceler les pays les plus altruistes ayant pour intérêt les générations futures.

Regarde la vidéo suivante et réponds aux questions: **https://youtu.be/FoOGBr3UieI**

1 **Quelles sont les trois dimensions prises en compte dans le calcul de l'indice?**
2 **Pour chacune des dimensions, cite les exemples donnés.**
3 **Quels sont les dix pays les plus altruistes?**
4 **À quelle position se trouve la France?**
5 **Que penses-tu des résultats? Es-tu surpris?**

Écris un texte pour ton blog **résumant** les résultats des pays les plus altruistes en donnant ton opinion. Écris environ 150 mots.

◆ Les opportunités d'évaluation

◆ Cette activité peut être évaluée selon Critère C: Communication en réponse à du texte oral, écrit et/ou visuel et Critère D: Utilisation de la langue sous forme orale et/ou écrite.

De quelle manière nos actions ont-elles un impact sur notre communauté et notre environnement?

MA COMMUNAUTÉ

Une communauté se définit comme étant un groupe social vivant ensemble ou ayant un intérêt commun. Il est important pour chaque communauté de développer son identité et d'établir son bon fonctionnement. Afin d'améliorer le lieu où nous vivons et de préserver l'harmonie dans le groupe, c'est le devoir de tous de faire des efforts et de travailler ensemble dans notre communauté et dans le monde.

OBSERVER–RÉFLÉCHIR– PARTAGER

Observe les photos ci-dessus et **réfléchis** aux questions suivantes:

1 **Décris les photos. Quels sont les problèmes montrés sur les photos?**
2 **Quelles peuvent être les causes?**
3 **Quelles sont les solutions aux problèmes?**

Partage tes réponses avec la classe.

Lis l'article suivant:

● ● ●

← → C

≡

Qu'y a-t-il dans nos poubelles?

1   Les écologistes du monde nous rappellent quotidiennement l'importance de recycler pour sauver nos ressources naturelles, réduire la pollution et préserver notre planète. De ce fait, nous faisons tous un plus gros effort pour recycler nos déchets, mais utilisons-nous un peu trop nos poubelles?

2   Afin de réduire les déchets que nous créons quotidiennement, il est utile de réfléchir sur ce que nous mettons dans nos poubelles. Les Suisses sont les champions du recyclage depuis que le gouvernement a instauré une taxe élevée sur les sacs poubelles. En effet, un rouleau de dix sacs poubelles coûte CHF20. De plus, on ne peut pas mettre tout ce que l'on veut dans sa poubelle. Il faut trier les ordures ménagères et séparer les ordures recyclables, comme le verre, le plastique, les piles et autres produits électriques. Évidemment, tout ne peut pas être recyclé, mais cela a réduit grandement les poubelles et les ordures générées par les habitants, car tu réfléchis à deux fois avant de jeter des ordures à la poubelle.

3   Malgré cette conscience du recyclage, il y a encore beaucoup de gaspillage. En Suisse, par exemple, chaque année, on compte environ 250 kg de nourriture par habitant jetés aux ordures. En effet, ce chiffre énorme inclut la quantité de nourriture invendue, encore consommable mais considérée comme des déchets par les magasins. Il est donc important de changer nos habitudes, car il semble que dans notre société jeter est un acte acceptable et normal.

ACTIVITÉ: Qu'y a-t-il dans nos poubelles?

■ Les approches de l'apprentissage

- ■ Compétence de communication: Lire en faisant preuve d'esprit critique et dans le but de dégager du sens

Lis l'article intitulé «Qu'y a-t-il dans nos poubelles?» et réponds aux questions:

1 Pourquoi recycle-t-on?
2 Pourquoi faut-il réfléchir à ce que nous jetons dans les poubelles?
3 Combien coûte un sac poubelle en Suisse?
4 Pourquoi les Suisses sont-ils bons à recycler?
5 Qu'est-ce que l'on peut recycler?
6 Pourquoi y a-t-il encore beaucoup de gaspillage en Suisse?
7 Que gaspille-t-on quotidiennement?
8 Et toi, est-ce que tu gaspilles également comme les Suisses? Justifie ta réponse.
9 Est-ce que ce texte est objectif ou subjectif? Justifie ta réponse.
10 Quel est l'objectif de ce texte?

◆ Les opportunités d'évaluation

- ◆ Cette activité peut être évaluée selon Critère B: Compréhension de texte écrit et visuel.

ACTIVITÉ: Ouvrir sa maison aux sans-abri

■ Les approches de l'apprentissage

- ■ Compétence de pensée critique: Tirer des conclusions et des généralisations raisonnables

Regarde la vidéo suivante et réponds aux questions:
www.francetvinfo.fr/economie/immobilier/immobilier-indigne/solidarite-des-particuliers-ouvrent-leurs-portes-aux-sans-abri_2037295.html

1 Depuis combien de temps Martine et Florient n'ont-ils plus de maison?
2 Qu'est-ce que leur offre Nicole et René?
3 Quelles sont les qualités de Nicole et René?
4 Pourquoi Nicole et René acceptent-ils des sans-abri chez eux?
5 Quel était le travail de Florient? et celui de Martine?
6 Pourquoi Martine a perdu son travail?
7 Accepterais-tu des sans-abri chez toi? Pourquoi?
8 Quelle est la mission de Brann?
9 Qu'est-ce qu'un village d'insertion?
10 Qu'est-ce que le 115 du particulier?
11 Quel est le message de Brann?
12 Qu'est-il arrivé à Doriane?
13 Quelles sont les qualités de Brann?
14 Quel est l'objectif de ce reportage?

◆ Les opportunités d'évaluation

- ◆ Cette activité peut être évaluée selon Critère A: Compréhension de texte oral et visuel.

ACTIVITÉ: Ouvrir sa maison aux sans-abri (bis)

■ Les approches de l'apprentissage

- ■ Compétence de communication: Écrire dans différents objectifs

Après avoir regardé la vidéo de l'activité précédente, **écris** une page sur ton blog **expliquant** ce que font certaines personnes pour aider les autres. Donne également ton opinion sur le sujet.

Écris 100 à 150 mots environ.

◆ Les opportunités d'évaluation

- ◆ Cette activité peut être évaluée selon Critère C: Communication en réponse à du texte oral, écrit et/ou visuel et Critère D: Utilisation de la langue sous forme orale et/ou écrite.

Une clé magique

1   Ce vendredi, comme tous les matins d'école, Monsieur Marcel prend l'ascenseur avec sa fille, Pauline. Depuis le 5e étage, il descend directement au garage chercher sa voiture. Il met la clé dans la serrure, tourne la clé et CRAC. La clé se casse net. Très énervé, Monsieur Marcel crie… – «Ce n'est pas grave», lui dit Pauline. «On va y aller à pied. Mon école est à un kilomètre, et ton bureau n'est pas loin.»

2   Monsieur Marcel et Pauline reprennent l'ascenseur jusqu'au rez-de-chaussée. Pour Monsieur Marcel, cet étage est un peu mystérieux. Il n'y passe jamais, il va directement de son appartement au garage, et du garage à l'appartement. Depuis cinq ans qu'il habite cette maison, il ne connaît pas ses voisins.

3   Dans la rue, Pauline est toute joyeuse. Son père lui tient la main et, pour une fois, il est vraiment attentif à ce qu'elle dit – ce qui n'est pas le cas quand il conduit et écoute les informations à la radio. Elle le guide sur le chemin, lui montre les bâtiments où habitent ses copains de classe. Elle le conduit à travers le parc, et lui fait découvrir un grand arbre où chantent des oiseaux.

4   Pauline lui montre aussi les magasins, et dit bonjour à plusieurs commerçants. C'est la première fois que Monsieur Marcel va à pied au travail, qu'il a beaucoup parlé avec sa fille et qu'il voit les magasins de la ville.

5 Monsieur Marcel quitte sa fille. En l'embrassant, il lui propose: «On devrait venir à pied tous les vendredis. Qu'en penses-tu?» – «Oh oui papa, c'est une bonne idée! On le fera? Tu me le promets?» – «Oui, ma chérie, c'est promis-juré!»

6 Monsieur Marcel va dans un magasin pour réparer sa clé. Il entre et un vieil homme l'accueille. – «J'ai cassé ma clé, pouvez-vous la réparer?» dit Monsieur Marcel. – «Bien sûr» lui répond le vieil homme.

7 Quelques minutes plus tard, le vieil homme apporte une clé toute neuve à Monsieur Marcel. Il est étonné, on ne voit pas la réparation. En plus, la clé est molle. – «Je ne peux pas ouvrir une porte avec une clé molle!» dit Monsieur Marcel. Le vieux monsieur lui sourit et lui répond: «Demain, vous pourrez l'utiliser sans problème. Et aussi les jours suivants. Mais quand reviendra le vendredi, elle sera molle à nouveau. Vous ne pourrez pas utiliser votre voiture et vous devrez accompagner votre fille à l'école à pied. Votre clé est magique! Elle ne vous convient pas?» Monsieur Marcel regarde la clé avec surprise. Il répond: «Si, si... elle est très bien... Je vous dois combien pour la réparation?»

8 Le vieil homme lève les bras au ciel: «Mais vous ne me devez rien du tout! En fait, vous m'avez déjà payé en venant à pied jusqu'ici: en n'utilisant pas votre voiture aujourd'hui, vous n'avez pas pollué l'air, ni participé au réchauffement du climat. Vous n'avez pas provoqué de bruit et vous avez fait quelque chose de bien pour votre santé. En plus, votre fille est heureuse de vous avoir parlé. Croyez-moi, nous sommes quittes!»

9 Le lundi matin, lorsque Monsieur Marcel et Pauline repassent en voiture dans le quartier, ils cherchent le magasin, mais ils ne le voient pas. «Tu sais, papa», dit Pauline, «peut-être qu'on peut l'apercevoir seulement si on passe à pied. On verra ça vendredi!»

Liens: Langue et littérature

Une clé magique

Les approches de l'apprentissage

- Compétence de communication: Lire en faisant preuve d'esprit critique et dans le but de dégager du sens

Lis l'histoire intitulée «Une clé magique aux pages précédentes» et réponds aux questions:

1 Où habite Pauline?
2 Comment va-t-elle à l'école quotidiennement?
3 Pourquoi doivent-ils aller à pied ce vendredi?
4 Pourquoi le rez-de-chaussée est-il «un étage mystérieux» pour Monsieur Marcel?
5 Cite trois points positifs d'aller à l'école à pied selon le texte.
6 Pourquoi Monsieur Marcel propose-t-il à Pauline d'aller à l'école à pied tous les vendredis?
7 Quelle est la particularité de la clé réparée?
8 Pourquoi le vieil homme ne veut-il pas d'argent pour la réparation de la clé?
9 Quelle est la conclusion de cette histoire?
10 À quel genre d'histoire appartient ce texte?
11 Quel est l'objectif de ce texte?
12 Selon toi, est-ce que ce type de texte est efficace pour faire passer ce message?
13 Et toi, trouves-tu que c'est mieux d'aller à l'école à pied?

Les opportunités d'évaluation

- Cette activité peut être évaluée selon Critère B: Compréhension de texte écrit et visuel.

Comment faire une présentation orale efficace?

Pour faire une bonne présentation, il est important de suivre plusieurs étapes:

1 Définis ton objectif et ton sujet. Quel est le message que tu veux faire passer? Qui est ton public?

2 Fais une recherche sur ton sujet afin de recueillir plus d'informations si nécessaire.

3 Structure tes idées clairement. Quelles sont les informations qu'il faut utiliser? et celles qu'il faut laisser tomber?

4 Organise tes idées en points importants et cherche des exemples concrets pour chaque point.

   Tu peux organiser tes idées selon:
   - les causes et les effets
   - les avantages et les désavantages
   - les problèmes et les solutions

5 Prépare ta conclusion. Quel est le message final que je veux faire passer? Qu'est-ce que je veux que mon public retienne? Ta conclusion doit avoir un effet et faire réfléchir le public.

6 Prépare ton introduction. Elle doit être claire et précise et doit contenir les informations principales.

7 Prépare ta présentation sur diapositives. Choisis des photos, des chiffres et d'autres éléments visuels pour attirer l'attention.

8 Pratique une ou deux fois avant de présenter devant tes camarades.

ACTIVITÉ: Un discours sur un problème communautaire

Les approches de l'apprentissage

- Compétences de communication: Donner et recevoir des retours d'informations appropriés. Utiliser une diversité de techniques oratoires pour communiquer avec des publics variés

Choisis un des problèmes mentionnés dans ce chapitre et prépare une présentation sur diapositives pour ta communauté afin de changer quelques habitudes et d'améliorer le bien-être de la communauté.

Tu feras ta présentation orale devant tes camarades et ton professeur. Ils te poseront des questions à la fin de ta présentation.

Ta présentation doit durer environ deux à trois minutes.

Les opportunités d'évaluation

- Cette activité peut être évaluée selon Critère C: Communication en réponse à du texte oral, écrit et/ou visuel et Critère D: Utilisation de la langue sous forme orale et/ou écrite.

Peut-on améliorer l'esprit communautaire par des actions?

LES ASSOCIATIONS CARITATIVES

Dans chaque pays du monde, il existe différentes associations caritatives venant en aide aux personnes qui en ont le plus besoin. En France, il existe deux associations très célèbres: Emmaüs et les Restos du Cœur. La première a été fondée par l'abbé Pierre, alors que la deuxième a été fondée par Coluche, un artiste-comédien français.

ACTIVITÉ: Les compagnons d'Emmaüs

■ Les approches de l'apprentissage

■ Compétence de pensée critique: Tirer des conclusions et des généralisations raisonnables

Regarde la vidéo suivante intitulée «Les communautés d'Emmaüs, héritage de l'Abbé Pierre» et réponds aux questions: **https://youtu.be/n6t-p-jXCNs**

1 Pourquoi l'abbé Pierre a-t-il créé Emmaüs?
2 Combien d'associations Emmaüs existe-t-il en France?
3 Qu'est-ce que cela veut dire «compagnons d'Emmaüs»?
4 Quels sont les travaux à faire à Emmaüs?
5 Quels sont les avantages à être «compagnons d'Emmaüs»?
6 Quel est l'esprit d'Emmaüs?
7 Qui sont les clients d'Emmaüs?
8 Est-ce un commerce qui fonctionne bien? Justifie.
9 De quelle manière est-ce que Emmaüs aide l'environnement?

◆ Les opportunités d'évaluation

◆ Cette activité peut être évaluée selon Critère A: Compréhension de texte oral et visuel.

ACTIVITÉ: Les associations caritatives

■ Les approches de l'apprentissage

■ Compétence en matière de culture des médias: Trouver, organiser, analyser, évaluer, synthétiser et utiliser de manière éthique des informations provenant d'une variété de sources et de médias, notamment des médias sociaux numériques et des réseaux en ligne

Recherche quelques informations soit sur Emmaüs soit sur Les Restos du Cœur en suivant les questions ci-dessous.

1 Depuis quand existe cette association?
2 Quels sont les services offerts?
3 Pour qui est cette association?
4 Combien existe-t-il d'associations en France?
5 Connais-tu d'autres associations caritatives similaires dans le monde?

Compare tes réponses avec un camarade et partage avec la classe.

Découvre un personnage historique: L'abbé Pierre (1912–2007)

ACTIVITÉ: Une association solidaire

■ Les approches de l'apprentissage

- ■ Compétence de communication: Écrire dans différents objectifs

Après avoir **recherché** les informations sur Les Restos du Cœur ou Emmaüs, tu **écris** une page de ton blog sur une des deux associations. **Explique** ce que fait cette association et ce qu'elle apporte aux personnes dans le besoin. Donne ton opinion.

Écris environ 150 mots.

◆ Les opportunités d'évaluation

- ◆ Cette activité peut être évaluée selon Critère C: Communication en réponse à du texte oral, écrit et/ou visuel et Critère D: Utilisation de la langue sous forme orale et/ou écrite.

! Passer à l'action

- ! **Organise** avec ta classe une collecte de vêtements, nourriture ou autres pour aider les personnes défavorisées dans ton quartier. Choisis une association et **présente** ton projet à l'école.

L'abbé Pierre, de son vrai nom Henri Groués, était un prêtre catholique français célèbre. Il a été résistant pendant la Deuxième Guerre mondiale et a fondé le mouvement Emmaüs. Ce mouvement est une organisation non-confessionnelle de lutte contre l'exclusion. Emmaüs comprend également la Fondation Abbé-Pierre qui, elle, lutte pour le logement des défavorisés, ainsi que d'autres associations sociales en France.

Connais-tu un personnage altruiste et sensé dans ton pays? ou dans d'autres pays du monde?

LES ANIMAUX

Les animaux ont une place particulière dans notre environnement. Ils sont nos compagnons en tant qu'animaux domestiques, ils sont nécessaires à notre alimentation et ils sont importants pour l'équilibre de la biodiversité.

OBSERVER–COMPARER–PARTAGER

Observe les questions suivantes et **compare** tes réponses avec deux autres camarades:

1 **As-tu un animal domestique?**
2 **Décris ton animal.**
3 **Quel est ton animal préféré? Quelles caractéristiques aimes-tu chez cet animal?**
4 **Y a-t-il un animal qui te fait peur? et pourquoi?**
5 **Es-tu végétarien ou manges-tu de la viande?**

Partagez vos réponses avec la classe.

OBSERVER– RÉFLÉCHIR–SE POSER DES QUESTIONS

Observe les trois photos et **réfléchis** aux questions suivantes:

1 **Décris ce que tu vois. Cherche du vocabulaire si nécessaire.**
2 **Que penses-tu quand tu vois ces trois photos?**
3 **Quelles questions te poses-tu en regardant ces trois photos?**

Partage tes réponses avec la classe.

ACTIVITÉ: Des animaux maltraités

Les approches de l'apprentissage

- Compétence de communication: Écrire dans différents objectifs

Tu as vu les photos ci-dessus. Tu **écris** un texte sur ton blog pour donner ton opinion sur les animaux maltraités.

Pense à inclure les points suivants:
- **Décrire les animaux**
- **Décrire les lieux où vivent les animaux**
- **Décrire les conditions dans lesquelles les animaux vivent**
- **Pourquoi les animaux subissent-ils ces conditions?**
- **Quelles sont les conséquences?**
- **Donner ton opinion**

◆ Les opportunités d'évaluation

- ◆ Cette activité peut être évaluée selon Critère C: Communication en réponse à du texte oral, écrit et/ou visuel et Critère D: Utilisation de la langue sous forme orale et/ou écrite.

ACTIVITÉ: L'oiseau et l'enfant

Les approches de l'apprentissage

- Compétence de pensée critique: Tirer des conclusions et des généralisations raisonnables

Regarde la vidéo suivante et écoute la chanson:
https://youtu.be/DQH1HlQeHdo

Réponds aux questions suivantes sur la vidéo uniquement:

1 **Combien d'enfants y a-t-il dans la vidéo?**
2 **Décris où se trouvent les enfants.**
3 **Que font les enfants?**
4 **Que construisent-ils?**
5 **Quel animal recueillent-ils?**
6 **Quel impact ont les enfants sur leur environnement?**

Écoute bien la chanson et réponds aux questions suivantes:

7 **De quelle couleur est l'oiseau?**
8 **Comment est le monde?**
9 **Comment est la chanson?**

Va sur internet et lis les paroles de la chanson, puis réponds aux questions suivantes:

10 **Quelle est la phrase répétée dans la chanson? Pourquoi cette phrase est répétée?**
11 **À quoi compare-t-on l'enfant? Pourquoi?**

◆ Les opportunités d'évaluation

- ◆ Cette activité peut être évaluée selon Critère A: Compréhension de texte oral et visuel.

OBSERVER–COMPARER–PARTAGER

Observe les photos et **décris** ce que tu vois. **Recherche** du vocabulaire si nécessaire.

Quel est le point commun entre ces photos?

Compare tes réponses avec un camarade et **partagez** vos réponses avec la classe.

ACTIVITÉ: Les animaux en danger

■ Les approches de l'apprentissage

■ Compétence de pensée critique: Tirer des conclusions et des généralisations raisonnables

Regarde les vidéos suivantes sur les animaux en danger et remplis un tableau comme celui-ci:

Les animaux	Les lieux où l'animal vit	Caractéristiques de l'animal	Nourriture de l'animal	Problèmes écologiques	Conseils pour sauver cet animal
L'ours polaire http://enseigner.tv5monde.com/fle/lours-polaire					
Le renard polaire http://enseigner.tv5monde.com/fle/le-renard-polaire					
Le coq de bruyère http://enseigner.tv5monde.com/fle/le-coq-de-bruyere					
Le grizzly http://enseigner.tv5monde.com/fle/le-grizzly					
Le tigre du Bengale http://enseigner.tv5monde.com/fle/le-tigre-du-bengale					
La tortue verte http://enseigner.tv5monde.com/fle/la-tortue-verte					

◆ Les opportunités d'évaluation

◆ Cette activité peut être évaluée selon Critère A: Compréhension de texte oral et visuel.

ACTIVITÉ: Fiche d'identité d'animaux

■ Les approches de l'apprentissage

■ Compétence de communication: Écrire dans différents objectifs

Choisis un animal en voie d'extinction de la liste ci-dessous:
- **le gorille**
- **le panda**
- **le dauphin**
- **le napoléon**
- **l'albatros**
- **le rhinocéros noir**
- **la baleine bleue**
- **le cacatoès à huppe jaune**
- **le condor**
- **l'okapi**

Fais une recherche sur l'animal et prépare une fiche d'identité de cet animal en incluant les informations suivantes:

1 **Nom et type d'animal**
2 **Description de l'animal (physique et personnalité)**
3 **Habitat**
4 **Nourriture**
5 **Pourquoi cet animal est en danger**

◆ Les opportunités d'évaluation

◆ Cette activité peut être évaluée selon Critère C: Communication en réponse à du texte oral, écrit et/ou visuel et Critère D: Utilisation de la langue sous forme orale et/ou écrite.

ACTIVITÉ: Une affiche pour sensibiliser!

■ Les approches de l'apprentissage

■ Compétence de communication: Écrire dans différents objectifs

En groupe de deux, **créez** une affiche afin de sensibiliser les élèves aux gestes que nous pouvons faire tous les jours pour aider certains animaux en danger.

Sélectionnez l'objectif de votre affiche et les éléments visuels (photos, titres, texte) que vous allez intégrer sur votre affiche pour faire passer votre message efficacement.

Écris une justification de 50 mots environ **expliquant** l'objectif de ton affiche, le message principal et le choix de certains éléments visuels.

◆ Les opportunités d'évaluation

◆ Cette activité peut être évaluée selon Critère C: Communication en réponse à du texte oral, écrit et/ou visuel et Critère D: Utilisation de la langue sous forme orale et/ou écrite.

ACTIVITÉ: Évaluation par ses pairs

■ Les approches de l'apprentissage

■ Compétence de collaboration: Donner et recevoir des retours d'information appropriés

Une fois toutes les affiches de l'activité précédente terminées, observez toutes les affiches qui ont été créées. Dans vos groupes, **choisissez** l'affiche d'un autre groupe à commenter et évaluer.

Pour l'évaluation, considérez les points suivants:

1 Est-ce que l'objectif de l'affiche est clair?
2 Le message est-il bien passé?
3 L'acte de communication est-il clair?
4 Qui est le public visé?
5 Est-ce que l'affiche a un impact sur le public?
6 Y a-t-il assez d'éléments visuels?
7 L'affiche attire-t-elle l'œil?
8 Quels conseils donneriez-vous au groupe?
9 Vous pouvez ajouter d'autres critères s'il y a besoin.
10 Donnez votre opinion oralement au groupe de l'affiche que vous avez choisie.

Comment créer une affiche efficace?

Pour créer une bonne affiche, il est utile de garder en tête quelques éléments essentiels. Il faut rendre ton affiche visuellement intéressante à regarder et surtout il faut qu'elle attire l'attention. Voici quelques points à prendre en considération:

1 Premièrement, il est important d'établir l'objectif de l'affiche, le public visé ainsi que l'acte de communication que vous voulez faire passer avec l'affiche, par exemple informer, sensibiliser, persuader, etc.

2 Puis, sélectionne le message à faire passer dans ton affiche.

3 Recherche des informations sur internet, puis sélectionne les informations essentielles que tu veux inclure dans le message de ton affiche.

4 Réfléchis à la manière de présenter le message sur ton affiche. Une affiche est quelque chose de visuel; il est donc utile d'inclure des photos et des titres ou sous-titres.

5 Ajoute des couleurs et des écritures différentes (lettres majuscules, italique, une police différente, etc.) pour rendre ton affiche plus intéressante.

ÉVALUATION SOMMATIVE

CES ACTIVITÉS PEUVENT ÊTRE ÉVALUÉES SELON LE CRITÈRE A:
COMPRÉHENSION DE TEXTE ORAL ET VISUEL; LE CRITÈRE C:
COMMUNICATION EN RÉPONSE À DU TEXTE ORAL, ÉCRIT ET/OU VISUEL;
ET LE CRITÈRE D: UTILISATION DE LA LANGUE SOUS FORME ORALE ET/OU
ÉCRITE.

Pour ces évaluations, l'usage du dictionnaire n'est pas autorisé.

Évaluation 1

Regarde la vidéo suivante intitulée «Dans le parc» et réponds aux questions qui
suivent: **http://enseigner.tv5monde.com/fle/dans-le-parc-1416**

1. Pourquoi les élèves vont-ils au parc?
2. Combien de temps ont-ils pour faire cet exercice?
3. Cite cinq éléments que les gens aiment dans la nature.
4. Quelle est la deuxième question posée?
5. Quelle est la réponse la plus populaire à la question précédente?
6. Selon les gens dans le parc, qu'est-ce que la pollution?
7. Quels sont les gestes à faire pour préserver la nature?
8. Cite cinq animaux en voie de disparition mentionnés.
9. Pourquoi la dernière personne interviewée dit que l'homme est mauvais pour
   la nature?
10. Selon toi, quelle est la meilleure réponse à la dernière question posée?
    Pourquoi?
11. Pourquoi certaines personnes ont eu de la difficulté à trouver une réponse
    pour ce qui cause la pollution?
12. Quel est l'objectif de ce reportage?
13. En regardant les réponses des personnes, que remarques-tu?

Évaluation 2

Choisis une des photos suivantes et prépare une mini-présentation orale pour ton professeur. Tu as dix minutes pour préparer ta présentation.

Ta présentation durera entre deux et trois minutes, puis ton professeur te posera quelques questions sur le sujet.

Pour ta présentation, prends en considération les points suivants:

- Description du problème
- Les causes et les conséquences du problème
- Les solutions possibles
- Ton opinion

Évaluation 3

Tu **écris** une page de ton blog sur les gestes simples à faire pour sauver la planète.

Pense à inclure les points suivants dans ton blog:

1 Présente le sujet dans ton introduction
2 Sélectionne au moins quatre gestes simples
3 Explique les causes et les conséquences de certains gestes
4 Ajoute une conclusion

Écris environ 150 mots.

Réflexion

Dans ce chapitre, tu as découvert les caractéristiques d'une communauté durable et solidaire et as exploré comment l'esprit communautaire se développe par des actions solidaires et des gestes simples. Il est essentiel de s'entraider dans la communauté, qu'elle soit locale ou globale, afin d'améliorer notre qualité de vie et de préserver la planète.

Utilise ce tableau pour réfléchir sur ce que tu as appris dans ce chapitre.					
Les questions posées	Les réponses trouvées	D'autres questions?			
Factuelles: Qu'est-ce qu'une communauté? Qu'est-ce que la solidarité?					
Conceptuelles: De quelle manière nos actions ont-elles un impact sur notre communauté et notre environnement?					
Invitant au débat: Peut-on améliorer l'esprit communautaire par des actions?					
Les approches de l'apprentissage utilisées dans ce chapitre:	Description: quelles nouvelles compétences as-tu développées?	La maîtrise de ces compétences			
		Novice	Apprenti	Pratiquant	Expert
Compétences de communication					
Compétences de collaboration					
Compétences de réflexion					
Compétences en matière de culture des médias					
Compétences de pensée critique					
Compétences de pensée créative					
Les qualités du profil de l'apprenant:	Réfléchis sur l'importance d'être sensé dans l'apprentissage de ce chapitre.				
Sensés					

⑨ Es-tu curieux?

Les voyages que nous **planifions** dans **des lieux précis à des moments** différents nous permettent **d'assouvir notre curiosité et d'avoir un impact sur notre environnement**.

DANS CE CHAPITRE, NOUS ALLONS:

- **Découvrir** les types de vacances que nous pouvons avoir.
- **Explorer** ce que nous apportent les vacances et la découverte de nouveaux lieux.
- **Passer à l'action** en comprenant l'impact que nous avons sur la planète, les gens et les lieux que nous visitons lorsque nous partons en vacances.

● Nous nous efforcerons de réfléchir aux qualités du profil de l'apprenant, pour comprendre ce que signifie:

● Chercheurs: Nous cultivons notre curiosité tout en développant des capacités d'investigation et de recherche. Nous savons apprendre indépendamment et en groupe. Nous apprenons avec enthousiasme et nous conservons notre plaisir d'apprendre tout au long de notre vie.

Ces compétences spécifiques aux approches de l'apprentissage nous seront utiles:

- Compétences de communication
- Compétences de collaboration
- Compétences de réflexion
- Compétences en matière de culture de l'information
- Compétences de pensée critique
- Compétences de pensée créative

Dans ce chapitre, les opportunités d'évaluation seront basées sur:

- Critère A: Compréhension de texte oral et visuel
- Critère B: Compréhension de texte écrit et visuel
- Critère C: Communication en réponse à du texte oral, écrit et/ou visuel
- Critère D: Utilisation de la langue sous forme orale et/ou écrite

OBSERVER–EXPLORER– PARTAGER

Observe la photo ci-dessus. **Décris** ce que tu vois et **recherche** le vocabulaire dont tu as besoin pour parler de cette photo.

Selon toi, que font les personnes sur la photo? **Explore** plusieurs idées.

Quelles questions te poses-tu sur cette photo et sur ce qu'ils vont faire?

Partage tes réponses avec ta classe.

GRAMMAIRE

- Le passé composé
- L'usage du passé composé et de l'imparfait
- Les connecteurs temporels

VOCABULAIRE SUGGÉRÉ

Substantifs		Adjectifs	Verbes
l'aéroport	le billet d'avion	annulé	annuler
l'appareil photo	le camping	aventureux	atterrir
l'auberge	le départ	bon marché	débarquer
l'aventure	le monument	bronzé	déclarer (à la douane)
l'avion	le musée	cher	décoller
l'escale	le parc	compliqué	découvrir
l'hôtel	le passeport	curieux	embarquer
la boutique	le sac à dos	détendu	enregistrer (les bagages)
la découverte	le séjour	écologique	louer
la destination	le touriste	facile	organiser
la douane	le train	historique	partir
la gare	le visa	loin	projeter
la montagne	le voyage	mouvementé	rater
la plage	les bagages	proche	réserver
la station balnéaire	les souvenirs	relaxé	se reposer
la tente	les vacances	retardé	séjourner
la valise		touristique	visiter
le bateau		tranquille	voyager

Quel type de vacances aimes-tu?

LES VACANCES

Les vacances sont essentielles au bien-être de tous. Nous nous réjouissons tous de nos prochaines vacances. C'est pour cela que nous passons du temps à projeter et organiser nos voyages dans différents endroits, soit dans son pays soit à l'étranger. Généralement, nous choisissons nos destinations selon le type de vacances que nous désirons faire, les lieux et le moment de l'année.

OBSERVER–PENSER–COMPARER

Observe les photos ci-dessous. Individuellement, lis les questions et **pense** à cinq points différents sur chaque question.

1. Quel type de vacances aimes-tu?
2. Quels genres de pays aimes-tu visiter?
3. Qu'est-ce que tu aimes faire en vacances?
4. Qu'est-ce que tu aimes visiter dans un pays?
5. Quels pays as-tu visités?

Compare tes réponses avec tes camarades.

OBSERVER–EXPLORER–COMPARER

Que prendre en vacances?

◼ Les approches de l'apprentissage

- ◼ Compétence de pensée créative: Procéder à des remue-méninges et avoir recours à des schémas visuels pour générer de nouvelles idées et recherches

Observe la photo ci-contre.

Observe le tableau suivant et réponds à la question.

	en été	en automne	en hiver	au printemps
Quel genre de vacances fais-tu...?				

Copie le tableau suivant. **Explore** et réfléchis aux objets et vêtements dont tu as besoin pour partir en vacances et aux activités à faire. **Trouve** au moins cinq éléments par catégorie.

	à la plage	dans une grande ville	à la montagne	à la campagne
Quels objets/vêtements avons-nous besoin pour des vacances...?				

Compare tes réponses avec un camarade, puis partage avec la classe.

ACTIVITÉ: Mes vacances préférées

◼ Les approches de l'apprentissage

- ◼ Compétence de communication: Écrire dans différents objectifs

Écris une lettre à un ami racontant ce que sont les meilleures vacances pour toi.

Pense à inclure les points suivants:
- **Le type de vacances**
- **Le lieu**
- **Le transport**
- **Le logement**
- **Avec qui partir en vacances**
- **Les activités à faire**

Écris environ 100 à 150 mots.

◆ Les opportunités d'évaluation

- ◆ Cette activité peut être évaluée selon Critère C: Communication en réponse à du texte oral, écrit et/ou visuel et Critère D: Utilisation de la langue sous forme orale et/ou écrite.

Qu'est-ce que tu aimes faire quand tu voyages?

LES ACTIVITÉS PENDANT LES VACANCES

Pendant les vacances, selon les destinations, les saisons et les personnes avec qui on voyage, nous faisons divers types d'activités.

ACTIVITÉ: Quelques activités vacancières

Les approches de l'apprentissage

■ Compétence de pensée créative: Procéder à des remue-méninges et avoir recours à des schémas visuels pour générer de nouvelles idées et recherches

Individuellement, fais un remue-méninges d'idées d'activités à faire selon les catégories suivantes. Mentionne cinq points au minimum pour chaque catégorie.

Parmi ces activités, lesquelles partages-tu avec des amis? avec la famille? et les deux?

Compare tes réponses avec tes camarades.

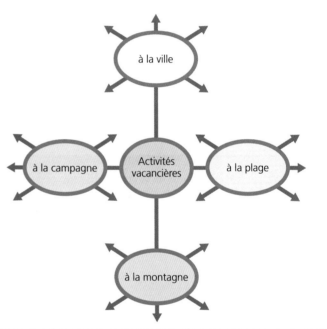

ACTIVITÉ: Les activités préférées pendant les vacances

Les approches de l'apprentissage

- Compétences de communication: Lire en faisant preuve d'esprit critique et dans le but de dégager du sens. Faire des déductions et tirer des conclusions

LES VACANCES D'ÉTÉ, UNE PÉRIODE PROPICE AUX BALADES POUR UN FRANÇAIS SUR TROIS, LES AUTRES PRÉFÉRANT SE REPOSER OU VISITER UN SITE CULTUREL

QUESTION – Vous personnellement, qu'aimez-vous faire en priorité en vacances ?

Activité	%
Faire des balades	33%
Dormir, se reposer	15%
Visiter un site culturel (monument, musée...)	15%
Faire de bons repas en famille ou entre amis	9%
Bronzer	6%
Bricoler/jardiner	5%
Rencontrer de nouvelles personnes	5%
Faire la fête	4%
Lire	3%
Faire du sport	2%
Faire du shopping	1%
Jouer à des jeux de société, des jeux de carte etc	1%
Regarder la télévision	1%

Observe et lis le graphe ci-contre avec les activités préférées des Français pendant les vacances d'été et réponds aux questions suivantes:

1 Quelles sont les activités que tu fais en groupe?
2 Quelles sont les activités que tu fais seul?
3 Quelles activités permettent de se reposer?
4 Quelles activités faut-il faire si tu es curieux?
5 Quelles activités fais-tu en famille?
6 Quelles activités fais-tu avec des amis?
7 Quelles sont les trois activités que tu préfères?
8 Quelles sont les trois activités que tu aimes le moins?

Partage tes réponses avec la classe.

ACTIVITÉ: Projets de vacances

Les approches de l'apprentissage

- Compétence de pensée critique: Tirer des conclusions et des généralisations raisonnables

Regarde la vidéo suivante, copie et remplis le tableau:

http://enseigner.tv5monde.com/fle/voyages-816

	Le continent	Le pays	La ville	Les activités
William				
Kayline				
Rosie				
Sami				

Les opportunités d'évaluation

- Cette activité peut être évaluée selon Critère A: Compréhension de texte oral et visuel.

DISCUTER

Comment sait-on si un pays est féminin ou masculin?

Quelles prépositions utilise-t-on avec des pays masculins? des féminins? des pays au pluriel? et les villes?

Où peut-on dormir en vacances?

LE LOGEMENT

Lorsque tu pars en vacances, tu peux décider de loger dans des lieux différents. Certains préfèrent le confort d'un hôtel étoilé, ou la location d'un appartement ou d'une villa. D'autres préfèrent dépenser moins d'argent et optent pour des auberges de jeunesse. De plus, suivant les vacances que tu choisis, à la campagne, tu peux dormir dans une tente, dans une caravane ou encore à la belle étoile!

OBSERVER–RÉFLÉCHIR–COMPARER

Avantages et inconvénients

■ Les approches de l'apprentissage

- Compétence de pensée critique: Considérer des idées selon différentes perspectives
- Compétence de collaboration: Parvenir à un consensus

Observe les photos de logement.

Individuellement, **réfléchis** aux avantages et aux inconvénients de ces différents logements de vacances.

Compare tes réponses avec un camarade et parvenez à un consensus.

Présentez les avantages et inconvénients à la classe.

■ Dormir dans une tente à la belle étoile

■ Voyage en caravane

■ Une chambre d'hôtel

■ Une chambre dans une auberge de jeunesse

■ Une villa avec piscine

ACTIVITÉ: À l'hôtel

■ Les approches de l'apprentissage

■ Compétence de communication: Lire en faisant preuve d'esprit critique et dans le but de dégager du sens

Cassandra et Brice sont en voyage à Bruges. Ils restent dans un hôtel. Lis le dialogue suivant:

Le réceptionniste:	Bonjour Madame, bonjour Monsieur! Que puis-je faire pour vous?
Cassandra:	Bonjour Monsieur, nous avons réservé une chambre double pour trois nuits.
Le réceptionniste:	C'est à quel nom?
Brice:	C'est au nom de Martin.
Le réceptionniste:	En effet. Vous avez réservé une chambre à deux lits avec le petit-déjeuner compris pour deux nuits. C'est correct?
Brice:	Non, nous avons réservé une chambre à lit double avec le petit-déjeuner compris pour trois nuits.
Le réceptionniste:	Il doit y avoir un problème avec le système. Je vais rectifier votre réservation tout de suite. Heureusement, nous avons assez de chambres pour les trois prochaines nuits.
Cassandra:	Pourrions-nous avoir une chambre avec vue sur la place principale, s'il vous plaît?
Le réceptionniste:	Je regarde… Oui c'est possible, il nous reste une chambre, mais dans cette chambre, il y a un bain et non une douche. Est-ce que cela vous convient?
Cassandra:	Oui, cela va très bien.
Brice:	Avez-vous le code du wifi pour l'hôtel?
Le réceptionniste:	Oui, le voici. Il fonctionne dans tout l'hôtel. Dans votre chambre, il y a également une télévision avec toutes les chaînes françaises, et d'autres chaînes anglaises et américaines. La liste est dans ce petit catalogue. Nous avons un bar au rez-de-chaussée et une salle de gymnastique au cinquième étage. Si vous désirez manger ce soir à l'hôtel, le service commence à partir de 19 heures. Si vous désirez manger au restaurant, il est préférable de réserver votre table avant 17 heures.
Cassandra:	Merci! Nous mangerons ce soir à l'hôtel.
Le réceptionniste:	Très bien. Désirez-vous régler la note de la chambre tout de suite ou à la fin de votre séjour?
Cassandra:	À la fin de notre séjour.
Le réceptionniste:	D'accord. Voici la carte de votre chambre. Vous avez la chambre numéro 14. Elle est au premier étage; vous pouvez prendre l'ascenseur ou les escaliers. Si vous avez une question ou un problème, n'hésitez pas à appeler la réception depuis votre chambre. Il suffit de composer le numéro 10. Je vous souhaite un bon séjour à Bruges.
Brice:	Merci.
Cassandra:	Merci.

Réponds aux questions suivantes après avoir lu le dialogue à l'hôtel:

1 Dans quelle ville sont Brice et Cassandra?
2 Quel est le problème avec la réservation?
3 Quelle chambre leur propose l'hôtel?
4 Quel est le numéro de la réception?
5 Faut-il réserver une table au restaurant de l'hôtel?
6 Que peut-on regarder à la télévision?
7 Vrai ou faux? Le bar est au cinquième étage.
8 Vrai ou faux? La salle de gymnastique est au rez-de-chaussée.
9 Vrai ou faux? Le restaurant est ouvert à partir de 17 heures.
10 Vrai ou faux? Il y a un wifi dans l'hôtel.

11 Vrai ou faux? Brice et Cassandra paient la chambre à la fin du séjour.
12 Vrai ou faux? La chambre est au deuxième étage.
13 Vrai ou faux? Dans la chambre, il y a une douche.
14 Cite trois avantages d'être à l'hôtel.
15 Peut-on dire que le service de l'hôtel est bon? Justifie.

◆ Les opportunités d'évaluation

◆ Cette activité peut être évaluée selon Critère B: Compréhension de texte écrit et visuel.

ACTIVITÉ: À l'auberge de jeunesse

Regarde la vidéo et réponds aux questions suivantes:

http://apprendre.tv5monde.com/fr/apprendre-francais/vocabulaire-les-logements-de-vacances-0

1 Quel type de vidéo est-ce?
   a un film
   b un reportage
   c une publicité
2 Qu'est-ce qu'une auberge de jeunesse? Donne un synonyme.
3 Où se trouve l'auberge? Dans quelle ville?
4 Cite trois avantages de l'auberge de jeunesse.
5 Combien coûte une chambre avec le petit-déjeuner?
6 Vrai ou faux? Il y a 320 lits dans l'auberge.
7 Vrai ou faux? L'auberge est bon marché.
8 Vrai ou faux? L'auberge existe depuis 12 mois.
9 Vrai ou faux? Dans la chambre, il y a trois lits avec des draps et des serviettes.
10 Vrai ou faux? La chambre est sale.
11 Vrai ou faux? On ne partage jamais avec des inconnus.
12 Vrai ou faux? Dans la chambre, il y a un lavabo et des toilettes.

ACTIVITÉ: Un jeu de rôles

En groupe de deux ou trois élèves, préparez un jeu de rôles «à l'hôtel». Choisissez un des problèmes ci-dessous:

Présentez votre jeu de rôles devant la classe.
Vos camarades **évalueront** votre travail.

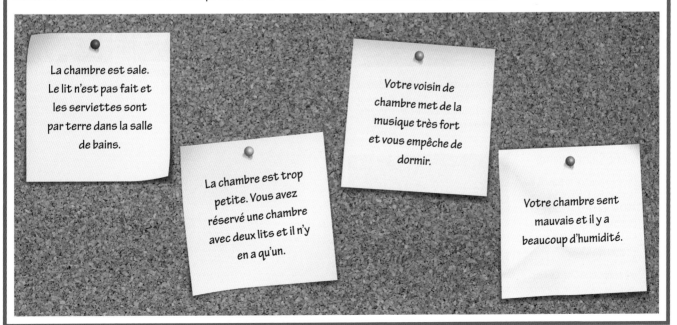

La chambre est sale. Le lit n'est pas fait et les serviettes sont par terre dans la salle de bains.

La chambre est trop petite. Vous avez réservé une chambre avec deux lits et il n'y en a qu'un.

Votre voisin de chambre met de la musique très fort et vous empêche de dormir.

Votre chambre sent mauvais et il y a beaucoup d'humidité.

PROJET DE VACANCES

Sais-tu que la France est la destination favorite dans le monde pour passer des vacances? La France est un pays avec des destinations variées et qui peut plaire à tous les goûts.

● ● ●

← → C

≡

Cinq destinations

Paris

1 Vous aimez la vie, les grandes foules et le bruit de la ville? Venez à Paris!

2 Paris est une des villes préférées pour les touristes, en particulier pour les jeunes. Il y a de nombreux monuments, musées et endroits à explorer et découvrir dans cette ville historique et culturelle. Il est indispensable de visiter la Cathédrale Notre-Dame, la Tour Eiffel, le Sacré Cœur, et bien d'autres lieux célèbres. C'est également une ville idéale pour faire les magasins et s'acheter les derniers vêtements à la mode. En plus, la ville offre de nombreuses attractions le soir, que ce soit au cinéma, au théâtre, ou dans les bars.

L'Ardèche

3 L'Ardèche se trouve dans la campagne française au sud-est. Cette région rustique est célèbre pour ses fleuves et rivières. En été, c'est le lieu idéal pour faire du sport, surtout du canoë. C'est également un endroit parfait pour faire du camping et apprécier la nature. Pour tout amoureux d'histoire, de géographie et de culture, l'Ardèche est votre destination. Il y a de nombreux petits villages avec des châteaux à visiter, ainsi que des gorges et un geyser qui jaillit naturellement quatre fois par jour.

Le Mont Saint-Michel

4 Situé au nord de la France, en Normandie, le Mont Saint-Michel est un îlot célèbre pour son abbaye. Cette île est un lieu pittoresque et un des plus fréquentés de France, particulièrement au printemps et en été. Ce lieu est riche en histoire, d'ailleurs de nombreux auteurs et peintres du 19e siècle, dont Maupassant, venaient au mont pour son charme.

Nice

5 À la recherche d'un bain de soleil?

6 Nice est une ville de la Côte d'Azur, située au sud-est de la France. Cette ville, au climat méditerranéen, bénéficie de nombreux atouts naturels, culturels et sportifs. Il y a de nombreux musées, un théâtre national, un opéra et de multiples salles de concert. Il est possible de pratiquer une grande variété de sports, dont le water-polo. C'est le lieu parfait pour les sportifs et pour ceux qui veulent s'amuser au bord de la mer.

Chamonix

7 Chamonix est un village dans les Alpes de Savoie d'où on peut voir la célèbre montagne du mont Blanc. Lieu très fréquenté en hiver pour le ski, c'est un endroit idéal en été pour se ressourcer, respirer l'air frais des montagnes et faire de longues balades. La région compte plusieurs glaciers qui malheureusement sont en voie de disparition à cause du réchauffement de la planète.

ACTIVITÉ: Destination la France!

■ Les approches de l'apprentissage

- Compétence de communication: Lire en faisant preuve d'esprit critique et dans le but de dégager du sens

Lis le blog sur les «Cinq destinations» différentes en France et réponds aux questions:

1 **Quel genre de personnes aiment les villes comme Paris?**
2 **Quel est l'intérêt principal de l'Ardèche?**
3 **Quel est le lieu le plus visité en été?**
4 **Quelle destination est le lieu parfait pour se détendre?**
5 **Quel est l'avantage de Nice sur les autres destinations?**
6 **Quelles sont les meilleures destinations pour faire du sport?**
7 **Quelles sont les meilleures destinations pour faire des visites culturelles?**
8 **Quelles sont les meilleures destinations pour rencontrer des gens et s'amuser?**
9 **Quelle est la meilleure destination pour toi? Justifie ta réponse.**

◆ Les opportunités d'évaluation

- Cette activité peut être évaluée selon Critère B: Compréhension de texte écrit et visuel.

ACTIVITÉ: Proposition

■ Les approches de l'apprentissage

- Compétence de communication: Écrire dans différents objectifs

Après avoir lu le blog «Cinq destinations», tu **écris** un courriel à ton meilleur ami pour lui proposer un voyage en France. Tu connais bien ton ami et ce qu'il aime. Propose-lui la destination parfaite qui correspond à sa personnalité et à la tienne.

Dans ton courriel, pense à mentionner les points suivants:
- **La destination**
- **Les activités à faire, à voir, etc.**
- **Pourquoi cette destination est bonne pour toi et ton ami**

Écris 100 à 150 mots.

◆ Les opportunités d'évaluation

- Cette activité peut être évaluée selon Critère C: Communication en réponse à du texte oral, écrit et/ou visuel et Critère D: Utilisation de la langue sous forme orale et/ou écrite.

ACTIVITÉ: Projeter un voyage

■ Les approches de l'apprentissage

- Compétence de communication: Donner et recevoir des retours d'informations appropriés
- Compétence de pensée critique: Considérer des idées selon différentes perspectives
- Compétence de pensée créative: Procéder à des remue-méninges et avoir recours à des schémas visuels pour générer de nouvelles idées et recherches

Travaille avec un camarade. Vous allez proposer un voyage linguistique d'une semaine pour apprendre le français dans un pays francophone.

Fais un remue-méninges d'idées. Propose un logement et des activités.

Votre proposition de voyage devra inclure ces points:
- **Le lieu (pays, ville)**
- **Logement (hôtel, auberge de jeunesse)**
- **Activités pendant l'après-midi et le soir**
- **Visites culturelles**
- **Spectacles (théâtre, concert, etc.)**
- **Le prix du voyage**

Préparez trois arguments **expliquant** pourquoi votre projet de voyage est le meilleur.

Présentez votre proposition à votre classe. Vos camarades et votre professeur vous poseront des questions. Ensuite, toute la classe votera pour le meilleur voyage.

◆ Les opportunités d'évaluation

- Cette activité peut être évaluée selon Critère C: Communication en réponse à du texte oral, écrit et/ou visuel et Critère D: Utilisation de la langue sous forme orale et/ou écrite.

▼ Liens: Mathématiques

Lorsque tu organises ton voyage linguistique pour l'activité précédente, tu dois aussi préparer un budget. Fixe un montant maximum avec ton professeur pour ton voyage.

Fais le budget de ton voyage en prenant en considération le prix:
- du transport
- du logement
- des activités et visites
- de la nourriture et des boissons

Présente ton budget avec ton voyage.

Que peuvent-nous apprendre les voyages que nous faisons?

SOUVENIRS DE VACANCES

Salut Jules!

J'espère que tu vas bien et que tu passes de bonnes vacances.

Moi, je suis allé à Hammamet en Tunisie avec ma famille. Je suis arrivé le 10 août et suis rentré hier. J'ai visité plein de sites touristiques, dont une médina. Je suis allé dans le désert et j'ai fait un tour sur un chameau. C'était génial! Avec mes parents, nous sommes restés au bord de la piscine, et avec ma sœur, nous avons nagé dans la mer. J'ai acheté plein de souvenirs, des cartes postales et des bracelets. Nous avons bu du thé et avons mangé des salades, parce qu'il faisait très chaud!

À bientôt,

Rose

Monsieur Jules Bastion

14 Rue des Tilleuls

1008 Prilly

Suisse

Comment écrire une carte postale?

Une carte postale est un texte informel.

Observe la carte postale. Quelles sont les caractéristiques visuelles nécessaires pour écrire une carte postale?

Dans le contenu du message, il faut:
- inclure les salutations du début et de la fin
- utiliser un langage informel
- mentionner le lieu où on se trouve
- mentionner des activités faites en utilisant le passé composé
- donner une appréciation en utilisant l'imparfait

En quoi la carte postale est-elle différente d'un courriel et d'une lettre informelle?

ACTIVITÉ: Qu'as-tu fait pendant tes vacances?

Les approches de l'apprentissage

- Compétences de communication: Lire en faisant preuve d'esprit critique et dans le but de dégager du sens. Utiliser une diversité de supports pour communiquer avec des publics variés

Lis les informations dans le tableau. Complète les informations du tableau selon ton choix.

Travaille avec un camarade, racontez les vacances d'Alizée et Yannis en **utilisant** le passé composé. Puis raconte tes vacances.

Nom	Alizée	Yannis	Toi
Date de départ	23 mars	15 juillet	
Destination	Fort-de-France	Verbier	
Durée du voyage	deux semaines	une semaine	
Compagnie	la famille	deux copains	
Activités	aller à la plage nager dans la mer faire de la plongée sous-marine prendre des photos	marcher dans la montagne faire de l'escalade faire du vélo visiter un glacier	
Achats	un bikini un chapeau un vase	une carte postale un livre un T-shirt	
Nourriture	des fruits exotiques	du fromage de la viande séchée	
Boisson	des jus de fruits	de l'eau	
Date d'arrivée	30 mars	29 juillet	

Petites astuces

Le participe passé des verbes en -er se termine toujours en -é.

Généralement, le participe passé des verbes -ir se termine en -i et les participes des verbes en -dre se terminent en -u.

Il y a toujours des exceptions. Il faut les apprendre par cœur!

GRAMMAIRE

Le passé composé

On utilise le passé composé pour raconter des actions au passé. Il est composé d'un auxiliaire («avoir» ou «être») conjugué au présent et d'un participe passé.

Le passé composé avec «avoir»

j'	ai	mangé
tu	as	mangé
il/elle/on	a	mangé
nous	avons	mangé
vous	avez	mangé
ils/elles	ont	mangé

Le passé composé avec «être»

je	suis	parti(e)
tu	es	parti(e)
il/elle/on	est	parti(e)
nous	sommes	parti(e)s
vous	êtes	parti(es)
ils/elles	sont	parti(e)s

On utilise l'auxiliaire «être» avec 14 verbes. Lesquels?

ACTIVITÉ: Une carte postale

Les approches de l'apprentissage

- Compétence de communication: Écrire dans différents objectifs

Utilise les informations dans le tableau de l'activité précédente pour **écrire** une carte postale à un ami.

Écris en utilisant le passé composé! Écris environ 100 mots.

Les opportunités d'évaluation

- Cette activité peut être évaluée selon Critère C: Communication en réponse à du texte oral, écrit et/ou visuel et Critère D: Utilisation de la langue sous forme orale et/ou écrite.

Lis une page du journal de bord de Clément:

Mardi, le 13 avril 2018

Cela fait déjà un mois maintenant que je suis parti de chez moi pour découvrir de nouveaux pays, et il ne me reste plus que trois mois pour explorer le reste. J'apprécie chaque instant de ce voyage qui me permet de découvrir ce que j'aime réellement dans la vie et qui je suis également. L'itinéraire de ce voyage est de visiter la France, le Maroc et l'Algérie.

Ma première destination était évidemment Paris! J'ai beaucoup aimé cette ville et ces célèbres monuments historiques. Je suis resté à Paris plus longtemps que prévu, parce qu'il y avait tellement à voir! C'est une ville grandiose, mais la vie est assez chère et la ville est sale et polluée. C'est dommage. J'ai visité le Louvre, la Tour Eiffel et le Sacré Cœur, mais j'ai adoré le Jardin des Tuileries et la Cathédrale Notre-Dame. Je suis resté dans une auberge de jeunesse sympa, pas trop chère, et j'y ai rencontré d'autres voyageurs comme moi. On a même décidé de faire une partie de notre voyage ensemble! Nous sommes partis au sud de la France en direction de Cannes. C'est une station balnéaire réputée. Il a fait un temps superbe; j'ai pu aller à la plage et nager dans la mer. Je dois avouer que je préfère le sud de la France; il fait plus chaud. La nourriture est meilleure et les gens sont sympa.

J'ai ensuite décidé de continuer ma route seul et d'aller au Maroc. J'ai visité la Médina de Marrakech et le marché Jemaa el-Fna. C'était un moment magique. J'ai goûté la nourriture locale, le couscous, le poisson et bien d'autres choses. J'ai acheté quelques souvenirs également, dont un sac en cuir. Ce qui m'impressionne ici à Marrakech, ce sont les couleurs qui vibrent dans chaque coin de rue. Je comprends beaucoup mieux les couleurs des dessins animés d' « Azur et Asma »!

C'est plus agréable de voyager avec d'autres personnes, mais j'apprécie beaucoup les moments où je découvre seul de nouveaux lieux. Je peux mieux me focaliser sur ce qui m'intéresse et surtout je ne suis pas obligé de respecter un horaire. Je peux partir et faire ce que je veux. Je suis totalement libre et indépendant.

Ce voyage m'a ouvert les yeux sur plusieurs choses. Il est important de voyager pour mieux apprécier la vie que nous avons. En plus, découvrir un nouveau pays, c'est découvrir une nouvelle perspective sur la vie et j'adore ça!

Comment écrire une page d'un journal de bord?

Un journal de bord ressemble beaucoup à un journal intime. Lorsqu'on voyage, il est très courant de prendre des notes sur son itinéraire, et d'écrire à propos de ses sentiments concernant son voyage.

Les caractéristiques du journal de bord sont similaires à celles du journal intime:
- Il faut inscrire la date au début
- La langue utilisée est informelle
- La personne qui écrit exprime ses sentiments et donne son opinion sur le sujet sans mentir
- Il est possible de varier la typographie pour montrer les sentiments de l'auteur
- Il peut y avoir plusieurs entrées sur la même page
- Il n'y a pas de signature à la fin du texte

ACTIVITÉ: Le journal de Clément

■ Les approches de l'apprentissage

- ■ Compétence de communication: Lire en faisant preuve d'esprit critique et dans le but de dégager du sens

Lis le journal de Clément et réponds aux questions.

1 **Combien de temps dure le voyage de Clément?**
2 **Quel lieu en France Clément a-t-il préféré?**
3 **Qu'est-ce que Clément n'aime pas à Paris?**
4 **Que fait-il à Cannes?**
5 **Quel genre de ville est Cannes?**
6 **Que fait-il au Maroc qu'il ne fait pas en France?**
7 **Quel mot résume le Maroc pour Clément?**
8 **Pourquoi aime-t-il voyager seul?**
9 **Quel genre de personne est Clément?**
10 **Quelle leçon apprend Clément en voyageant?**
11 **Quel est l'objectif de ce texte?**
12 **Es-tu d'accord avec ce que dit Clément «découvrir un nouveau pays, c'est découvrir une nouvelle perspective»?**

ACTIVITÉ: Ton journal de bord

■ Les approches de l'apprentissage

- ■ Compétence de communication: Écrire dans différents objectifs

À ton tour d'**écrire** ton journal de bord. Raconte tes dernières vacances et dis ce que tu as découvert et appris pendant ton voyage.

Écris entre 100 et 150 mots.

◆ Les opportunités d'évaluation

- ◆ Cette activité peut être évaluée selon Critère C: Communication en réponse à du texte oral, écrit et/ou visuel et Critère D: Utilisation de la langue sous forme orale et/ou écrite.

Découvre un personnage historique: Ella Maillart (1903–1997)

Ella Maillart est une voyageuse, écrivaine et photographe suisse. Très sportive, elle fonde à 16 ans le premier club féminin de hockey sur terre en Suisse romande. C'est à partir de 20 ans qu'elle commence ses multiples voyages en Europe. C'est dans les années 30 qu'elle va à la découverte de l'Asie avec un séjour à Moscou. En 1935, elle entreprend un voyage de six mille kilomètres de Pékin à Srinagar. En 1937, elle traverse l'Inde, l'Afghanistan, l'Iran et la Turquie pour faire des reportages. Plus tard, Ella devient guide culturel et fait découvrir plusieurs pays d'Asie à des groupes de voyageurs.

Connais-tu un autre grand voyageur comme Ella?

OBSERVER–RÉFLÉCHIR–PARTAGER

Observe la bande annonce du film «Les voyages extraordinaires d'Ella Maillart». **Réfléchis** et réponds aux questions: **https://youtu.be/qE2g7BDySOs**

1 Quel genre de personne est Ella Maillart?
2 Pourquoi voyage-t-elle? Que recherche-t-elle?
3 Qu'est-ce que cela lui apporte de voyager?
4 Voyages-tu pour les mêmes raisons qu'Ella Maillart?

Partage tes réponses avec la classe.

DES VACANCES SOLIDAIRES

De plus en plus de personnes préfèrent organiser des vacances solidaires. Cela permet de faire une bonne action, de faire de nouvelles rencontres et de découvrir des lieux nouveaux en s'intégrant dans la communauté. Et toi, que penses-tu des vacances solidaires?

OBSERVER–PENSER–SE POSER DES QUESTIONS

Observe les photos ci-dessus.

1 Décris ce que tu vois.
2 Que penses-tu de ces photos? Que font les personnes et pourquoi?
3 Quelles questions te poses-tu?

ACTIVITÉ: Des vacances bénévoles

Les approches de l'apprentissage

■ Compétence de pensée critique: Tirer des conclusions et des généralisations raisonnables

Regarde la vidéo sur des vacances solidaires et réponds aux questions suivantes: http://apprendre.tv5monde.com/fr/apprendre-francais/vacances-utiles?exercice=2

Regarde la vidéo sans le son pour commencer.

1 **Que font les personnes dans cette vidéo?**
2 **Sont-elles en vacances?**
3 **Quel genre de personnes est sur la vidéo?**
4 **Quel(le)s émotions/sentiments vois-tu sur les personnes?**

Regarde la vidéo avec le son et réponds aux questions par *vrai* ou *faux*:

5 **Les personnes du groupe se connaissent déjà.**
6 **Les personnes sont toutes heureuses d'être là-bas en train de travailler.**
7 **Les personnes sont des experts en construction.**
8 **Les personnes doivent utiliser leurs muscles et leur cerveau pour faire cette construction.**
9 **Les personnes viennent de régions françaises différentes.**
10 **Les bénévoles sont devenus amis.**

Réponds aux questions en donnant des réponses complètes:

11 **Qui sont les personnes faisant partie de ce projet?**
12 **Que doivent-elles construire?**
13 **Pourquoi doivent-elles construire ceci?**
14 **Combien de temps a pris la construction?**
15 **Pour quelles raisons ces filles ont-elles choisi de travailler pendant leurs vacances?**
16 **Quel est l'avantage de faire un voyage bénévole?**
17 **Est-ce que ce genre de vacances est populaire? Justifie ta réponse.**
18 **Voudrais-tu faire des vacances solidaires? Pourquoi?**

Les opportunités d'évaluation

◆ Cette activité peut être évaluée selon Critère A: Compréhension de texte oral et visuel.

ACTIVITÉ: Faire l'expérience de vacances bénévoles

Les approches de l'apprentissage

■ Compétence de communication: Écrire dans différents objectifs

Imagine que tu as participé à des vacances bénévoles durant tes dernières vacances. Tu **écris** un courriel à un ami où tu lui racontes ton expérience.

Pense à inclure les points suivants:
● **Le lieu de ta destination**
● **Ce que tu as construit**
● **Pourquoi tu as décidé de faire ces vacances**
● **Les personnes que tu as rencontrées**
● **Ce que cette expérience t'a apporté**

Utilise le passé composé.

Écris environ 150 mots.

Les opportunités d'évaluation

◆ Cette activité peut être évaluée selon Critère C: Communication en réponse à du texte oral, écrit et/ou visuel et Critère D: Utilisation de la langue sous forme orale et/ou écrite.

Sommes-nous responsables des lieux que nous visitons?

LE TOURISME AFFECTE CERTAINS LIEUX ET DESTINATIONS

Le tourisme peut apporter beaucoup d'avantages à une région ou un pays.
Il apporte de l'argent et du travail pour les habitants. Par contre, dans certaines
situations, lorsqu'il y a une explosion de touristes, cela peut être néfaste pour
l'environnement, les lieux de visites culturelles et les habitants locaux.

OBSERVER–RÉFLÉCHIR–PARTAGER

Observe et **réfléchis** aux photos et, individuellement,
réponds aux questions suivantes:

1 Que vois-tu sur les photos?
2 Quel est le problème sur chaque photo?
3 Quelles solutions y a-t-il à ce problème?

Partage tes réponses avec la classe.

Le tourisme de masse: un véritable fléau!

Par Caroline Jean le 31 janvier 2018

1. Les régions les plus belles du monde sont affectées par cette maladie: le tourisme de masse. À l'approche de l'été, les touristes envahissent les plages de la Méditerranée ou les sites culturels, comme les pyramides d'Egypte, laissant leurs déchets, et ainsi détruisant le paysage et les lieux eux-mêmes.

2. Tout le monde sait bien qu'une ville ou région a besoin de tourisme pour vivre et quelquefois pour survivre. Le tourisme a de nombreux avantages. En effet, il apporte une grande quantité d'argent dans certaines régions, et cela permet de créer du travail pour les habitants locaux. En plus, les touristes n'hésitent pas à dépenser leur argent, quelquefois sans compter au profit des commerces locaux.

3. Néanmoins, certaines régions souffrent de leur popularité et de leurs attraits, car trop de touristes visitent la région en même temps. Ceci est le tourisme de masse. Pour certains, évidement, le tourisme de masse est bénéfique, car cela engendre plus d'argent et de bénéfices, mais cela a des conséquences désastreuses sur les lieux, la nature et les habitants également si le pays ou la région n'est pas prêt à accueillir autant de personnes.

4. En effet, plus il y a de touristes dans un lieu, plus il faut proposer de services ou prestations, et ceci peut avoir un effet négatif sur l'écologie. Quand il y a une augmentation du nombre de touristes, il y a obligatoirement une augmentation de consommation d'eau, d'électricité, de nourriture et de déchets. Si cette augmentation n'est pas gérée correctement, c'est une catastrophe écologique qui nous attend.

5. Concernant les habitants locaux, lorsqu'ils sont envahis par des touristes, ils ont l'impression de ne plus être chez eux. Des gestes quotidiens, comme faire ses courses, peuvent devenir difficiles. On ne peut pas se déplacer aussi facilement dans la ville. Dans certaines régions, les habitants se sentent même expulsés de leur région. Avec le tourisme, le prix des logements augmente, ce qui peut être un gros problème pour certains habitants de la région qui ne gagnent pas assez d'argent.

6. Nous devons tous agir! Qu'en pensez-vous?

   Caroline

Commentaires:

7. Amandine – Lundi 4 février 2018

   Salut Caroline! Je viens de lire ton blog et cela me fait réfléchir. Je pars chaque année au bord de la plage et je trouve qu'il y a de plus en plus de touristes. Certains ne respectent pas la nature, et laissent traîner les déchets sur le sable, parce qu'il n'y a pas assez de poubelles présentes ou parce qu'elles sont trop pleines. Peut-être faut-il limiter le nombre de personnes sur les plages?

8. Lucien – Mardi 5 février 2018

   On ne peut pas interdire aux touristes de voyager! Ils apportent beaucoup d'argent à l'économie. C'est grâce au tourisme d'ailleurs que certaines régions survivent. Les villes ou pays doivent mieux se préparer pour accueillir les touristes.

ACTIVITÉ: Le blog de Caroline

■ Les approches de l'apprentissage

■ Compétence de communication: Lire en faisant preuve d'esprit critique et dans le but de dégager du sens.

Lis le blog de Caroline et réponds aux questions suivantes:

1 Qu'est-ce que le tourisme de masse?
2 Quels sont les avantages du tourisme?
3 À quoi compare-t-on le tourisme de masse?
4 Pourquoi utilise-t-on cette image?
5 Que doit faire une région souffrant de tourisme de masse?
6 Pourquoi le tourisme contamine la nature?
7 Qui est responsable du tourisme de masse?
8 Quelles sont les conséquences du tourisme de masse sur les habitants locaux?
9 Quel est l'objectif de ce blog?
10 Quel commentaire représente le mieux ce que tu penses sur ce sujet? et pourquoi?

◆ Les opportunités d'évaluation

◆ Cette activité peut être évaluée selon Critère B: Compréhension de texte écrit et visuel

ACTIVITÉ: Commentaire

■ Les approches de l'apprentissage

■ Compétence de communication: Écrire dans différents objectifs

Tu as lu la page du blog de Caroline. **Écris** un commentaire en réponse à son blog. Donne ton opinion sur le sujet.

Écris entre 50 et 100 mots.

◆ Les opportunités d'évaluation

◆ Cette activité peut être évaluée selon Critère C: Communication en réponse à du texte oral, écrit et/ou visuel et Critère D: Utilisation de la langue sous forme orale et/ou écrite.

ACTIVITÉ: Des habitants en colère contre les touristes

■ Les approches de l'apprentissage

■ Compétence de pensée critique: Tirer des conclusions et des généralisations raisonnables

Regarde la vidéo intitulée «Les habitants de Venise en colère» et réponds aux questions:
www.francetvinfo.fr/monde/italie/tourisme-les-habitants-de-venise-en-colere_1828277.html

1 Quel est le travail des gardiens de Saint-Marc?
2 Quelles sont les règles que les touristes ne respectent pas à la Place Saint-Marc? Cite trois règles.
3 Vrai ou faux? Les touristes réagissent mal aux interventions, car ils veulent s'asseoir.
4 Vrai ou faux? La place Saint-Marc est un lieu public.
5 Combien d'interventions les gardiens font-ils par jour?
6 Quels actes inacceptables les touristes font à Venise?
7 Combien de touristes visitent Venise chaque année?
8 Combien d'habitants y a-t-il à Venise?
9 Comment réagissent les habitants de Venise envers les touristes?
10 Vrai ou faux? Les touristes empêchent les habitants de vivre normalement.
11 Vrai ou faux? Les habitants de Venise décident de quitter la ville.
12 Quelle est la solution au problème touristique de Venise?
13 Que penses-tu de l'attitude des touristes?

◆ Les opportunités d'évaluation

◆ Cette activité peut être évaluée selon Critère A: Compréhension de texte oral et visuel.

Dix destinations affectées négativement par le tourisme

■ Les approches de l'apprentissage

- Compétence en matière de culture de l'information: Accéder aux informations pour s'informer et informer les autres
- Compétence de réflexion: Considérer les implications éthiques, culturelles et environnementales
- Compétence de communication: Utiliser une diversité de techniques oratoires pour communiquer avec des publics variés

De plus en plus de destinations sont affectées par le tourisme en masse. Voici une liste de lieux que l'on ne pourra peut-être plus visiter:

1 **Les îles Galapagos**
2 **Les Maldives**
3 **Venise**
4 **La grande barrière de corail**
5 **La Mer Morte**
6 **Les Alpes**
7 **Madagascar**
8 **Le bassin du Congo**
9 **Le Glacier National Park**
10 **Le Taj Mahal**

Travaille individuellement. Choisis un des lieux ci-dessus et fais une recherche dessus.

Prépare une présentation en tenant compte des points suivants:
- Où se trouve le lieu que tu recherches?
- Quelles sont les attractions de ce lieu?
- Quels sont les problèmes de ce lieu aujourd'hui?
- Quelles solutions a-t-on mises en place?
- Inclus des photos des lieux: comment était-ce avant? et comment est-ce maintenant?

Pour ta présentation, tu peux utiliser une présentation sur diapositives. Ajoute plusieurs photos, des faits et des chiffres dans ta présentation.

◆ Les opportunités d'évaluation

- Cette activité peut être évaluée selon Critère C: Communication en réponse à du texte oral, écrit et/ou visuel et Critère D: Utilisation de la langue sous forme orale et/ou écrite.

ACTIVITÉ: Ton journal de bord

■ Les approches de l'apprentissage

- Compétence de communication: Écrire dans différents objectifs

Tu as visité Venise et tu es choqué par l'attitude des touristes. Raconte ce que tu as vu et donne ton opinion.

Écris entre 100 et 150 mots.

◆ Les opportunités d'évaluation

- Cette activité peut être évaluée selon Critère C: Communication en réponse à du texte oral, écrit et/ou visuel et Critère D: Utilisation de la langue sous forme orale et/ou écrite.

Suggestions

Pour parler d'une habitude dans le passé, on utilise l'imparfait, par exemple:

Avant, il y avait beaucoup de poissons; aujourd'hui, il y a peu de poissons.

ACTIVITÉ: Une charte pour touristes

■ Les approches de l'apprentissage

■ Compétence de communication: Écrire dans différents objectifs

Une charte est un document créé pour établir des règles à suivre.

En groupe de deux, **créez** une charte sur le bon comportement à avoir lorsque tu voyages.

Votre charte doit comprendre au moins dix règles. Illustre par un dessin ou une photo chaque règle que vous avez décidée.

◆ Les opportunités d'évaluation

◆ Cette activité peut être évaluée selon Critère C: Communication en réponse à du texte oral, écrit et/ou visuel et Critère D: Utilisation de la langue sous forme orale et/ou écrite.

❗ Passer à l'action: Sensibilise tes camarades concernant le tourisme de masse!

❗ Afin de sensibiliser les élèves de ton école concernant le tourisme de masse et les agissements des touristes, **organise** avec ta classe une assemblée où tu peux parler des dangers du tourisme sur la nature, les sites culturels et les habitants locaux.

❗ Répartissez-vous les tâches dans la classe en petit groupe. Un groupe peut **démontrer** les conséquences néfastes sur la nature, un autre sur les sites historiques et culturels et un autre sur les habitants locaux.

❗ Faites une présentation sur diapositives montrant des photos et **expliquant** les problèmes liés au tourisme.

ÉVALUATION SOMMATIVE

CES ACTIVITÉS PEUVENT ÊTRE ÉVALUÉES SELON LE CRITÈRE C: COMMUNICATION EN RÉPONSE À DU TEXTE ORAL, ÉCRIT ET/OU VISUEL ET LE CRITÈRE D: UTILISATION DE LA LANGUE SOUS FORME ORALE ET/OU ÉCRITE.

Pour ces évaluations, l'usage du dictionnaire n'est pas autorisé.

Évaluation 1

Fais une présentation de deux minutes sur une des photos à la page 239.

À partir des photos, imagine que tu as visité le lieu sur la photo de ton choix.

Tu vas devoir parler de ton voyage, des activités que tu as faites et du tourisme en général.

Tu vas interagir avec ton professeur qui te posera des questions sur ton voyage.

L'interaction doit durer deux minutes.

Évaluation 2

Observe les photos de la Polynésie française. **Écris** une page de ton journal intime racontant où tu es parti en vacances et ce que tu as visité et fait pendant ton séjour de cinq jours là-bas.

Écris environ 150 mots.

■ Bienvenue en Polynésie française!

Réflexion

Dans ce chapitre, tu as découvert différents types de vacances et as exploré ce que nous apportent les vacances et la découverte de nouveaux lieux. Il est important de comprendre l'impact que nous pouvons avoir sur la planète, les gens et les lieux que nous visitons lorsque nous partons en vacances.

Utilise ce tableau pour réfléchir sur ce que tu as appris dans ce chapitre.					
Les questions posées	Les réponses trouvées	D'autres questions?			
Factuelles: Quel type de vacances aimes-tu? Qu'est-ce que tu aimes faire quand tu voyages? Où peut-on dormir en vacances?					
Conceptuelles: Que peuvent-nous apprendre les voyages que nous faisons?					
Invitant au débat: Sommes-nous responsables des lieux que nous visitons?					
Les approches de l'apprentissage utilisées dans ce chapitre:	Description: quelles nouvelles compétences as-tu développées?	La maîtrise de ces compétences			
		Novice	Apprenti	Pratiquant	Expert
Compétences de communication					
Compétences de collaboration					
Compétences de réflexion					
Compétences en matière de culture de l'information					
Compétences de pensée critique					
Compétences de pensée créative					
Les qualités du profil de l'apprenant:	Réfléchis sur l'importance d'être chercheur dans l'apprentissage de ce chapitre.				
Chercheurs					

⑩ Comment communique-t-on

La **communication** évolue par des **moyens technologiques innovants** qui peuvent avoir un impact sur le **message** émis et transmis à un **destinataire**.

EXAMINER ET RÉPONDRE AUX QUESTIONS:

Factuelles: Quelles formes de communication existe-t-il? Quels moyens de communication existe-t-il?

Conceptuelles: Qu'est-ce qu'une communication efficace?

Invitant au débat: La communication est-elle meilleure aujourd'hui grâce à la technologie?

Maintenant **partage et compare** tes réponses à ces questions avec ton voisin ou la classe.

○ DANS CE CHAPITRE, NOUS ALLONS:

- **Découvrir** les différentes formes et moyens de communication.
- **Explorer** la manière de transmettre un message efficace pour assurer une bonne communication.
- **Passer à l'action** en réfléchissant sur les raisons pour lesquelles il peut y avoir une mauvaise communication.

● Nous nous efforcerons de réfléchir aux qualités du profil de l'apprenant, pour comprendre ce que signifie:

● Communicatifs: Nous nous exprimons avec assurance et créativité dans plus d'une langue ou d'un langage et de différentes façons. Nous écoutons également les points de vue d'autres individus et groupes, ce qui nous permet de collaborer efficacement avec eux.

EXPLORER–RÉFLÉCHIR–PARTAGER

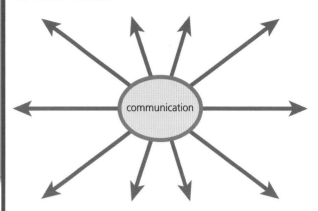

Explore l'idée suivante: quels mots te viennent à l'esprit lorsqu'on te dit «communication»?

Réfléchis et fais un remue-méninges de mots et **écris**-les sur une feuille. **Recherche** au moins dix mots.

Partage tes réponses avec ta classe. Complète ta liste avec les mots de tes camarades.

GRAMMAIRE

- Révision des temps de l'indicatif

VOCABULAIRE SUGGÉRÉ

Substantifs

un argument
un article
une écriture
une idée
une introduction
un objectif
la communication
la conclusion
la conversation
la parole
la phrase
la question
la radio
la vérité
la vue
le code
le débat
le développement
le discours

le geste
le journal
le mensonge
le message
le mot
le moyen de communication
le panneau
le récit
le sens

Adjectifs

abstrait
ambigu
clair
complexe
concret
confus
convaincant
discutable
efficace

énigmatique
exact
facile
fiable
faux
imprécis
incompréhensible
inexplicable
intéressant
précis
provocateur
spécial
vague

Verbes

argumenter
communiquer
comprendre
conclure
débattre

déchiffrer
décoder
décrire
déduire
défendre
dicter
discuter
écrire
entendre
envisager
ignorer
intervenir
négocier
observer
parler
questionner
rédiger
représenter
transmettre
voir

Quelles formes de communication existe-t-il?

COMMENT COMMUNIQUONS-NOUS?

Dans le monde, tous les êtres vivants (les hommes et les animaux) communiquent entre eux afin de passer un message.

Pour avoir une conversation, l'émetteur (la personne qui parle) communique son message à un récepteur (la personne qui reçoit le message). Le processus de la communication décrit de cette manière semble simple, mais la communication peut être quelquefois compliquée. Cela dépend des personnes impliquées, du contexte de la conversation et évidemment de la langue utilisée.

Pour bien communiquer, il est important de prendre en considération la communication non-verbale, comme les émotions, les sentiments et les gestes des personnes. Il existe donc plusieurs moyens de communiquer les uns avec les autres. Ils ont tous le même objectif: interagir, comprendre et apprendre les uns des autres.

Les enfants communiquent le mieux en jouant et en dessinant!

1

Les adolescents communiquent entre eux uniquement avec le téléphone portable!

2

Les filles communiquent toujours plus que ce qu'il y a besoin!

5

Les adultes préfèrent communiquer autour d'un repas!

3

Les enfants communiquent leurs émotions par des actes et des gestes!

6

Les garçons communiquent seulement les informations essentielles!

4

Les personnes âgées ne communiquent que pour raconter leurs histoires.

7

ACTIVITÉ: La communication entre les sexes et les âges

▪ Les approches de l'apprentissage

- ▪ Compétences de communication: Lire en faisant preuve d'esprit critique et dans le but de dégager du sens. Donner et recevoir des retours d'informations appropriés

Lis les affirmations à la page précédente sur la communication des enfants, des adolescents et des adultes.

Es-tu d'accord avec ces affirmations? **Justifie** tes réponses pour chaque affirmation.

En petit groupe de deux ou trois, **comparez** vos réponses. Y a-t-il des similitudes ou des différences?

ACTIVITÉ: «Nous communiquons tous différemment»

▪ Les approches de l'apprentissage

- ▪ Compétence de communication: Écrire dans différents objectifs

Reprends les informations de l'activité «La communication entre les sexes et les âges» qui te paraissent intéressantes et importantes, ainsi que celles de tes camarades, pour **écrire** un article pour le journal de l'école. Le titre de ton article est «Nous communiquons tous différemment».

Pense à inclure les points suivants en écrivant ton article:
- **Organise tes idées avant de commencer à écrire**
- **Donne des justifications et des exemples précis pour chaque idée**
- **Écris une conclusion**

Écris environ 100 à 150 mots.

◆ Les opportunités d'évaluation

- ◆ Cette activité peut être évaluée selon Critère C : Communication en réponse à du texte oral, écrit et/ou visuel et Critère D: Utilisation de la langue sous forme orale et/ou écrite.

Comment écrire un article de journal ou de magazine?

Pour écrire un article de journal ou de magazine, il faut suivre certaines caractéristiques.

Premièrement, l'article d'un journal ou d'un magazine a une forme visuelle spécifique. Il faut inclure:
- Un titre simple qui attire l'attention
- Le chapeau (le résumé de l'article sous le titre)
- Des sous-titres lorsque tu introduis un nouvel aspect au sujet de l'article
- La signature du journaliste
- Tu peux rajouter également une photo qui complète le sujet de l'article

Concernant le contenu de l'article, il doit être informatif et généralement objectif. En effet, un article doit rester neutre, mais il est toujours possible de voir l'opinion de la personne qui écrit.

Voici quelques points à considérer quand tu écris le contenu de ton article:
- Quel est l'objectif de ton article? L'objectif de ton article est d'informer sur un sujet. Il pourrait être de sensibiliser ou de persuader.
- Quel message veux-tu faire passer? Le message est ton opinion sur le sujet. Il faut que cela soit clair dans ta tête.
- Quelle structure doit avoir ton texte? Il est important de présenter le sujet. Il faut avoir une introduction, un développement des idées avec des exemples et une conclusion amenant à une réflexion.
- Quels sont les différent(e)s idées/arguments à mentionner? Planifie chaque argument/idée que tu veux mentionner dans ton article.
- Quels exemples peux-tu utiliser? Tes arguments/idées sont toujours plus forts s'ils sont soutenus par un exemple concret.
- Quelles citations faut-il ajouter? Tu peux ajouter des citations de personnes qui ont été interviewées. N'oublie pas de les présenter et de donner leur nom.

Quels moyens de communication existe-t-il?

LES MOYENS DE COMMUNICATION

Les moyens de communication sont les outils qui permettent de faire passer l'information. Ils peuvent être oraux (la parole), gestuels ou encore matériels.

Les moyens de communication matériels ont beaucoup évolué grâce à certaines inventions utiles, comme la presse, la télévision et internet. Aujourd'hui, ces médias font partie de notre vie de tous les jours et sont les moyens que nous utilisons pour communiquer avec les autres et pour s'informer de ce qui se passe dans le monde.

OBSERVER–RÉFLÉCHIR–COMPARER

Observe la photo ci-dessus et **réfléchis** aux questions suivantes:
- **Quelles inventions technologiques ont permis de développer les moyens de communication?**
- **Quels moyens de communication matériels avons-nous aujourd'hui?**
- **Quel moyen utilises-tu le plus?**

Compare tes réponses avec tes camarades.

ACTIVITÉ: L'histoire des moyens de communication

■ Les approches de l'apprentissage

■ Compétence de pensée critique: Tirer des conclusions et des généralisations raisonnables

Regarde la vidéo et liste tous les moyens de communication qui ont été utilisés et ont été inventés par l'homme:
https://youtu.be/2CNqQg-I4Z0

Partage tes réponses avec la classe.

ACTIVITÉ: Les médias

Observe les actions suivantes. Par quel média peut-on les faire? Copie et remplis le tableau et ajoute d'autres actions qui ne sont pas mentionnées:

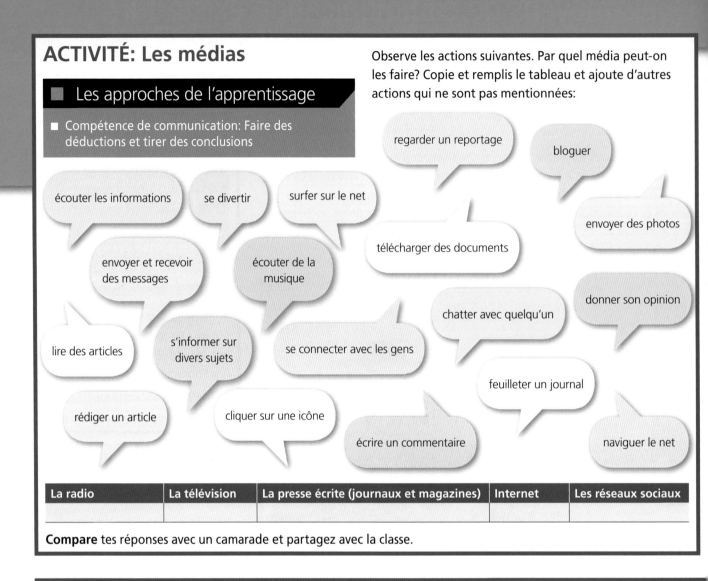

regarder un reportage

bloguer

écouter les informations

se divertir

surfer sur le net

envoyer des photos

télécharger des documents

envoyer et recevoir des messages

écouter de la musique

donner son opinion

chatter avec quelqu'un

lire des articles

s'informer sur divers sujets

se connecter avec les gens

feuilleter un journal

rédiger un article

cliquer sur une icône

écrire un commentaire

naviguer le net

La radio	La télévision	La presse écrite (journaux et magazines)	Internet	Les réseaux sociaux

Compare tes réponses avec un camarade et partagez avec la classe.

ACTIVITÉ: S'informer oui, mais comment?

Regarde la vidéo suivante et réponds aux questions: http://enseigner.tv5monde.com/fle/sinformer-oui-mais-comment

1 Vrai ou faux? Le reportage est filmé dans un collège à Paris.
2 Vrai ou faux? Les élèves ont tous 15 ans.
3 Vrai ou faux? Frantz Vaillant est journaliste depuis 25 ans.
4 Vrai ou faux? La rencontre avec les élèves dure une journée.
5 Vrai ou faux? En France, 90% des jeunes s'informent par les réseaux sociaux.
6 Pourquoi les élèves de ce collège rencontrent un journaliste?
7 Selon Frantz Vaillant, quel est le rôle du journaliste?
8 Selon le professeur, pourquoi est-ce important de sensibiliser les élèves à l'information?
9 Selon le professeur, qu'est-ce que la mauvaise information?
10 Comment s'informent les élèves? Donne trois exemples.

ACTIVITÉ: La meilleure façon de s'informer

Les approches de l'apprentissage

- Compétence de pensée créative: Procéder à des remue-méninges et avoir recours à des schémas visuels pour générer de nouvelles idées et recherches
- Compétence de communication: Faire des déductions et tirer des conclusions

Travaille seul. Fais un remue-méninges d'idées sur la meilleure façon de s'informer et remplis un tableau comme le suivant:

Moyens de communication	Les avantages	Les inconvénients	Ce que tu aimes dans ce média	Ce que tu n'aimes pas dans ce média
La radio				
La presse écrite (journaux et magazines)				
La télévision				
Internet				
Les réseaux sociaux				

Compare tes réponses avec deux ou trois élèves et **discutez** vos réponses. Partagez vos résultats avec la classe.

---

11 Selon les élèves, à quoi sert l'information?

a se divertir

b avoir plus de culture générale

c rendre plus intelligent

d sensibiliser les publics

e penser aux autres

f sortir de son monde

g persuader les gens

12 Selon toi, à quoi sert l'information?

13 Quel est l'objectif de ce reportage?

Les opportunités d'évaluation

- Cette activité peut être évaluée selon Critère A: Compréhension de texte oral et visuel.

ACTIVITÉ: La meilleure façon de s'informer (bis)

Les approches de l'apprentissage

- Compétence de communication: Écrire dans différents objectifs

Écris un article pour le journal de l'école sur la meilleure façon de s'informer et **expliquant** pourquoi.

Avant de commencer à écrire, prépare tes idées et arguments. **Sélectionne** des exemples et décide l'objectif de ton article. Choisis le titre de ton article.

Écris environ 150 mots.

Les opportunités d'évaluation

- Cette activité peut être évaluée selon Critère C: Communication en réponse à du texte oral, écrit et/ou visuel et Critère D: Utilisation de la langue sous forme orale et/ou écrite.

Qu'est-ce qu'une communication efficace?

LA BONNE COMMUNICATION

Pour que la communication soit efficace et que l'information passe correctement d'une personne à l'autre, il est nécessaire de prendre en compte plusieurs facteurs, tels que les gestes, les émotions, ou encore le contexte de la conversation.

La bonne communication ne comprend pas uniquement la communication entre deux personnes; elle comprend aussi la manière dont les médias transmettent l'information au public. En effet, l'objectif principal des médias est de faire passer l'information clairement, précisément et objectivement.

OBSERVER– RÉFLÉCHIR– PARTAGER

Observe les photos ci-dessus, **réfléchis** et réponds aux questions suivantes en faisant des points pour chaque idée:

1 **Pour quelles raisons y a-t-il une mauvaise communication entre deux personnes?**
2 **Donne des exemples de situations où il y a des problèmes de communication entre deux individus.**
3 **Comment peut-on éviter la mauvaise communication?**

Partage tes réponses avec ta classe.

ACTIVITÉ: «6 erreurs à éviter pour bien communiquer»

■ Les approches de l'apprentissage

- Compétence de pensée critique: Tirer des conclusions et des généralisations raisonnables

Regarde la vidéo intitulée «6 erreurs à éviter pour bien communiquer», puis copie et remplis le tableau suivant: **https://youtu.be/aw9iXD9NNKA**

	Les erreurs	Explication de l'erreur	Conséquences des erreurs
1			
2			
3			
4			
5			
6			

Partage tes réponses avec un camarade, puis avec la classe.

◆ Les opportunités d'évaluation

- Cette activité peut être évaluée selon Critère A: Compréhension de texte oral et visuel.

Passer à l'action: Comment mieux communiquer avec les autres?

! En groupe de deux ou trois élèves, créez un poster afin de promouvoir la bonne communication dans l'école.

! Faites un remue-méninges d'idées et établissez au minimum cinq conseils pour améliorer la communication.

LES GESTES ET LE LANGAGE CORPOREL

Les gestes et le langage corporel jouent une grande importance dans la communication. En effet, plus de 80% du message que nous délivrons lors d'une conversation est non-verbal. La position de votre corps ou encore des gestes simples qui peuvent paraître anodins, comme croiser ses bras, expriment vos pensées et vos émotions.

ACTIVITÉ: Les gestes corporels

■ Les approches de l'apprentissage

■ Compétence en matière de culture des médias: Trouver, organiser, analyser, évaluer, synthétiser et utiliser de manière éthique des informations provenant d'une variété de sources et de médias, notamment des médias sociaux numériques et des réseaux en ligne

■ Compétences de communication: Utiliser une diversité de supports pour communiquer avec des publics variés. Donner et recevoir des retours d'informations appropriés

En groupe de deux, faites une recherche sur internet sur les gestes corporels et comment ils nous trahissent dans les conversations.

Préparez une affiche **présentant** au moins six gestes qui nous trahissent et **expliquez** ce qu'ils veulent dire. Vous présenterez votre affiche à la classe.

La présentation doit durer environ deux minutes. Vous répondrez aux questions de vos camarades et de votre professeur après la présentation.

◆ Les opportunités d'évaluation

◆ Cette activité peut être évaluée selon Critère C: Communication en réponse à du texte oral, écrit et/ou visuel et Critère D: Utilisation de la langue sous forme orale et/ou écrite.

OBSERVER–COMPARER–PARTAGER

Observe les photos ci-dessous. Que veulent dire ces gestes?

1 **Décris les gestes universels montrés sur les photos.**
2 **Connais-tu d'autres gestes que tu peux mentionner?**
3 **Ce genre de gestes veulent-ils tous dire la même chose dans chaque culture?**
4 **S'il y a des différences, quelles sont-elles?**

Compare tes réponses avec un camarade, puis **partage** avec la classe.

BIEN COMMUNIQUER À L'ÉCRIT

Bien communiquer à l'écrit n'est pas toujours une tâche facile. Ceci est encore plus difficile lorsqu'on apprend une langue, ou lorsqu'on invente un nouveau système de langue. Il faut du temps et de la persévérance pour qu'un nouveau système d'écriture fonctionne efficacement et soit compris correctement.

Lis le texte suivant:

Parles-tu *emoji*?

1 Messages, réseaux sociaux… Ces petits pictogrammes japonais sont partout, mais ils ne sont pas toujours faciles à comprendre.

2 *Emoji*, ou «émoticône» en français, est l'association de deux mots japonais: *e-* qui veut dire «image» et *moji* qui désigne la «lettre». Les premiers *emoji* apparaissent au Japon en 1999 grâce à Shigetaka Kurita, employé de l'opérateur japonais NTT. Celui-ci désirait simplifier et rendre la communication plus amusante pour les adolescents utilisant les portables.

3 En 2011, les *emojis* deviennent célèbres. C'est alors qu'Apple décide de les intégrer sur les iPhones. Aujourd'hui il est rare de voir un message sans *emoji*. D'ailleurs, le mot le plus utilisé l'année dernière sur les réseaux sociaux était 🖤.

4 L'*emoji* est donc une langue sans lettres et sans mots, mais elle n'est pas internationale. En effet, elle n'est pas utilisée de la même manière dans chaque pays. L'usage des symboles varie d'un pays à l'autre. Par exemple, en France on utilise régulièrement 😂 et 🖤, alors qu'en Australie, le symbole le plus utilisé est 🏃 et chez les canadiens, on a une préférence pour le sport.

5 Malheureusement, ce langage en pictogrammes n'est pas simple à déchiffrer. Certains symboles portent à confusion et un grand nombre de personnes ne comprend pas certains *emojis* ou les utilise mal. Par exemple, 😗 n'est pas un bisou, mais un sifflement. Cela peut mener à de gros problèmes de communication.

ACTIVITÉ: Parles-tu *emoji*?

Lis l'article à côté intitulé «Parles-tu *emoji*?» et réponds aux questions suivantes:

1 Que veut dire *emoji*?
2 Pourquoi les *emojis* sont-ils nés?
3 Vrai ou faux? C'est un Japonais qui invente les *emojis*.
4 Vrai ou faux? Les *emojis* deviennent rapidement populaires.
5 Vrai ou faux? On utilise seulement les *emojis* dans la langue écrite formelle.
6 Vrai ou faux? Les *emojis* s'utilisent de la même manière dans chaque pays.
7 Pourquoi les *emojis* ne sont-ils pas une langue internationale?
8 Quel est l'inconvénient des *emojis*?
9 Quel est l'objectif de cet article?
10 Et toi, comment utilises-tu les *emojis*?

ACTIVITÉ: Comment peut-on communiquer efficacement?

Écris un article intitulé «Comment peut-on communiquer efficacement?».

Organise les informations et idées que tu as apprises dans cette section.

Écris environ 150 mots.

La communication est-elle meilleure aujourd'hui grâce à la technologie?

LA COMMUNICATION ET LA TECHNOLOGIE

La technologie a un impact considérable sur la communication. Chaque avancée technologique offre de nouvelles opportunités et possibilités aux personnes afin de pouvoir mieux communiquer entre eux et de pouvoir s'informer sur ce qui se passe dans le monde. La meilleure communication permet d'être plus instruit sur certains sujets, d'ouvrir son esprit à des nouveautés et d'améliorer sa condition de vie.

RÉFLÉCHIR–EXPLORER–COMPARER

ACTIVITÉ: TED Talk

■ Les approches de l'apprentissage

- ■ Compétence de pensée critique: Tirer des conclusions et des généralisations raisonnables
- ■ Compétences de communication: Lire en faisant preuve d'esprit critique et dans le but de dégager du sens. Prendre des notes de manière efficace en classe. Écrire dans différents objectifs

Regarde le TED Talk intitulé «Comment les nouvelles technologies peuvent aider les personnes aveugles à explorer le monde» en enlevant le son et lis les sous-titres: www.ted.com/talks/chieko_asakawa_how_new_technology_helps_blind_people_explore_the_world/transcript?goback=.gde_1830899_member_277410621&language=fr#t-289723

Lis les sous-titres et prends des notes sur les points suivants:
- **L'objectif de Chieko Asakawa**
- Ce qu'elle peut faire et ne peut pas faire
- Comment elle est devenue aveugle
- Ses premières inventions
- Les inventions qui ont d'abord été créées pour les malvoyants et malentendants
- Sa dernière invention
- Les atouts de sa dernière invention

Compare tes réponses avec un camarade.

Ensuite, **écris** un texte **résumant** les informations que tu as lues et vues. **Utilise** tes notes.

Écris environ 150 mots.

◆ Les opportunités d'évaluation

◆ Cette activité peut être évaluée selon Critère A: Compréhension de texte oral et visuel; Critère B: Compréhension de texte écrit et visuel; Critère C: Communication en réponse à du texte oral, écrit et/ou visuel; et Critère D: Utilisation de la langue sous forme orale et/ou écrite.

Lis les chapeaux des articles suivants:

Les téléphones portables sont très appréciés dans les pays en voie de développement. De plus en plus d'individus possèdent aussi un ordinateur et surfent sur internet. Chercher du travail sur internet est de plus en plus répandu, mais c'est les informations médicales qui sont très recherchées par les internautes.

L'accès à internet se développe rapidement dans les pays africains. Aujourd'hui, les technologies de l'information et de la communication facilitent grandement les interventions humanitaires et l'aide au développement.

L'éducation mondiale a un bel avenir. La technologie présente dans les salles de classe révolutionne l'enseignement donné aux enfants du monde entier et facilite l'accès à l'éducation dans des pays en développement.

De manière individuelle, lis les chapeaux et **réfléchis** aux questions suivantes. Remplis un tableau comme ci-dessous, recherche dans les textes et **explore** les idées suivantes:

Questions	Pour toi	Pour les pays en développement ou émergents	Pour des personnes handicapées (malvoyants par exemple)
De quelle manière est-ce qu'internet améliore la communication et l'accès à l'information?			
Quelles difficultés est-ce qu'internet a résolues?			
Y a-t-il encore des points à explorer avec internet?			

Compare tes réponses avec tes camarades.

PROFIL DE L'APPRENANT: COMMUNICATIFS

Découvre un personnage historique: Louis Braille (1809–1852)

Louis Braille est l'inventeur français du système d'écriture tactile pour les personnes aveugles ou fortement malvoyantes.

Suite à un accident à l'œil, Louis devient aveugle. Bien qu'handicapé, ses parents veulent que Louis soit éduqué. Il fait ses études et devient professeur. C'est en 1821 que Louis Braille assiste à une présentation sur un système d'écriture tactile, appelé le sonographe. Immédiatement, il décide de se l'approprier et d'y ajouter des améliorations. Il travaille sur son système pendant plusieurs années et en 1829 il publie son premier ouvrage intitulé «Procédé pour écrire les paroles, la musique et le plain-chant au moyen de points, à l'usage des aveugles et disposés pour eux, par Louis Braille, répétiteur à l'institution Royale des Jeunes Aveugles». Cet ouvrage représente le début du système braille.

Peux-tu écrire ton prénom en braille?

LE TÉLÉPHONE PORTABLE

Le téléphone portable est une des inventions du XXIe siècle qui a transformé le plus la communication d'aujourd'hui. Grâce au téléphone portable, le téléphone n'est plus un simple objet de communication; il est un objet indispensable à notre quotidien.

ACTIVITÉ: Comment utilises-tu ton portable?

■ Les approches de l'apprentissage

- ■ Compétence de communication: Donner et recevoir des retours d'information appropriés
- ■ Compétence de pensée créative: Procéder à des remue-méninges et avoir recours à des schémas visuels pour générer de nouvelles idées et recherches

Observe les photos ci-dessus sur le téléphone portable et fais un remue-méninges d'idées sur les activités que tu peux faire avec un téléphone portable.

Crée une carte conceptuelle pour **organiser** tes idées.
Compare tes réponses avec tes camarades.

Ensuite, prépare une mini-présentation sur ton usage du téléphone portable. Ta présentation doit inclure les points suivants:

- ● **Comment tu utilises ton portable**
- ● **Les activités que tu fais avec ton portable**
- ● **Les applications que tu utilises le plus**
- ● **Combien d'heures tu utilises ton téléphone par jour**

Ta présentation doit durer environ deux minutes.

◆ Les opportunités d'évaluation

- ◆ Cette activité peut être évaluée selon Critère C: Communication en réponse à du texte oral, écrit et/ou visuel et Critère D: Utilisation de la langue sous forme orale et/ou écrite.

▼ Liens: Mathématiques

Le portable et les applis

■ Les approches de l'apprentissage

- Compétences de pensée critique: Interpréter des données. Tirer des conclusions et des généralisations raisonnables
- Compétence de communication: Donner et recevoir des retours d'information appropriés

Regarde la vidéo suivante sur les applications des téléphones portables:
http://enseigner.tv5monde.com/fle/les-applis

Copie le tableau. Les chiffres sont mentionnés dans la vidéo. Recherche à quoi ils font référence:

Les chiffres	Signification des chiffres
2,5 millions	
35	
30	
90%	
1,4 milliard	
12,5 milliards	
288 millions	
1 milliard	
76 millions	
18,8 millions	
551	
1 milliard de $	
5 millions	

Observe le tableau et les chiffres. Travaille seul, réfléchis et réponds aux questions suivantes en écrivant les points essentiels:

1 **Quels chiffres mentionnés trouves-tu surprenants? importants à connaître? inutiles? exagérés? normaux?**
2 **Quelles informations sont révélées par rapport à ces chiffres?**
3 **Quelles conclusions peux-tu tirer en regardant ces chiffres?**

Compare tes réponses avec un groupe de deux ou trois personnes.

Avez-vous les mêmes réponses? ou sont-elles différentes?

Faites un compte-rendu de vos réponses et présentez-les à la classe.

◆ Les opportunités d'évaluation

- Cette activité peut être évaluée selon Critère A: Compréhension de texte oral et visuel; Critère C: Communication en réponse à du texte oral, écrit et/ou visuel; et Critère D: Utilisation de la langue sous forme orale et/ou écrite.

Le SMS fête déjà ses 25 ans!

1 Aujourd'hui, il est inconcevable de passer une journée sans envoyer ou recevoir un texto. C'est une invention relativement récente qui a rapidement évolué et dont nous pouvons difficilement nous passer.

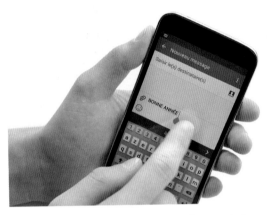

2 Le 3 décembre 1992, un ingénieur anglais, nommé Neil Papworth, envoie le premier SMS en écrivant «Joyeux Noël». En France, il faut attendre jusqu'en 1997 pour pouvoir utiliser ce service et on ne peut envoyer des messages qu'aux personnes faisant partie du même opérateur.

3 Comme pour toute nouveauté, les utilisateurs de portables n'aimaient pas les SMS. Ils pensaient qu'on devait utiliser le téléphone portable pour parler et non pour écrire. En plus, il fallait payer pour envoyer un texto! Un texto coûtait environ 15 centimes d'euro.

4 Aujourd'hui, avec les applications, comme WhatsApp, des milliards de textos sont envoyés tous les jours gratuitement. En France seulement, on compte 180 milliards de textos, selon l'ARCEP, ce qui représente environ 5400 textos envoyés par seconde! D'ailleurs, il semble qu'on privilégie l'usage du texto au téléphone.

5 Si on envoie plus de textos aujourd'hui, c'est grâce à internet. Les textos offrent de nombreux avantages; ils sont multifonctionnels et quelquefois plus pratiques. En effet, on peut envoyer des photos, faire des conversations à plusieurs, utiliser des émoticônes au lieu de mots, etc. En plus, avec la concurrence de Messenger et WhatsApp, on peut même s'appeler avec la caméra gratuitement!

ACTIVITÉ: Le SMS fête déjà ses 25 ans!

■ Les approches de l'apprentissage

■ Compétence de communication: Lire en faisant preuve d'esprit critique et dans le but de dégager du sens

Lis l'article intitulé «Le SMS fête déjà ses 25 ans!» et réponds aux questions suivantes:

1 **Quand a-t-on envoyé le premier SMS?**
2 **Pourquoi les SMS sont d'abord peu utilisés?**
3 **Vrai ou faux? En France, on pouvait envoyer des SMS à tout le monde.**
4 **Vrai ou faux? Il faut attendre cinq ans avant que le premier SMS arrive en France.**
5 **Vrai ou faux? Aujourd'hui, un SMS est gratuit.**
6 **Combien de textos sont envoyés par minute en France?**
7 **Pourquoi utilise-t-on plus de textos aujourd'hui?**
8 **Et toi, préfères-tu appeler ou envoyer un texto à tes amis?**
9 **Quel est l'objectif de cet article?**

◆ Les opportunités d'évaluation

◆ Cette activité peut être évaluée selon Critère B: Compréhension de texte écrit et visuel.

LA LANGUE DES TEXTOS

Avec l'apparition des textos est arrivée l'apparition d'un nouveau langage. Lorsque nous envoyons des textos, la communication est souvent rapide – quelquefois trop rapide – c'est pourquoi un langage abrégé non officiel a été inventé. Le langage des textos est également utilisé sur les réseaux sociaux, comme Snapchat, Twitter et Instagram.

Le langage SMS est plus simple que cela en a l'air. Il y a différentes règles à suivre:

■ Utiliser les premières lettres d'une expression, comme *MDR* (le *LOL* francophone) signifiant «mort de rire»
■ Enlever les voyelles d'un mot, comme *bjr* pour «bonjour» ou *slt* pour «salut»
■ Utiliser les chiffres phonétiquement pour remplacer des mots, comme *mr6* pour «merci» ou *koi 2 9* pour «quoi de neuf?»
■ Utiliser la phonétique au lieu des mots, comme *g* pour «j'ai» ou c pour «sait»

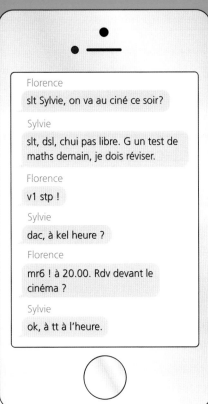

Florence
slt Sylvie, on va au ciné ce soir ?

Sylvie
slt, dsl, chui pas libre. G un test de maths demain, je dois réviser.

Florence
v1 stp !

Sylvie
dac, à kel heure ?

Florence
mr6 ! à 20.00. Rdv devant le cinéma ?

Sylvie
ok, à tt à l'heure.

Marc
C est b1 ce soir la fête ?

Paul
oui, tlm est là. Tu fais koi ?

Marc
J'arrive, j'me suis endormi !

Paul
mdr, dépêche-toi !

ACTIVITÉ: Des textos

■ Les approches de l'apprentissage

■ Compétences de communication: Lire en faisant preuve d'esprit critique et dans le but de dégager du sens. Écrire dans différents objectifs

Lis les textos ci-contre. Essaie de comprendre les abréviations, puis réécris correctement les textos.

◆ Les opportunités d'évaluation

◆ Cette activité peut être évaluée selon Critère B: Compréhension de texte écrit et visuel; Critère C: Communication en réponse à du texte oral, écrit et/ou visuel; et Critère D: Utilisation de la langue sous forme orale et/ou écrite.

ACTIVITÉ: Le portable trop envahissant!

■ Les approches de l'apprentissage

■ Compétence de pensée critique: Tirer des conclusions et des généralisations raisonnables

Regarde la vidéo sur le téléphone portable et réponds aux questions suivantes: http://cours.ifmadrid.com/prof/archives/6453

1 Pour quelle raison est-ce que ce reportage a été fait?
2 Cite trois activités que l'on fait avec le téléphone portable.
3 Quels sont les adjectifs utilisés pour décrire l'ancien téléphone portable?
4 Pourquoi le téléphone portable devient-il plus populaire?
5 Vrai ou faux? Beaucoup de personnes trouvent que le portable prend trop de place.
6 Vrai ou faux? Tu n'as pas besoin de téléphone portable pour être intégré dans la société.
7 Vrai ou faux? Trop de jeunes dorment avec leur portable.
8 Pourquoi est-il important d'avoir un téléphone portable?
9 Qu'est-ce que la socialisation?
10 Quel est l'objectif de ce reportage?
11 Selon toi, le téléphone portable est-il trop envahissant?

◆ Les opportunités d'évaluation

◆ Cette activité peut être évaluée selon Critère A: Compréhension de texte oral et visuel.

ACTIVITÉ: Le tir à la corde

■ Les approches de l'apprentissage

■ Compétence de critique: Recueillir et organiser des informations pertinentes afin de formuler un argument

L'objectif de cette activité est de pouvoir répondre à la question «Est-ce que le portable permet de mieux communiquer avec les autres?» et d'identifier les bienfaits et les problèmes que celui-ci apporte.

Pour commencer, travaille seul et réfléchis aux avantages et inconvénients du portable en **utilisant** le schéma ci-dessous. Réfléchis également aux questions que peut engendrer ce sujet.

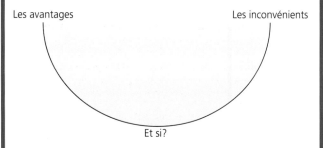

Les avantages   Les inconvénients

Et si?

Compare tes réponses avec un camarade et complète ta liste si tu en as besoin.

Partagez vos réponses avec la classe.

ACTIVITÉ: «Est-ce que le portable permet de mieux communiquer avec les autres?»

■ Les approches de l'apprentissage

■ Compétence de communication: Écrire dans différents objectifs

Écris un article intitulé «Est-ce que le portable permet de mieux communiquer avec les autres?»

En **utilisant** les informations de l'activité précédente, **organise** tes idées et tes arguments. L'objectif de ton article est d'informer ton public sur la communication et l'usage du portable.

Écris environ 150 mots.

◆ Les opportunités d'évaluation

◆ Cette activité peut être évaluée selon Critère C: Communication en réponse à du texte oral, écrit et/ou visuel et Critère D: Utilisation de la langue sous forme orale et/ou écrite.

RELIER–ÉLARGIR–PROVOQUER

Avant de terminer ce chapitre, réfléchis sur ce que tu as appris en te posant les questions suivantes:

1 **Relie: Quelles informations présentées dans ce chapitre connaissais-tu déjà?**
2 **Élargis: Qu'as-tu appris de nouveau dans ce chapitre? et quelles informations t'ont-fait changer d'idées?**
3 **Provoque: Quelles questions te poses-tu encore? Y a-t-il une information qui te pose encore un problème?**

ÉVALUATION SOMMATIVE

CES ACTIVITÉS PEUVENT ÊTRE ÉVALUÉES SELON LE CRITÈRE B: COMPRÉHENSION DE TEXTE ÉCRIT ET VISUEL, LE CRITÈRE C: COMMUNICATION EN RÉPONSE À DU TEXTE ORAL, ÉCRIT ET/OU VISUEL ET LE CRITÈRE D: UTILISATION DE LA LANGUE SOUS FORME ORALE ET/OU ÉCRITE.

Pour ces évaluations, l'usage du dictionnaire n'est pas autorisé.

Lis le blog de Sandrine:

Communiquons-nous mieux aujourd'hui?

Par Sandrine

1 À l'heure de la mondialisation, le terme «communiquer» est mentionné par tous: on communique une information, on communique par téléphone, par internet, par les mails, les réseaux sociaux, etc. Le XIXe siècle était le siècle de la révolution industrielle; le XXIe siècle est le siècle de la «communication», de l'échange et du partage. Pouvons-nous réellement dire que nous communiquons mieux aujourd'hui? Je partage avec vous ma réflexion sur ce sujet…

2 Je suis une personne de communication. J'aime rencontrer les gens, avoir des échanges en direct, échanger un langage corporel, des regards, et avoir une relation vivante avec les autres. Lors de rencontres, je prends toujours le temps d'observer et d'écouter les silences, de lire entre les lignes, entre les gestes, entre les sourires. J'aime aussi être seule, tranquille et apprécier le silence, et écouter ce qu'il y a autour de moi.

3 À cause de mon métier d'auteure, je voyage beaucoup dans tous les coins de la terre. Pendant longtemps, durant mes voyages lors de conférences, j'ai fait des rencontres extraordinaires et j'ai créé des liens avec des personnes que je ne pensais pas rencontrer. On a échangé nos histoires, nos rires avec sincérité. Néanmoins, ces voyages sont fatigants, ce sont des heures de transport, de décalages horaires, et des nuits loin de chez soi.

4 Graduellement, j'ai commencé à utiliser internet et les réseaux sociaux. Je me suis intéressée aux conférences en ligne, aux webinaires, à Facebook, Twitter et LinkedIn. Les amitiés virtuelles ont rapidement augmenté et je me suis familiarisée avec ces réseaux et les avantages qu'ils apportent.

5 Depuis plusieurs mois, j'organise des conférences en ligne et d'autres en direct sur Facebook et je suis à chaque fois surprise de voir que des milliers de personnes se connectent en même temps, depuis la France, le Québec, la Martinique, la Suisse et d'autres lieux encore, pour m'écouter. Ces conférences en ligne se passent toujours dans la bonne humeur, mais elles ne remplacent pas les conférences réelles. Elles offrent une alternative où la communication est virtuelle et permet de regrouper des personnes aux quatre coins du monde à un prix minime. De plus, la communication en ligne est en quelque sorte plus vivante, réactive et spontanée.

6 Par contre, il faut avouer que la quantité d'information, de messages, de mails a largement augmenté au point que quelquefois je ne les lis pas. Il n'y a pas si longtemps, on s'envoyait des lettres, des cartes postales, cela prenait plus longtemps pour recevoir une réponse, mais on prenait son temps pour faire passer son message. Aujourd'hui, on écrit et reçoit trop de mails. Il en est de même avec les SMS; cette messagerie instantanée est quelque peu trop spontanée. Je suis la première à répondre trop vite à mes messages sans réfléchir, et quelquefois j'accumule les fautes d'orthographe, ainsi que les faux pas! C'est pour cela qu'il faut prendre son temps avant de communiquer une information. Maintenant, je vérifie toujours mon intention avant de communiquer.

7 Finalement, dans la communication, ce n'est pas le moyen qui est important, c'est que le message soit transmis. Qu'en pensez-vous?

Sandrine

Évaluation 1

Lis le blog de Sandrine à la page précédente et réponds aux questions:

1 Pourquoi peut-on dire que le XXIe siècle est le siècle de la communication?
2 Pourquoi les rencontres en personne ont été bénéfiques pour Sandrine?
3 Qu'est-ce que Sandrine apprécie avec la communication en personne? Cite trois éléments.
4 Comment est-ce qu'internet a amélioré la vie de Sandrine?
5 Qu'est-ce que Sandrine apprécie dans les conférences en ligne?
6 Quels sont les avantages des conférences en ligne?
7 Pourquoi ne lit-elle pas toujours ses mails?
8 Quel est le désavantage des messages?
9 En quoi la photo est-elle une bonne représentation du contenu du blog?
10 Peut-on dire que Sandrine préfère les conférences en ligne aujourd'hui?
11 Selon Sandrine, communique-t-on mieux aujourd'hui?
12 Quel est l'objectif de ce blog?

Évaluation 2

Écris un commentaire sur le blog de Sandrine. Es-tu d'accord avec elle? Donne ton opinion sur la question «Communique-t-on mieux aujourd'hui?»

Écris environ 100 mots.

Évaluation 3

Observe la photo.

Pour cette évaluation, tu vas faire une discussion avec ton professeur sur les téléphones portables, les avantages, les inconvénients et ce qu'ils apportent à la vie quotidienne. Écoute et réponds aux questions de ton professeur.

L'interaction durera deux à trois minutes.

Évaluation 4

Écris un article pour le journal de l'école sur l'impact positif et négatif de la technologie, la communication et l'information.

Pense à inclure les points suivants:
- Sélectionne deux avancées technologiques
- Explique l'utilité de ces avancées
- Donne des avantages et des inconvénients
- Donne des exemples
- Structure ton article et inclus une réflexion dans la conclusion

Écris environ 150 mots.

Réflexion

Dans ce chapitre, tu as découvert les différentes formes et les moyens de communication et as exploré la manière de transmettre un message efficace pour assurer une bonne communication. Dans notre société, il est important de communiquer clairement et de prendre le temps de comprendre et réfléchir à d'éventuels problèmes de la communication.

Utilise ce tableau pour réfléchir sur ce que tu as appris dans ce chapitre.					
Les questions posées	Les réponses trouvées	D'autres questions?			
Factuelles: Quelles formes de communication existe-t-il? Quels moyens de communication existe-t-il?					
Conceptuelles: Qu'est-ce qu'une communication efficace?					
Invitant au débat: La communication est-elle meilleure aujourd'hui grâce à la technologie?					
Les approches de l'apprentissage utilisées dans ce chapitre:	Description: quelles nouvelles compétences as-tu développées?	La maîtrise de ces compétences			
		Novice	Apprenti	Pratiquant	Expert
Compétences de communication					
Compétences en matière de culture des médias					
Compétences de pensée critique					
Compétences de pensée créative					
Les qualités du profil de l'apprenant:	Réfléchis sur l'importance d'être communicatif dans l'apprentissage de ce chapitre.				
Communicatifs					

11 Es-tu une victime de la consommation?

○ À travers la consommation, nous pouvons nous **exprimer créativement** et **réaliser** nos envies et désirs.

EXAMINER ET RÉPONDRE AUX QUESTIONS:

Factuelles: Qu'est-ce que tu aimes acheter?

Conceptuelles: Pourquoi consommons-nous? Qu'exprimons-nous à travers la consommation?

Invitant au débat: Sommes-nous manipulés à consommer?

Maintenant **partage et compare** tes réponses à ces questions avec ton voisin ou la classe.

○ DANS CE CHAPITRE, NOUS ALLONS:

■ **Découvrir** comment on utilise l'argent, ce qu'on aime acheter et ce qu'on aime porter.

■ **Explorer** ce qu'est la consommation et ce que nous exprimons en consommant.

■ **Passer à l'action** en sensibilisant les autres à consommer raisonnablement.

● Nous nous efforcerons de réfléchir aux qualités du profil de l'apprenant, pour comprendre ce que signifie:

● Intègres: Nous adhérons à des principes d'intégrité et d'honnêteté, et possédons un sens profond de l'équité, de la justice et du respect de la dignité et des droits de chacun, partout dans le monde. Nous sommes responsables de nos actes et de leurs conséquences.

OBSERVER–RÉFLÉCHIR–EXPLORER

En **observant** la photo ci-dessus, **réfléchis** à ce que veut dire la consommation pour toi.

1 **Que sais-tu sur la consommation?**
2 **Que voudrais-tu explorer sur la consommation?**

Partage tes réponses avec la classe.

GRAMMAIRE

• Les pronoms personnels
• Le pronom «en»

VOCABULAIRE SUGGÉRÉ

Substantifs		Adjectifs	Verbes
un accessoire	le magasin	bon marché	acheter
un acheteur	le manteau	cher	consommer
un excès	le meuble	doux	dépenser
un objet	le pantalon	économe	disposer
l'argent	le produit	envieux	donner
la bague	le pull	exagéré	échanger
la blouse	le T-shirt	jaloux	envier
la boutique	le téléphone portable	luxueux	essayer
la chemise	le vendeur	matérialiste	faire les magasins
la consommation	les bottes (f.)	négligent	gaspiller
la jupe	les chaussures (f.)	plastique	jeter
la mode	les pantoufles (f.)	rayé	manipuler
la montre	les vêtements (m.)	responsable	payer
la nourriture		riche	rembourser
la publicité		uni	rendre
la robe			retourner
la surconsommation			s'habiller
la voiture			se changer
le bijou			utiliser
le collier			vendre

Qu'est-ce que tu aimes acheter?

L'ARGENT

L'argent est un bien matériel important dans la vie des gens. Nous en avons besoin pour nous acheter à manger ou des vêtements ou pour payer certains services. Certaines personnes sont très économes avec l'argent et ne le dépensent pas; d'autres sont plus dépensières et n'hésitent pas à s'acheter des biens matériels ou immatériels dont elles n'ont pas toujours besoin.

OBSERVER–PENSER–SE POSER DES QUESTIONS

Observe la photo ci-dessus.

1 **Décris la photo et recherche le vocabulaire nécessaire.**
2 **Que penses-tu de cette photo?**
3 **Quelles questions te poses-tu sur cette photo?**

Partage tes réponses avec la classe.

ACTIVITÉ: L'argent et nous

■ Les approches de l'apprentissage

- Compétence de pensée critique: Tirer des conclusions et des généralisations raisonnables

Regarde la vidéo, copie et remplis le tableau suivant:
http://enseigner.tv5monde.com/fle/largent-et-nous-1516

Questions	La fille (Oriane)	Pacco (le garçon avec le T-shirt blanc)	Louis (le garçon avec le T-shirt rose)	Maxence
Tu as de l'argent de poche?				
Combien reçois-tu d'argent?				
Que fais-tu pour gagner de l'argent?				
Qu'achètes-tu avec ton argent?				
Économises-tu ton argent?				
L'argent, est-ce important?				
Qu'est-ce qui est plus important que l'argent?				

◆ Les opportunités d'évaluation

- Cette activité peut être évaluée selon Critère A: Compréhension de texte oral et visuel.

ACTIVITÉ: L'argent et vous

■ Les approches de l'apprentissage

■ Compétence de communication: Donner et recevoir des retours
d'information appropriés

Reprends les questions de l'activité précédente et réponds aux questions,
puis pose-les à deux de tes camarades:

Questions	Toi	Camarade n°1	Camarade n°2
Tu as de l'argent de poche?			
Combien reçois-tu d'argent?			
Que fais-tu pour gagner de l'argent?			
Qu'achètes-tu avec ton argent?			
Économises-tu ton argent?			
L'argent, est-ce important?			
Qu'est-ce qui est plus important que l'argent?			

À partir des réponses données, **écris** un résumé **expliquant** tes résultats.

Pense à **comparer** tes résultats avec ceux de tes camarades et à tirer des conclusions.

Écris 150 mots.

◆ Les opportunités d'évaluation

◆ Cette activité peut être évaluée selon Critère C: Communication en
réponse à du texte oral, écrit et/ou visuel et Critère D: Utilisation de la
langue sous forme orale et/ou écrite.

GRAMMAIRE

Suggestions

Révise comment utiliser la
comparaison et le superlatif.

Le pronom «en»

On utilise des pronoms dans une phrase afin de ne pas répéter un mot.

Le pronom «en» remplace des noms précédés de la préposition «de»
indiquant des quantités ou des verbes suivis de la préposition «de», par
exemple:

- Vous avez de l'argent de poche? Oui, j'en ai./Non, je n'en ai pas.
- Vous mangez des pommes? Oui, j'en mange./Non, je n'en mange jamais.
- Vous avez acheté des bananes? Oui, j'en ai acheté deux./Non, il n'y en avait plus.
- Vous revenez de vacances? Oui, j'en reviens./Non, je n'en reviens pas.

LES VÊTEMENTS

Un des produits de consommation les plus populaires sont les vêtements. Nous en avons tous de couleurs différentes, de formes différentes représentant nos goûts. Certains adorent dépenser de l'argent pour acheter des habits à la mode; d'autres sont moins intéressés.

ACTIVITÉ: Qui est-ce?

■ Les approches de l'apprentissage

■ Compétence de communication: Écrire dans différents objectifs

Travaille seul pour commencer. Observe tes camarades de classe et choisis de **décrire** trois élèves.

Écris ce que trois de tes camarades portent, en mentionnant les chaussures, les bijoux et les accessoires.

Partage tes descriptions avec un petit groupe d'élèves, puis devinez de qui il s'agit.

ACTIVITÉ: Qu'est-ce que tu portes?

■ Les approches de l'apprentissage

■ Compétence de communication: Lire en faisant preuve d'esprit critique et dans le but de dégager du sens

1	une robe	21	des sandales
2	des pantalons	22	des tennis
3	des bottes	23	des chaussures à talons
4	une bague		
5	une écharpe	24	un T-shirt
6	une ceinture	25	un pull
7	du maquillage	26	une jupe
8	un chapeau	27	un manteau
9	un bracelet	28	une veste
10	des baskets	29	un pyjama
11	des jeans	30	un maillot de bain
12	un sac	31	un costume
13	des lunettes de soleil	32	un cardigan
14	un porte-monnaie	33	une blouse
15	une barrette	34	une chemise
16	une cravate	35	des collants
17	une montre	36	des chaussettes
18	un collier	37	des gants
19	des boucles d'oreille	38	un bonnet
20	des pantoufles	39	un short

1 Observe le tableau et les mots dans l'encadré. Associe le bon mot avec l'image.

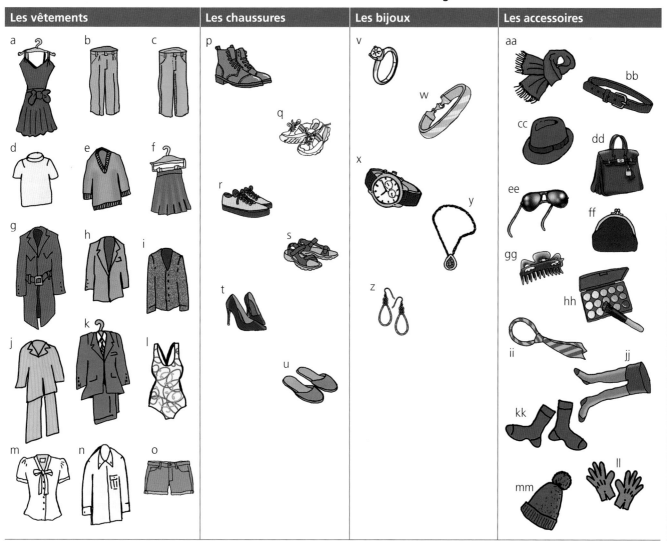

Les vêtements	Les chaussures	Les bijoux	Les accessoires

a · b · c · p · v · aa · bb · cc · dd · d · e · f · q · w · x · ee · ff · g · h · i · r · s · y · gg · hh · j · k · l · t · z · ii · jj · u · kk · ll · m · n · o · mm

2 Travaille avec un camarade et réponds aux questions suivantes:

    a Que portes-tu aujourd'hui? (Aujourd'hui je porte...)

    b Quel vêtement est-ce que tu préfères porter?

    c Quel vêtement n'aimes-tu pas porter?

    d Quelles chaussures portes-tu?

    e Quelles chaussures préfères-tu porter?

    f Quelles chaussures n'aimes-tu pas mettre?

    g Quels bijoux portes-tu?

    h Quels accessoires est-ce que tu mets toujours?

3 Que portes-tu dans les situations suivantes?

Que portes-tu...	Vêtements	Chaussures	Bijoux	Accessoires
à la maison?				
à une sortie dans un restaurant formel?				
à une sortie avec des amis?				
à la plage?				
normalement en été?				
normalement en hiver?				

Les vêtements que nous portons parlent de nous!

1   On dit souvent que la mode est superficielle, mais pour certains les vêtements que nous choisissons de porter permettent de définir notre personnalité. Voici le témoignage de Bénédicte, Ariane et Thibault.

Bénédicte

2   Moi, j'adore la mode et m'acheter des vêtements. J'aime bien regarder les magazines de mode pour savoir quelles sont les dernières tendances. Je dépense tout mon argent de poche sur les vêtements, particulièrement des écharpes et des chaussures. Dernièrement, je me suis acheté une jupe noire que je vais mettre à l'anniversaire de ma mère.

3   Je pense que c'est important de choisir les vêtements que l'on veut porter, car ils projettent ce que nous désirons et sont également le reflet de nos humeurs. Lorsque je suis de bonne humeur, j'aime bien mettre des vêtements avec des couleurs et quand je veux rester discrète, je porte des vêtements plus simples et décontractés. En été, j'aime bien porter des couleurs vives et en hiver, je porte des couleurs plus sombres.

Ariane

4   Moi, je ne suis pas aussi intéressée par les vêtements. Bien sûr, j'aime bien choisir mes vêtements, et décider ce que je vais mettre le matin, mais, pour moi, ce qui est très important est que je me sente à l'aise dans mes vêtements. Je préfère les habits décontractés, comme les T-shirts et les jeans. Je trouve ça plus agréable. Quelquefois, je porte des vêtements plus chics, comme des robes et des jupes, mais uniquement lors de fêtes avec des amis ou d'événements importants, comme des mariages.

5   Je n'aime pas non plus les vêtements qui ont trop de couleurs. Mes couleurs préférées sont le bleu, le noir, et le gris. Je n'aime pas non plus les vêtements avec des motifs et des fleurs; je préfère quand le tissu reste simple.

Thibault

6   Pour moi, les vêtements sont une nécessité. Je porte différents types de vêtements selon les situations et selon les personnes que je vais rencontrer. Avec mes amis, je porte des vêtements sportifs ou de marque à la mode, et à la maison je peux être plus décontracté.

7   Je pense que c'est important de mettre les bons vêtements dans les bonnes situations. Les vêtements que tu portes sont évidemment la première image que tu donnes de toi-même. Il faut donc faire attention à ce que tu portes si tu veux faire une bonne impression. Par exemple, lors d'un entretien d'embauche, tu vas porter des vêtements formels, comme un costume avec une cravate.

ACTIVITÉ: Les vêtements que nous portons parlent de nous!

Les approches de l'apprentissage

- Compétence de communication: Lire en faisant preuve d'esprit critique et dans le but de dégager du sens

Lis l'article intitulé «Les vêtements que nous portons parlent de nous!» et réponds aux questions suivantes:

1 Qu'est-ce que Bénédicte aime s'acheter le plus?
2 Selon Bénédicte, pourquoi portons-nous des vêtements de couleurs?
3 Qu'est-ce qu'il y a de plus important pour Ariane?
4 Cite quatre adjectifs pour parler des différents types de vêtements.
5 Quand est-ce qu'Ariane porte des T-shirts et des jeans?
6 Pour Thibault, qu'est-ce qui dicte ce qu'il va porter?
7 Pourquoi, selon Thibault, faut-il faire attention à ce que tu portes?
8 Cite deux adjectifs dans le texte pour décrire la personnalité d'Ariane.
9 Quel adolescent attache le plus d'importance à la mode? Justifie.
10 Quel est le message de cet article?
11 La première photo de l'article est-elle une bonne représentation du sujet de l'article?
12 Quel est l'objectif de cet article?
   a informer   b persuader   c divertir

Les opportunités d'évaluation

- Cette activité peut être évaluée selon Critère B: Compréhension de texte écrit et visuel.

ACTIVITÉ: Qu'est-ce que les vêtements pour toi?

Les approches de l'apprentissage

- Compétence de communication: Écrire dans différents objectifs

Écris une page de ton blog sur le genre de vêtements que tu aimes porter et ce que tu n'aimes pas mettre.

Pense à inclure les points suivants:

- **Des exemples de vêtements que tu aimes**
- **Des exemples de vêtements que tu portes rarement**
- **Ce que tu aimes acheter**
- **Ce que tu as acheté dernièrement et pourquoi**
- **L'importance des vêtements**

Écris 150 mots environ.

Les opportunités d'évaluation

- Cette activité peut être évaluée selon Critère C: Communication en réponse à du texte oral, écrit et/ou visuel et Critère D: Utilisation de la langue sous forme orale et/ou écrite.

PROFIL DE L'APPRENANT: INTÈGRES

Découvre un personnage historique: Yves Saint-Laurent (1936–2008)

Yves Mathieu-Saint-Laurent, appelé Yves Saint-Laurent, est un grand couturier français et l'un des plus célèbres au monde. En 1958, Yves Saint-Laurent décide de créer sa propre maison de couture avec

Pierre Bergé. Il présente sa première collection en 1962 et crée le vestiaire de la femme moderne. Sa collection devient très vite célèbre et il gagne en notoriété.

À sa mort, Pierre Bergé décide de vendre la collection du couturier. Le résultat de la vente (environ 375 millions d'euros) revient en partie à la fondation Pierre Bergé–Yves Saint Laurent et à la recherche contre le sida.

Connais-tu d'autres grands couturiers intègres?

FAIRE DES ACHATS

Nous aimons tous faire des achats, soit pour nous-mêmes soit pour offrir quelque chose aux autres. Avec la technologie d'aujourd'hui, il existe différentes manières d'acheter des biens et services. On peut aller dans les magasins ou acheter en ligne. Et toi, que préfères-tu?

RÉFLÉCHIR–COMPARER–PARTAGER

Réfléchis sur la photo ci-dessus et réponds aux questions suivantes:

1 **Que penses-tu de cette photo?**
2 **Que peut-on acheter sur internet?**
3 **Utilises-tu internet pour faire tes achats? Pourquoi?**
4 **Qu'achètes-tu généralement sur internet?**
5 **Est-ce un système d'achat efficace? Justifie.**

Compare tes réponses avec un camarade et **partagez**-les avec la classe.

ACTIVITÉ: La consommation en ligne

■ Les approches de l'apprentissage

■ Compétence de pensée critique: Tirer des conclusions et des généralisations raisonnables

Voici un reportage sur le développement des achats en ligne en France: www.francetvinfo.fr/economie/commerce/consommation-le-developpement-des-achats-en-ligne_2196666.html

Observe les chiffres suivants, avant de regarder la vidéo, et fais des suppositions sur ce que peuvent vouloir dire ces chiffres qui apparaissent dans la vidéo.

Ensuite, copie le tableau, regarde la vidéo et cherche les explications pour chaque chiffre.

Les chiffres	Suppositions	Explication dans la vidéo
+ 15%		
€72 milliards		
8,6%		
36 millions		
8 internautes sur 10		
€2000/an		
€70		
28/an		
33 secondes		

Réponds aux questions suivantes:

1 **Pourquoi le panier moyen a-t-il baissé?**
2 **Qu'achète-on en ligne?**
3 **En observant les chiffres, quelles conclusions peux-tu tirer?**

◆ Les opportunités d'évaluation

◆ Cette activité peut être évaluée selon Critère A: Compréhension de texte oral et visuel.

ACTIVITÉ: Avantages et inconvénients

■ Les approches de l'apprentissage

■ Compétences de pensée critique: Recueillir et organiser des informations pertinentes afin de formuler un argument. Tirer des conclusions et des généralisations raisonnables
■ Compétence de communication: Écrire dans différents objectifs

Réfléchis aux avantages et aux inconvénients d'acheter des biens ou services en ligne et dans les magasins.

	Avantages	Inconvénients
Achats dans les magasins		
Achats en ligne		

Compare tes réponses avec deux autres camarades et complétez votre liste.

À partir des avantages et inconvénients:
- **Y a-t-il des biens ou services qui ne doivent pas être vendus en ligne?**
- **Comment préfères-tu faire tes achats?**
- **Y a-t-il d'autres conclusions que tu peux tirer?**

Dans vos groupes, faites une brève présentation et partagez vos réponses et conclusions avec la classe.

◆ Les opportunités d'évaluation

◆ Cette activité peut être évaluée selon Critère C: Communication en réponse à du texte oral, écrit et/ou visuel et Critère D: Utilisation de la langue sous forme orale et/ou écrite.

ACTIVITÉ: Achats en ligne ou dans les magasins?

■ Les approches de l'apprentissage

■ Compétence de communication: Écrire dans différents objectifs

Écris une page de ton blog sur les avantages et les inconvénients des achats en ligne et dans les magasins. N'oublie pas de donner ton opinion et d'**expliquer** ta préférence.

Écris 150 mots environ.

◆ Les opportunités d'évaluation

◆ Cette activité peut être évaluée selon Critère C: Communication en réponse à du texte oral, écrit et/ou visuel et Critère D: Utilisation de la langue sous forme orale et/ou écrite.

14 Vous payez en liquide ou par carte?

15 Cela fera €157, s'il vous plaît.

1 Bonjour madame, est-ce que je peux vous aider?

2 Non merci, je regarde ce que vous avez.

16 Vous avez un mois pour échanger ou rapporter le vêtement non-porté s'il ne convient pas.

17 J'ai acheté ce pull en ligne et il est trop grand; je voudrais l'échanger.

3 S'il vous plaît, pourriez-vous m'aider? Je cherche un manteau.

4 Quelle est votre taille?

18 Auriez-vous un autre T-shirt identique de la même taille? Celui-ci a un trou.

19 Je vous conseille ce genre de pantalon; c'est la dernière mode.

5 Quelle est votre pointure?

6 Je chausse du 37.

7 Je suis de taille moyenne.

20 Serait-il possible d'avoir un prix sur cette blouse? Elle est sale.

21 Il y a une démarque sur ce pantalon. Il est maintenant 30% moins cher.

8 Je cherche une jupe longue plissée. Est-ce que vous en avez une?

9 Est-ce que vous auriez la taille en dessous? Cette blouse est trop grande.

22 Quand est-ce que vous commencez les soldes?

10 Combien coûte ce pantalon? Il n'y a pas de prix sur l'étiquette.

11 Où sont les cabines d'essayage? Je voudrais essayer cette robe.

23 Je voudrais essayer la paire de chaussures qui est dans la vitrine.

12 À votre place, je prendrais le pantalon bleu; il vous va mieux.

13 Je peux vous proposer ce gilet. Il va très bien avec la blouse que vous essayez.

Copie le tableau puis lis les bulles et organise-les entre ce que dirait un(e) vendeur/se et un(e) client(e).

un(e) vendeur/se	un(e) client(e)

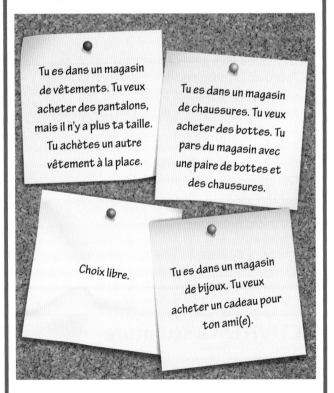

ACTIVITÉ: Au magasin!

◼ Les approches de l'apprentissage

■ Compétence de communication: Écrire dans différents objectifs

Écris un dialogue dans un magasin de ton choix (vêtements, chaussures, accessoires, bijoux) entre un vendeur et un client.

Écris environ 150 mots.

Avec un camarade, joue ton dialogue.

◆ Les opportunités d'évaluation

◆ Cette activité peut être évaluée selon Critère C: Communication en réponse à du texte oral, écrit et/ou visuel et Critère D: Utilisation de la langue sous forme orale et/ou écrite.

ACTIVITÉ: Au magasin! (bis)

◼ Les approches de l'apprentissage

■ Compétence de collaboration: Donner et recevoir des retours d'information appropriés

Travaille avec un camarade et prépare un jeu de rôle «Au magasin» que tu as tiré au sort.

Tu es dans un magasin de vêtements. Tu veux acheter des pantalons, mais il n'y a plus ta taille. Tu achètes un autre vêtement à la place.

Tu es dans un magasin de chaussures. Tu veux acheter des bottes. Tu pars du magasin avec une paire de bottes et des chaussures.

Choix libre.

Tu es dans un magasin de bijoux. Tu veux acheter un cadeau pour ton ami(e).

◆ Les opportunités d'évaluation

◆ Cette activité peut être évaluée selon Critère C: Communication en réponse à du texte oral, écrit et/ou visuel et Critère D: Utilisation de la langue sous forme orale et/ou écrite.

Pourquoi consommons-nous?

ACTIVITÉ: Qu'est-ce que la consommation?

■ Les approches de l'apprentissage

■ Compétence de pensée critique: Tirer des conclusions et des généralisations raisonnables

Regarde la vidéo et réponds aux questions suivantes:
https://youtu.be/TTEe9NmlBp8

1 C'est quoi la consommation?
2 Cite quatre besoins pour satisfaire la consommation.
3 Quelles sont les deux catégories de biens qui concernent la consommation?
4 Donne trois exemples de chaque bien des deux catégories.
5 Que faut-il faire pour consommer?
6 Pourquoi la consommation représente la bonne santé économique d'un pays?
7 Pourquoi faut-il établir des règles concernant la consommation?
8 Cite deux règles obligatoires sur la consommation.
9 Quel est l'objectif de cette vidéo?
10 Qui est le public de cette vidéo?

◆ Les opportunités d'évaluation

◆ Cette activité peut être évaluée selon Critère A: Compréhension de texte oral et visuel.

ACTIVITÉ: La sculpture

■ Les approches de l'apprentissage

■ Compétence de communication: Écrire dans différents objectifs

Écris une page de ton blog sur la sculpture de Duane Hanson.

OBSERVER–RÉFLÉCHIR–PARTAGER

Observe et **réfléchis** sur la sculpture intitulée *Supermaket Shopper* de Duane Hanson.

1 Décris ce que tu vois et recherche le vocabulaire.
2 Que penses-tu? Justifie tes réponses. Quelle image a-t-il des consommateurs?
3 Quelles questions te poses-tu?

Partage tes réponses avec la classe.

LA CONSOMMATION ET SES DANGERS

La consommation est un terme général pour parler de ce que chaque individu achète et utilise pour assouvir certains besoins. En effet, avec l'argent que nous gagnons, nous achetons des produits nécessaires et utiles, et quelquefois nous faisons des dépenses frivoles.

Décris la sculpture et **explique** le message de l'artiste. Donne ton opinion.

Écris environ 150 mots.

◆ Les opportunités d'évaluation

◆ Cette activité peut être évaluée selon Critère C: Communication en réponse à du texte oral, écrit et/ou visuel et Critère D: Utilisation de la langue sous forme orale et/ou écrite.

OBSERVER–RÉFLÉCHIR–SE POSER DES QUESTIONS

Observe et **réfléchis** sur les photos ci-dessus.

1 Décris ce que tu vois et recherche le vocabulaire nécessaire.
2 Que penses-tu de ces photos?
3 Quelles questions **te poses**-tu en regardant ces photos?

Partage tes réponses avec la classe.

ACTIVITÉ: La consommation raisonnable

■ Les approches de l'apprentissage

■ Compétence de pensée critique: Tirer des conclusions et des généralisations raisonnables

Regarde la vidéo et réponds aux questions suivantes:
https://youtu.be/gtyovz_18cg

1 Quel âge a Alex?
2 Que veut-il acheter?
3 Pourquoi ne peut-il pas acheter tout ce qu'il veut?
4 Qu'est-ce qui influence le choix d'Alex quand il va au magasin acheter des vêtements?
5 Pourquoi, selon Alex, est-il important d'acheter des vêtements de marque?
6 Cite deux idées fausses sur les vêtements et la consommation.
7 Qu'est-ce que les labels doivent donner comme information?
8 Qu'est-ce qu'un achat impulsif?
9 Quels conseils sont donnés pour éviter de dépenser trop d'argent?
10 Qu'est-ce que la consommation responsable?
11 Selon toi, le message de cette vidéo est efficace? Pourquoi?
12 Es-tu un consommateur responsable? Justifie.

◆ Les opportunités d'évaluation

◆ Cette activité peut être évaluée selon Critère A: Compréhension de texte oral et visuel.

! Passer à l'action: Devenons des consommateurs raisonnables!

! Travaille avec un groupe de deux ou trois élèves et préparez une affiche et une présentation afin de sensibiliser les élèves de ton année à être des consommateurs raisonnables!

Qu'exprimons-nous à travers la consommation?

Quel type d'acheteur es-tu?

Nous vivons dans une société où on peut acheter tout ce que l'on veut, mais nous ne consommons pas tous de la même manière. Il existe cinq types d'acheteurs: les raisonnables, les compulsifs, les irréfléchis, les professionnels et les narcissiques. Fais le test suivant pour savoir quel consommateur tu es.

1 Tu as une carte de crédit?
   a Je la mets dans mon sac pour faire les courses.
   b Je l'utilise pour gagner des points cadeaux.
   c Avec elle, je pourrais m'acheter tout ce que je veux.
   d J'en ai plusieurs.
   e Je l'utilise tout le temps, pour tous mes achats et après je regrette.

2 Je décide de m'acheter de nouveaux vêtements…
   a Pas besoin; mon armoire est pleine.
   b J'achète un vêtement de temps en temps.
   c Je commande sur catalogue pour avoir les cadeaux.
   d J'achète tout dans la même boutique.
   e Je m'achète un vêtement très cher, et je ne peux plus m'acheter ce dont j'ai vraiment besoin.

3 Je prends un crédit…
   a OK, mais pour acheter une maison.
   b Mon banquier m'a donné une réserve que j'utilise rarement.
   c J'en ai besoin; je n'ai pas assez d'argent.
   d Oui, et j'ai toutes les cartes des magasins.
   e J'en ai déjà 4!

4 Les cadeaux de Noël, je les achète…
   a En décembre et je déteste cela.
   b Je prépare mes cadeaux toute l'année.
   c J'achète pour toute la famille.
   d J'achète des objets de qualité uniquement.
   e J'achète toujours trop de cadeaux!

5 Mon dernier achat fou…
   a J'ai acheté un nouveau lit.
   b J'ai refait ma chambre.
   c Une robe que je n'ose pas porter.
   d J'ai oublié.
   e Il y en a beaucoup!

6 L'achat que je regrette…
   a Un vélo qui prend de la place et que je n'utilise jamais.
   b S'il y a du plaisir, il n'y a pas de regret.
   c J'ai trop honte, je ne peux pas le dire.
   d Un tableau, très cher…
   e Toute mon armoire!

7 Quand je voyage à l'étranger…
   a Je n'achète jamais des souvenirs; il y a les photos.
   b J'achète un objet-souvenir, et si c'est trop cher, c'est pas grave.
   c J'achète des souvenirs pour toute la famille.
   d Je visite tous les petits magasins.
   e Je prends une valise en plus.

8 Je vois une belle vitrine dans la ville…
   a Je suis indifférent.
   b Je m'arrête et la regarde pendant plusieurs minutes.
   c Je ferme les yeux et je passe devant rapidement.
   d Je vois tout de suite ce que je veux.
   e Je sors immédiatement ma carte sans savoir ce que je vais acheter.

Pour trouver le résultat, compte tes réponses.

Si tu as plus de **a**, tu es définitivement un acheteur raisonnable. Tu réfléchis toujours avant d'acheter.

Si tu as plus de **b**, tu es un acheteur professionnel. Tu regardes tous les vêtements, tu compares et trouves toujours la bonne affaire.

Si tu as plus de **c**, tu es un acheteur irréfléchi. Il t'arrive d'avoir envie d'acheter et de sentir une certaine obligation d'acheter des cadeaux, mais rapidement tu regrettes souvent tes achats.

Si tu as plus de **d**, tu es un acheteur narcissique. Tu achètes de manière obsessionnelle. Ce n'est pas l'objet qui t'intéresse, mais l'acte d'acheter. Il y a une règle à suivre: ne pas mettre ses finances en danger.

Si tu as plus de **e**, tu es un acheteur compulsif. Tu achètes tout et par crise. Tu t'endettes, tu te sens coupable et tu es déprimé. Pour te sentir mieux, tu achètes encore!

ACTIVITÉ: Quel type d'acheteur es-tu?

■ Les approches de l'apprentissage

■ Compétence de communication: Lire en faisant preuve d'esprit critique et dans le but de dégager du sens

Lis le test psychologique «Quel type d'acheteur es-tu?» et réponds aux questions suivantes:

1 Combien y a-t-il d'acheteurs?
2 Cite trois actes raisonnables de l'acheteur A.
3 Qu'y a-t-il de professionnel dans l'acheteur B?
4 Quels acheteurs regrettent toujours leurs achats?
5 Quels acheteurs dépensent trop?
6 Quels acheteurs sont économes?
7 Quel acheteur n'est pas manipulable?
8 Quel genre d'objet achètent les acheteurs narcissiques?
9 Quel est l'objectif de ce test?

◆ Les opportunités d'évaluation

◆ Cette activité peut être évaluée selon Critère B: Compréhension de texte écrit et visuel.

ACTIVITÉ: Commentaire

■ Les approches de l'apprentissage

■ Compétence de communication: Écrire dans différents objectifs

Fais le test «Quel type d'acheteur es-tu?» et découvre quel genre d'acheteur tu es.

Puis, **écris** un commentaire répondant au test. Tu **expliques** tes résultats et donne ton opinion sur le test.

Écris environ 50 à 100 mots.

◆ Les opportunités d'évaluation

◆ Cette activité peut être évaluée selon Critère C: Communication en réponse à du texte oral, écrit et/ou visuel et Critère D: Utilisation de la langue sous forme orale et/ou écrite.

Sommes-nous manipulés à consommer?

LA PUBLICITÉ

La publicité existait déjà lors de l'Antiquité, mais elle s'est véritablement développée au 19e siècle aux États-Unis. Elle joue un rôle important dans la société de consommation, puisqu'elle permet de présenter, de promouvoir et de faire vendre des biens matériels et immatériels.

OBSERVER–PENSER–SE POSER DES QUESTIONS

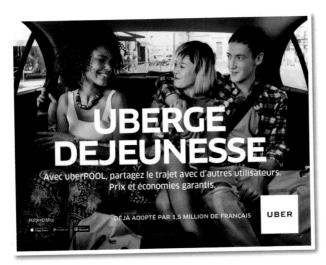

Observe l'affiche publicitaire ci-dessus et réponds aux questions suivantes. Présente la publicité à la classe.

1 **Décris la publicité, le produit vendu et le message.**
2 **Qu'est-ce que tu penses de ta publicité? et pourquoi?**
3 **Quelles questions te poses-tu sur ta publicité?**

Puis, en groupe de deux, cherchez une publicité de votre choix, et faites le même exercice.

ACTIVITÉ: Les spots publicitaires

◼ Les approches de l'apprentissage

◼ Compétence de pensée critique: Tirer des conclusions et des généralisations raisonnables

Regarde les publicités suivantes, copie et remplis le tableau et réponds aux questions:

Les publicités	Le produit vendu	Description de la pub	Le slogan	Le public visé
https://youtu.be/oCP470WNDnE				
https://youtu.be/QbN9ydv3yUU				
https://youtu.be/hcF_88HLOYk				
https://youtu.be/dC32QlW3rOU				
https://youtu.be/xVoDniuhrH4				

1 Quelle publicité trouves-tu efficace?
2 Quel produit veux-tu acheter après avoir regardé la pub?
3 Selon toi, quelle est la meilleure publicité? Pourquoi?

◆ Les opportunités d'évaluation

◆ Cette activité peut être évaluée selon Critère A: Compréhension de texte oral et visuel.

▼ Liens: Langue et littérature

Lego

◼ Les approches de l'apprentissage

◼ Compétence de communication: Lire en faisant preuve d'esprit critique et dans le but de dégager du sens

Observe la publicité «Lego» à **http://iletaitunepub.fr/2013/10/lego-on-pardonne-creativite** et réponds aux questions suivantes:

1 Quel est le produit de cette publicité? Et comment sait-on que ceci est le produit?
2 Quel est le slogan? Est-il clair?
3 Qui est le public visé de cette publicité? Justifie.
4 Quel est le message de cette publicité?
5 Quelle est la couleur principale de cette publicité? Pourquoi?
6 Que font les enfants?
7 Décris le comportement ou la réaction des enfants sur la publicité.
8 Pourquoi l'enfant plus jeune est-il sur les épaules de son frère?
9 Que symbolise la couleur jaune-orange du pull de l'enfant?
10 Pourquoi les enfants sont-ils placés au centre de la publicité?
11 Quel est le ton de cette pub?
12 Selon toi, est-ce une publicité efficace?

◆ Les opportunités d'évaluation

◆ Cette activité peut être évaluée selon Critère B: Compréhension de texte écrit et visuel.

Les pronoms personnels directs ou indirects

Les pronoms directs remplacent des noms de choses ou de personnes et évitent de répéter des mots. Ils répondent à la question «qui?» ou «quoi?», par exemple:

• Je regarde le chien. – Je **le** regarde.

• Je regarde la télévision. – Je **la** regarde.

• Je regarde les enfants. – Je **les** regarde.

Les pronoms indirects remplacent des noms de personnes précédés de la préposition «à». Ils répondent à la question «à qui?», par exemple:

• Je parle à Paul. – Je **lui** parle.

• Je parle à Sylvie. – Je **lui** parle.

• Je parle aux élèves. – Je **leur** parle.

ACTIVITÉ: Présentation d'une publicité

■ Les approches de l'apprentissage

■ Compétence de communication: Donner et recevoir des retours d'informations appropriés

■ Compétences de pensée critique: Interpréter des données. Tirer des conclusions et des généralisations raisonnables

Recherche sur internet une affiche publicitaire que tu vas **présenter**.

Choisis une publicité sur un des thèmes suivants:
● **Nourriture (biscuits, chocolat, fromage, lait, etc.)**
● **Baskets**
● **Vêtements**
● **Objets technologiques (portables, etc.)**
● **Voitures**
● **Etc.**

Présente-la à ton professeur et demande son opinion.

Prépare une présentation sur la publicité de ton choix.
Pour ta préparation, pense à inclure les points suivants:
● **Description de la publicité**
● **Description du produit**
● **Explication du slogan**
● **Le public visé**
● **Les couleurs**
● **Le ton de la pub**
● **Votre opinion**

Ta présentation doit durer deux à trois minutes et sera suivie de questions.

◆ Les opportunités d'évaluation

◆ Cette activité peut être évaluée selon Critère C: Communication en réponse à du texte oral, écrit et/ou visuel et Critère D: Utilisation de la langue sous forme orale et/ou écrite.

SOMMES-NOUS INFLUENCÉS PAR LA PUB?

Nous sommes tous confrontés à la publicité tous les jours en regardant la télévision, en feuilletant les journaux, en marchant dans la rue ou encore en surfant sur le net. Ce bombardement de publicité a pour objectif de nous manipuler afin de nous pousser à consommer des produits nouveaux, quelquefois inutiles et dont nous n'avons pas besoin. Penses-tu être influencé et/ou manipulé par la publicité?

ACTIVITÉ: Influences et manipulations: la publicité

Les approches de l'apprentissage

- Compétence de pensée critique: Tirer des conclusions et des généralisations raisonnables

Regarde la vidéo sur la manipulation de la publicité jusqu'à 5:23 et réponds aux questions:
https://youtu.be/cwRXNktQKEE

1 Quel est le défi de la pub?
2 Que faut-il faire pour pousser les consommateurs à acheter?
3 Qui est Martin Lindstrom?
4 Qu'est-ce que le neuro-marketing?
5 Explique l'expérience que Martin a faite.
6 Quel résultat a-t-il découvert?
7 Qu'est-ce qu'a perdu Ford?
8 Pourquoi Coca-Cola a bien réussi sa campagne publicitaire?
9 Faut-il un logo pour réussir sa pub selon Martin Lindstrom? Justifie.
10 Quels sens cherche-t-on à éveiller chez le consommateur pour qu'il achète?

Les opportunités d'évaluation

- Cette activité peut être évaluée selon Critère A: Compréhension de texte oral et visuel.

ACTIVITÉ: Ta publicité!

Les approches de l'apprentissage

- Compétence de pensée créative: Procéder à des remue-méninges et avoir recours à des schémas visuels pour générer de nouvelles idées et recherches
- Compétences de communication: Utiliser une diversité de techniques oratoires pour communiquer avec des publics variés. Donner et recevoir des retours d'information appropriés

En groupe de deux, **créez** votre propre publicité!

Choisissez le produit, parmi les suggestions suivantes, que vous allez promouvoir.

Décidez soit de faire une affiche soit un spot publicitaire. Choisissez votre slogan, le public visé, le message et l'objectif de votre publicité.

Faites un remue-méninges d'idées avant de commencer votre travail. Faites un brouillon de votre publicité avant de commencer.

Présentez votre publicité à la classe et **expliquez**-la. Votre présentation durera deux minutes. Vous répondrez aux questions de vos camarades et de votre professeur après la présentation.

Voici les produits. Choisissez-en un:

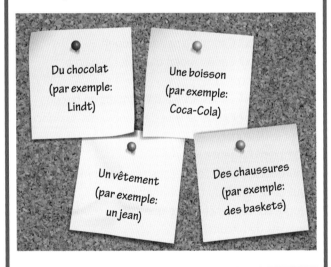

Du chocolat (par exemple: Lindt)

Une boisson (par exemple: Coca-Cola)

Un vêtement (par exemple: un jean)

Des chaussures (par exemple: des baskets)

Les opportunités d'évaluation

- Cette activité peut être évaluée selon Critère C: Communication en réponse à du texte oral, écrit et/ou visuel et Critère D: Utilisation de la langue sous forme orale et/ou écrite.

ÉVALUATION SOMMATIVE

CES ACTIVITÉS PEUVENT ÊTRE ÉVALUÉES SELON LE CRITÈRE A: COMPRÉHENSION DE TEXTE ORAL ET VISUEL; LE CRITÈRE C: COMMUNICATION EN RÉPONSE À DU TEXTE ORAL, ÉCRIT ET/OU VISUEL; ET LE CRITÈRE D: UTILISATION DE LA LANGUE SOUS FORME ORALE ET/OU ÉCRITE.

Pour ces évaluations, l'usage du dictionnaire n'est pas autorisé.

Évaluation 1

Regarde la vidéo et réponds aux questions suivantes:
https://youtu.be/yJ5NaXODES4

1   Vrai ou faux? Carlos va à l'épicerie acheter le déjeuner.
2   Vrai ou faux? Carlos n'a pas de budget.
3   Vrai ou faux? Carlos choisit d'acheter le pain à l'emballage coloré.
4   Vrai ou faux? Carlos achète dix paquets de biscuits.
5   Vrai ou faux? Carlos va faire des sandwichs aux biscuits pour le déjeuner.
6   Combien d'argent a Carlos?
7   Pourquoi le pain à l'emballage simple est moins cher?
8   Qu'est-ce que la surconsommation?
9   Quelle conséquence est-ce que cela a si Carlos achète dix paquets de biscuits?
10 Cite deux autres exemples de surconsommation.
11 Quel est l'objectif de cette vidéo?
12 Selon toi, est-ce que le message est efficace?

Évaluation 2

Observe la photo ci-dessus. À partir de cette photo, prépare une présentation pour ton professeur sur la consommation de vêtements.

Tu as dix minutes pour te préparer.

Ta présentation va durer deux minutes environ. Tu répondras aux questions de ton professeur après ta présentation.

Évaluation 3

Écris une page de ton blog **expliquant** le genre de vêtements que tu aimes porter et que tu aimes acheter.

Pense à considérer les points suivants:
■   Donne des exemples de vêtements que tu aimes et n'aimes pas porter.
■   Donne ton opinion sur les vêtements que tu portes et ta personnalité.
■   Dis quel genre d'acheteur tu es.
■   Explique ce que tu achètes avec ton argent de poche.

Écris environ 150 mots.

Réflexion

Dans ce chapitre, tu as découvert comment on utilise l'argent, ce qu'on aime acheter et ce qu'on aime porter et tu as exploré ce qu'est la consommation et ce que nous exprimons en consommant. Il est également important de comprendre et de consommer raisonnablement.

Utilise ce tableau pour réfléchir sur ce que tu as appris dans ce chapitre.					
Les questions posées	Les réponses trouvées	D'autres questions?			
Factuelles: Qu'est-ce que tu aimes acheter?					
Conceptuelles: Pourquoi consommons-nous? Qu'exprimons-nous à travers la consommation?					
Invitant au débat: Sommes-nous manipulés à consommer?					
Les approches de l'apprentissage utilisées dans ce chapitre:	Description: quelles nouvelles compétences as-tu développées?	La maîtrise de ces compétences			
		Novice	Apprenti	Pratiquant	Expert
Compétences de communication					
Compétences de collaboration					
Compétences de pensée critique					
Compétences de pensée créative					
Les qualités du profil de l'apprenant:	Réfléchis sur l'importance d'être intègre dans l'apprentissage de ce chapitre.				
Intègres					

12 Qu'est-ce qui définit nos relations?

Les **relations** et les **liens** que nous établissons avec les autres contribuent à former notre personnalité et à donner un **sens** à notre **identité**.

EXAMINER ET RÉPONDRE AUX QUESTIONS:

Factuelles: Quels genres de relations développons-nous avec les autres?

Conceptuelles: Peut-on se comprendre entre différentes générations?

Invitant au débat: Sommes-nous influencés par les personnes autour de nous?

Maintenant **partage et compare** tes réponses à ces questions avec ton voisin ou la classe.

DANS CE CHAPITRE, NOUS ALLONS:

■ **Découvrir** les différentes relations que nous avons avec la famille et les amis.

■ **Explorer** comment les différentes générations se comprennent.

■ **Passer à l'action** en comprenant les personnes qui nous influencent.

■ Ces compétences spécifiques aux approches de l'apprentissage nous seront utiles:

- ■ Compétences de communication
- ■ Compétences de collaboration
- ■ Compétences de pensée critique
- ■ Compétences de pensée créative
- ■ Compétences de transfert

● Nous nous efforcerons de réfléchir aux qualités du profil de l'apprenant, pour comprendre ce que signifie:

- ● Altruistes: Nous faisons preuve d'empathie, de compassion et de respect. Nous accordons une grande importance à l'entraide et nous œuvrons concrètement à l'amélioration de l'existence d'autrui et du monde qui nous entoure.

◆ Dans ce chapitre, les opportunités d'évaluation seront basées sur:

- ◆ Critère A: Compréhension de texte oral et visuel
- ◆ Critère B: Compréhension de texte écrit et visuel
- ◆ Critère C: Communication en réponse à du texte oral, écrit et/ou visuel
- ◆ Critère D: Utilisation de la langue sous forme orale et/ ou écrite

OBSERVER–EXPLORER–PARTAGER

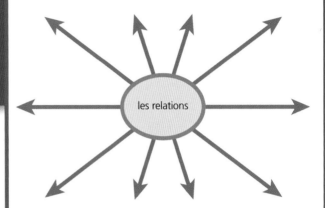

les relations

Observe le schéma ci-dessus, **explore** les idées suivantes et recherche quelques mots:

1 À quoi penses-tu quand tu vois le mot «relations»?
2 Quels mots te viennent à l'esprit?

Partage tes réponses avec la classe et ajoute les mots de tes camarades.

GRAMMAIRE

- • Le conditionnel (le souhait)

VOCABULAIRE SUGGÉRÉ

Substantifs		Adjectifs	Verbes
l'accord (m.)	le contact	(in)stable	apprécier
l'ami (m.)	le désaccord	agréable	construire
l'amitié (f.)	le respect	amical	critiquer
l'amour (m.)	le voisin	désagréable	différencier
l'entente (f.)	le voisinage	égal	distinguer
l'homme (m.)	les grands-parents (m.pl.)	familial	établir
l'influence (f.)	les parents (m.pl.)	faux	influencer
la discussion		fidèle	interagir
la famille		inconditionnel	juger
la femme		intergénérationnel	respecter
la génération		solidaire	s'entendre
la querelle		superficiel	se confier
la relation		véritable	succéder
le camarade			terminer
le conflit			valoriser

Quels genres de relations développons-nous avec les autres?

LES RELATIONS FAMILIALES

Nous établissons différents types de relations avec les gens qui nous entourent. Les premières relations que nous avons sont avec notre famille, au fur et à mesure que nous grandissons, nous créons nos propres liens avec des amis, des petits amis, des collègues, etc.

OBSERVER–RÉFLÉCHIR–PARTAGER

Travaille en groupe de deux. Chaque groupe choisit de travailler sur une photo différente.

Observez, réfléchissez sur votre photo et répondez aux questions suivantes:

1 Que voyez-vous? Décrivez la famille.
2 Que pensez-vous de cette famille?
3 Qu'est-ce que le mot «famille» évoque pour vous?

4 Quel genre de relations ont ces familles?
5 Quelles questions vous posez-vous sur la famille?

Partagez vos réponses avec la classe.

Dans ma famille, nous sommes six. Il y a mes parents et mes trois frères et sœurs. Je m'entends très bien avec ma sœur jumelle. On fait tout ensemble! Ce qui est bien, c'est qu'on a les mêmes amis à l'école, alors on sort tout le temps ensemble. J'ai deux petits frères qui sont très énervants. Ils font beaucoup de bruit et ils se bagarrent souvent. Je pense que mes parents ne sont pas assez stricts avec eux. Ils leur permettent de faire ce qu'ils veulent sans les punir, alors que moi et Zoë, on se fait gronder continuellement. Ce n'est vraiment pas juste.

■ Maïlys (représentée par modèle)

Ma famille est très compliquée. Il y a cinq ans mes parents ont divorcé, et depuis je passe une semaine chez ma mère et une semaine chez mon père. Il y a deux ans, mon père a rencontré quelqu'un et il s'est remarié dernièrement. Nadine, la nouvelle femme de mon père, est sympa. Elle a deux filles d'un autre mariage; je m'entends assez bien avec la plus jeune des filles, mais pas du tout avec l'aînée. On se dispute continuellement. Maintenant, j'ai donc deux demi-sœurs et je vais avoir un demi-frère, car ma belle-mère est enceinte d'un petit garçon.

■ Maxence (représentée par modèle)

J'ai été adopté à ma naissance par mes parents. Je m'entends bien avec eux. Ils me font confiance et je sais que je peux tout leur dire. Je ne connais pas mes parents biologiques. J'aimerais bien les rencontrer un jour pour comprendre qui je suis réellement. Mes parents sont très ouverts sur ce sujet, et ils me soutiennent dans mes choix. Grâce à eux, j'ai pu avoir une meilleure éducation et j'aurai plus d'opportunités plus tard. Je n'ai pas de frères et sœurs, mais j'ai beaucoup de cousins et cousines avec qui je m'amuse. On passe beaucoup de temps ensemble, surtout avec mes deux cousins Jules et Arnaud; ils sont comme des frères.

Je n'ai pas de frère et sœur; je suis fille unique. Je regrette de ne pas avoir de frères et sœurs, car quelquefois c'est difficile de toujours avoir l'attention de mes parents sur moi. Je m'entends bien avec eux, mais ils ne comprennent pas toujours mes inquiétudes et problèmes à l'école alors on finit toujours par se crier dessus. D'ailleurs, je passe beaucoup plus de temps avec ma grand-mère. Elle est toujours là pour m'écouter et pour me raconter des histoires pour relativiser mes problèmes. Quand j'étais petite, elle jouait toujours avec moi et on s'inventait des histoires folles lorsqu'on jouait à la poupée ensemble.

■ Angélique (représentée par modèle)

■ Christophe (représentée par modèle)

ACTIVITÉ: Les familles

■ Les approches de l'apprentissage

■ Compétence de communication: Lire en faisant preuve d'esprit critique et dans le but de dégager du sens

Lis les témoignages des quatre adolescents sur leur famille à la page précédente et réponds aux questions:

1 Trouve un synonyme des mots suivants du texte:
Maïlys:
a se disputer
b sévère
Angélique:
a se quereller
b mettre en perspective
Maxence:
a premier enfant
b attendre un enfant
Christophe:
a parents par le sang
b jouer

2 Qui est-ce?
a Qui est enfant unique?
b Qui est adopté?
c Qui est proche de ses grands-parents?
d Qui a une famille recomposée?
e Qui a un jumeau?
f Qui a des parents divorcés?
g Qui s'entend bien avec ses parents?
h Qui se dispute avec ses frères et sœurs?
i Qui a une grande famille?
j Qui va avoir un petit frère?

3 *Vrai* ou *faux*?
a Maïlys pense que ses parents sont injustes.
b Maïlys fait tout avec ses frères et sœurs.
c Angélique a une bonne relation avec ses parents.
d Nadine est la demi-sœur de Maxence.
e Angélique joue avec sa grand-mère.
f Christophe a confiance en ses parents.
g Maxence se dispute toujours avec la plus âgée de ses demi-sœurs.
h Les cousins de Christophe sont comme des frères.

◆ Les opportunités d'évaluation

◆ Cette activité peut être évaluée selon Critère B: Compréhension de texte écrit et visuel.

ACTIVITÉ: Et ta famille, comment est-elle?

■ Les approches de l'apprentissage

■ Compétence de communication: Écrire dans différents objectifs

Écris un texte parlant de ta famille. **Présente** ta famille, les personnes avec qui tu t'entends et celles avec qui tu te disputes et **explique** pourquoi.

Écris environ 100 à 150 mots.

◆ Les opportunités d'évaluation

◆ Cette activité peut être évaluée selon Critère C: Communication en réponse à du texte oral, écrit et/ou visuel et Critère D: Utilisation de la langue sous forme orale et/ou écrite.

LES PARENTS ET LES ENFANTS

Les relations entre parents et enfants ne sont pas toujours faciles. Lorsque les enfants deviennent des adolescents, ils veulent plus de liberté et veulent être traités comme des adultes dans certaines situations. C'est alors qu'il y a souvent des disputes, des reproches et de la mauvaise entente.

ACTIVITÉ: L'autorité parentale

■ Les approches de l'apprentissage

■ Compétence de pensée critique: Tirer des conclusions et des généralisations raisonnables

Les relations avec les parents ne sont pas toujours faciles à vivre. Avant de regarder la vidéo intitulée «Autorité parentale», travaille avec un camarade, observez et répondez aux questions suivantes.

1 Qu'est-ce que veut dire pour toi l'«autorité parentale»?
2 Pour avoir une bonne relation entre parents et enfants, faut-il que les parents exercent une autorité parentale?
3 Dans quelles situations est-ce que les parents doivent utiliser leur autorité?

Partagez vos réponses avec la classe.

Maintenant, regarde la vidéo suivante et réponds aux questions:
http://enseigner.tv5monde.com/fle/autorite-parentale

4 Comment s'appelle le garçon?
5 Comment s'appelle le père?
6 Qu'est-ce que faisait le garçon?
7 Que veut le père?
8 Qu'y a-t-il de bizarre dans l'attitude du père?
9 Cite deux adjectifs pour décrire le père.
10 Pourquoi le père agit-il de cette manière?
11 Quelle est la réaction du garçon?
12 Pourquoi, selon toi, on ne voit pas le garçon dans la vidéo?
13 Quel est le message de cette vidéo?

◆ Les opportunités d'évaluation

◆ Cette activité peut être évaluée selon Critère A: Compréhension de texte oral et visuel.

ACTIVITÉ: La dispute!

■ Les approches de l'apprentissage

■ Compétence de communication: Écrire dans différents objectifs

Regarde cette vidéo:
http://enseigner.tv5monde.com/fle/cest-qui-ca

Pour quelle raison est-ce que la mère et la fille se disputent?

Travaille avec un camarade et faites un remue-méninges de situations où on se dispute avec ses parents. Faites une liste de cinq situations différentes et partagez vos réponses avec la classe.

Imagine que tu as eu une dispute avec tes parents. Tu **écris** un courriel à ton ami pour lui raconter ce qui s'est passé.

N'oublie pas d'**utiliser** le passé composé et l'imparfait.

Écris environ 150 mots.

◆ Les opportunités d'évaluation

◆ Cette activité peut être évaluée selon Critère C: Communication en réponse à du texte oral, écrit et/ou visuel et Critère D: Utilisation de la langue sous forme orale et/ou écrite.

ACTIVITÉ: Parents et enfants – un mode d'emploi

■ Les approches de l'apprentissage

- Compétence de collaboration: Faire preuve d'empathie
- Compétence de pensée créative: Procéder à des remue-méninges et avoir recours à des schémas visuels pour générer de nouvelles idées et recherches
- Compétences de communication: Écrire dans différents objectifs

Travaille avec un camarade pour cette activité. Afin d'améliorer les relations entre parents et enfants, vous allez **créer** un guide intitulé «Mode d'emploi pour des bonnes relations entre parents et enfants». Dans votre guide, vous **expliquerez** ce qu'il faut faire ou ne pas faire, et pourquoi, dans trois situations précises de disputes.

Faites un remue-méninges de situations où vous vous disputez avec vos parents et **sélectionnez** trois ou quatre situations.

Réfléchissez à vos situations. Quelles sont les raisons de la dispute? Pourquoi les parents ne sont-ils pas d'accord avec vous?

Créez votre guide/brochure. Prenez en compte les éléments suivants:
- **Respectez le type de texte du guide/brochure.**
- **Ajoutez des photos.**
- **Faites des suggestions.**

Écrivez environ 150 mots.

◆ Les opportunités d'évaluation

◆ Cette activité peut être évaluée selon Critère C: Communication en réponse à du texte oral, écrit et/ou visuel et Critère D: Utilisation de la langue sous forme orale et/ou écrite.

LES RELATIONS AVEC LES GRANDS-PARENTS

OBSERVER–PENSER–PARTAGER

Observe la photo ci-dessus.

1. Décris ce que tu vois.
2. Qu'est-ce que tu **penses** des relations entre les personnes?
3. Quelles questions est-ce que tu te poses?

Partage tes réponses avec la classe.

Ma grand-mère

1   Ma grand-mère, Cécile, est née dans un petit village en Suisse le 25 octobre 1922. Elle était la deuxième d'une famille de dix enfants. Elle habitait dans une ferme où on cultivait du blé. Les matins elle allait à l'école, et l'après-midi elle s'occupait de ses frères et sœurs. Un soir, alors qu'elle aidait sa mère à faire le repas pour la famille, le feu a commencé dans la ferme et a détruit toute la maison. Ils ont pu sauver toute la famille et ont dû déménager dans un nouveau village.

2   Pendant la guerre, ma grand-mère travaillait dans un restaurant où elle servait de la nourriture aux soldats et aux civils. C'est alors qu'elle a rencontré mon grand-père, Jean, lors d'une fête de campagne. Ils se sont mariés peu de temps après et ont eu quatre enfants ensemble, dont ma mère. Après la guerre, ils ont déménagé à la ville pour avoir plus d'opportunités de travail. Là, elle a travaillé dans une usine pour gagner un peu d'argent et c'est ma mère qui a dû s'occuper de ses frères et sœurs, les amener à l'école et leur faire à manger.

3   Quand je suis née, c'est ma grand-mère qui s'est occupée de moi. Elle jouait avec moi à toutes sortes de jeux et elle me racontait des histoires sur ses frères et sœurs pour me faire rire. Elle m'a appris beaucoup de choses sur la vie et l'histoire de ma famille; elle m'a aussi appris à cuisiner, à coudre et à prendre soin des autres.

▼ Liens: Langue et littérature

Une biographie

■ Les approches de l'apprentissage

- Compétences de communication: Lire en faisant preuve d'esprit critique et dans le but de dégager du sens. Écrire dans différents objectifs. Organiser et représenter les informations de manière logique
- Compétence de pensée critique: Formuler des questions factuelles, thématiques, conceptuelles et invitant au débat

Lis la biographie ci-dessous intitulée «Ma grand-mère». En groupe de deux, écrivez cinq à huit questions différentes sur le texte.

Échangez vos questions avec un autre groupe, puis répondez aux questions de l'autre groupe.

Ensuite, tu vas faire l'interview d'une personne de ta famille (grands-parents, parents, oncles, tantes, etc.).

Lis les conseils donnés dans l'encadré «Comment écrire une biographie?» à la page suivante. Sélectionne cinq ou six questions que tu vas poser à la personne de ton choix, fais l'interview et écris sa biographie.

Écris environ 150 mots.

◆ Les opportunités d'évaluation

- Cette activité peut être évaluée selon Critère C: Communication en réponse à du texte oral, écrit et/ou visuel et Critère D: Utilisation de la langue sous forme orale et/ou écrite.

Comment écrire une biographie?

Pour écrire une bonne biographie, il y a quelques étapes à suivre.

Avant d'écrire, il faut:
- faire une liste des dates importantes
- sélectionner les événements dont tu veux parler
- organiser la biographie selon les différentes étapes de la vie de la personne (naissance, enfance, jeunesse, adulte, vieillesse)

Pendant l'écriture:
- mentionner les dates importantes pour que le public comprenne la chronologie
- écrire au passé en utilisant le passé composé et l'imparfait
- utiliser des connecteurs de temps, comme «en 1945», «ce jour-là», «depuis», etc.

DISCUTER: Discussion sur la famille!

■ Les approches de l'apprentissage

- ■ Compétence de communication: Donner et recevoir des retours d'informations appropriés
- ■ Compétence de collaboration: Déléguer et partager les responsabilités pour prendre des décisions

Travaillez à deux. Observez les affirmations suivantes sur la famille. Choisissez une affirmation que vous allez **présenter**. Vous devez donner votre opinion en **expliquant** ce que vous pensez et en donnant des justifications et exemples concrets.

Présentez vos opinions pendant deux minutes environ. Votre professeur vous posera des questions après votre présentation.

◆ Les opportunités d'évaluation

- ◆ Cette activité peut être évaluée selon Critère C: Communication en réponse à du texte oral, écrit et/ou visuel et Critère D: Utilisation de la langue sous forme orale et/ou écrite.

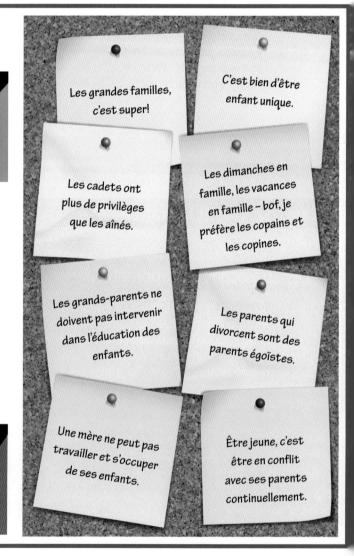

L'AMITIÉ

L'amitié est une valeur importante pour tout le monde. Nous cherchons tous à avoir des amis et à créer des liens avec des personnes différentes, que cela soit avec des filles ou avec des garçons.

OBSERVER–RÉFLÉCHIR–PARTAGER

Observe les photos, **réfléchis** et réponds aux questions suivantes en petits groupes:

1 Qu'est-ce qu'un ami?
2 L'amitié est-elle importante? Pourquoi?
3 Qu'est-ce que vous apporte l'amitié?
4 Avons-nous besoin d'amis?
5 Comment choisis-tu tes amis?
6 Qu'est-ce que tu aimes chez tes amis?

Partagez vos réponses avec la classe.

ACTIVITÉ: L'amitié, qu'est-ce que c'est?

◼ Les approches de l'apprentissage

■ Compétence de pensée critique: Tirer des conclusions et des généralisations raisonnables

Regarde la vidéo et réponds aux questions suivantes:
http://enseigner.tv5monde.com/fle/lamitie-quest-ce-que-cest-1116

1 Qu'est-ce que c'est l'amitié?
   a Identifie cinq verbes.
   b Identifie quatre noms.
   c Identifie trois activités.
2 Quels sont les adjectifs utilisés pour décrire les amis? Identifie six adjectifs.
3 Pourquoi sont-ils amis? Identifie quatre raisons.

◆ Les opportunités d'évaluation

◆ Cette activité peut être évaluée selon Critère A: Compréhension de texte oral et visuel.

ACTIVITÉ: L'amitié, c'est...

◼ Les approches de l'apprentissage

■ Compétence de pensée critique: Écrire dans différents objectifs

Écris un article **expliquant** ce que signifie l'amitié pour toi, qui est ton/ta meilleur(e) ami(e) et pourquoi.

Écris environ 100 à 150 mots.

◆ Les opportunités d'évaluation

◆ Cette activité peut être évaluée selon Critère C: Communication en réponse à du texte oral, écrit et/ou visuel et Critère D: Utilisation de la langue sous forme orale et/ou écrite.

Peut-on se comprendre entre différentes générations?

LES GÉNÉRATIONS

On dit qu'une génération est généralement le nombre d'années qui séparent les parents de leurs enfants. En moyenne, il semble qu'aujourd'hui cela soit environ 31 à 32 ans. Avec l'arrivée de nombreuses technologies, il existe beaucoup de différences entre la génération des grands-parents et celle des petits-enfants.

OBSERVER–COMPARER–PARTAGER

Observe les photos. Individuellement, **décris** ce que tu vois sur les femmes et les hommes de chaque photo.

Qu'est-ce que tu peux dire concernant:
- **Les vêtements qu'ils portent**
- **Les accessoires importants qu'ils portent**
- **Le comportement des personnes**
- **Les thèmes qui ressortent de ces photos?**

Compare tes réponses avec un groupe de trois ou quatre personnes.

Établissez dans vos groupes quelles sont les similitudes et les différences qui existent entre les différentes générations présentées.

Partagez vos réponses avec la classe en faisant une présentation.

ACTIVITÉ: La famille à remonter le temps

■ Les approches de l'apprentissage

■ Compétence de pensée critique: Tirer des conclusions et des généralisations raisonnables

Regarde la vidéo et réponds aux questions suivantes:
http://enseigner.tv5monde.com/fle/la-famille-remonter-le-temps

1 Quelle expérience va faire cette famille?
2 En quelles années vont-ils vivre?
3 Combien de temps dure l'expérience?
4 Où va habiter la famille?
5 Comment doit vivre la famille?
6 Que se passe-t-il chaque jour?
7 Penses-tu que l'expérience se déroule bien pour la famille?
8 Comment réagit le père de la famille à cette expérience?
9 Pourquoi est-ce plus difficile pour certaines personnes de vivre dans ces années-là?
10 Quel est l'objet dans la boîte?
11 Combien de Français ont cet objet aujourd'hui?
12 Combien pèse cet objet?
13 Comment est habillée la famille?
14 Que symbolise cet objet pour les années-là?
15 Voudrais-tu faire une expérience similaire? Pourquoi?

◆ Les opportunités d'évaluation

◆ Cette activité peut être évaluée selon Critère A: Compréhension de texte oral et visuel.

LES JEUNES D'AUJOURD'HUI ET LES JEUNES D'AVANT

Il existe de nombreuses différences entre les jeunes d'aujourd'hui et les jeunes d'avant. Aujourd'hui, les jeunes utilisent les nouvelles technologies, ont plus d'opportunités, parlent plus de langues, mais ils ont également plus de défis à surmonter.

ACTIVITÉ: Les jeunes d'aujourd'hui

■ Les approches de l'apprentissage

- Compétence de communication: Écrire dans différents objectifs

Écris une page de ton blog **expliquant** les différences entre les jeunes d'aujourd'hui et les jeunes d'hier.

Avant de commencer à écrire, fais un diagramme de Venn pour établir les différences et les similitudes entre les jeunes d'aujourd'hui et ceux d'hier.

Pense à mentionner également:
- **Quelques avantages**
- **Un problème**
- **Quel jeune tu préfères être**

Utilise l'imparfait.

Écris environ 150 mots.

◆ Les opportunités d'évaluation

- Cette activité peut être évaluée selon Critère C: Communication en réponse à du texte oral, écrit et/ou visuel et Critère D: Utilisation de la langue sous forme orale et/ou écrite.

RÉFLÉCHIR–COMPARER–PARTAGER

■ Les approches de l'apprentissage

- Compétence de pensée créative: Procéder à des remue-méninges et avoir recours à des schémas visuels pour générer de nouvelles idées et recherches
- Compétence de collaboration: Parvenir à un consensus
- Compétence de communication: Donner et recevoir des retours d'information appropriés

Observe et **réfléchis** sur les photos et réponds aux questions suivantes en faisant un remue-méninges d'idées:

1 Quelles différences existent-ils entre les jeunes d'avant et les jeunes d'aujourd'hui?
2 Quelles activités faisaient les jeunes d'avant que ne font plus les jeunes d'aujourd'hui? et vice versa.
3 Quels objets ont les jeunes d'aujourd'hui que les jeunes d'avant n'avaient pas?
4 Quels problèmes qui n'existaient pas avant ont les jeunes d'aujourd'hui?

Compare tes réponses en groupes de deux ou trois personnes. Parvenez à un consensus et choisissez cinq points par question.

Partagez vos réponses avec la classe.

LES RELATIONS INTERGÉNÉRATIONNELLES

Les relations entre personnes sont toujours complexes. Pour avoir une bonne relation et s'entendre, il faut comprendre l'autre personne, comprendre les problèmes que l'autre peut avoir et pouvoir ressentir de l'empathie pour l'autre. Quelquefois, les jeunes et les personnes âgées ont de la difficulté à se comprendre à cause des différences entre les générations.

Les conflits intergénérationnels dans les familles

1   Depuis quelques années, il semble que le conflit intergénérationnel devient plus important. Les parents d'aujourd'hui sont confus et ont l'impression qu'ils ne font rien de bien. Ils sont souvent critiqués par les grands-parents qui les accusent d'être trop gentils et souples, alors que les enfants les accusent d'être trop durs.

2   La vie est difficile pour les parents d'aujourd'hui. Les enfants leur reprochent souvent de ne rien comprendre à leur génération. En effet, être parent aujourd'hui n'est pas facile. Ils sont confrontés à la nouvelle technologie qui se développe de plus en plus rapidement et aux problèmes économiques de la vie. La vie coûte de plus en plus

cher et notre société est de plus en plus matérialiste. Les parents sont bombardés d'informations par les psychologues, les éducateurs, les médias, etc. afin de mieux éduquer leurs enfants. Les parents essaient d'être plus compréhensifs, plus permissifs et plus ouverts d'esprits, mais la mésentente persiste.

Est-il plus difficile d'être parent aujourd'hui?

3   Il existe plusieurs différences entre les parents d'avant et les parents d'aujourd'hui; en voici quelques-unes:

Dans la majorité des familles, les deux parents travaillent, car un salaire n'est pas suffisant pour vivre.

Il existe plus de familles monoparentales ou des familles recomposées.

Il y a plus de technologie aujourd'hui, comme les téléphones portables et les multiples applications.

Nous avons plus facilement accès à l'information grâce à internet, mais il faut superviser les enfants concernant son utilisation.

4   Il est donc clair que les enfants ne peuvent pas être éduqués comme avant. Il est vrai qu'avant, les parents se séparaient moins et que les mamans étaient plus présentes à la maison et préparaient de bons repas. Avant, les parents étaient plus autoritaires et stricts, alors qu'aujourd'hui ils sont plus souples et les femmes ne sont pas reléguées à faire la cuisine et à rester à la maison.

5   Finalement, les parents font de leur mieux et tentent de s'adapter à la réalité de leur époque et de leur génération. Chaque époque a ses avantages, ses inconvénients et ses défis.

ACTIVITÉ: Les conflits intergénérationnels dans les familles

■ Les approches de l'apprentissage

- ■ Compétence de communication: Lire en faisant preuve d'esprit critique et dans le but de dégager du sens

Lis le blog intitulé «Les conflits intergénérationnels dans les familles» et réponds aux questions suivantes:

1 **En regardant la photo, qu'est-ce que le «conflit intergénérationnel»?**
2 **Pourquoi les parents d'aujourd'hui sont confus?**
3 **Comment décrit-on les parents aujourd'hui?**
4 **Pourquoi existe-il des conflits intergénérationnels?**
5 **Pourquoi est-il difficile d'être parent aujourd'hui? Cite trois raisons.**
6 **De quelle manière les parents essaient-ils d'être différents d'avant?**
7 **Pourquoi les deux parents doivent-ils travailler aujourd'hui?**
8 **En quoi l'accès à l'information n'est pas toujours un avantage?**
9 **Quelles conclusions tire l'article?**
10 **Selon l'auteur, est-il mieux d'être parents aujourd'hui? Justifie.**

◆ Les opportunités d'évaluation

- ◆ Cette activité peut être évaluée selon Critère B: Compréhension de texte écrit et visuel.

ACTIVITÉ: Le rôle des grands-parents

■ Les approches de l'apprentissage

- ■ Compétence de pensée créative: Procéder à des remue-méninges et avoir recours à des schémas visuels pour générer de nouvelles idées et recherches
- ■ Compétence de communication: Écrire dans différents objectifs

Travaille avec un camarade et réfléchis à la question suivante:

Quel est le rôle des grands-parents dans l'éducation? Qu'apportent-ils de différent ou de plus que les parents?

Faites un remue-méninges d'idées afin de répondre à la question. Partagez vos réponses avec la classe.

Individuellement, **écris** un texte répondant à la question. Écris environ 150 mots.

◆ Les opportunités d'évaluation

- ◆ Cette activité peut être évaluée selon Critère C: Communication en réponse à du texte oral, écrit et/ou visuel et Critère D: Utilisation de la langue sous forme orale et/ou écrite.

Sommes-nous influencés par les personnes autour de nous?

Lorsque j'ai un problème à l'école à propos des cours, je demande toujours de l'aide à mes copains en premier. Je sais qu'ils pourront m'expliquer ce que je n'ai pas compris en classe. Si j'ai une mauvaise note dans une matière, je me confie toujours à ma meilleure amie. Elle me donne toujours de bons conseils, surtout pour expliquer la nouvelle à mes parents.

■ Mathilde

LES CONSEILS

Lorsque nous avons des problèmes ou des soucis concernant la famille, les amis ou l'école, nous cherchons toujours le conseil d'une personne proche de nous. Quelquefois, nous acceptons le conseil qui nous est offert; d'autres fois nous le refusons. Nous sommes toujours influencés par les conseils que nous recevons, car chaque conseil que nous recevons nous permet de prendre la bonne décision concernant la situation dans laquelle nous nous trouvons.

Selon le problème, je me confie à différentes personnes. Si j'ai un problème avec mes amis et que je me suis disputée avec ma meilleure amie, j'en parle avec ma mère. Elle me donne toujours de bons conseils et j'arrive toujours à résoudre les conflits que nous avons. Si j'ai un problème à l'école, dans une de mes matières, je demande généralement à mes amis en premier, puis à mes parents si je n'ai pas trouvé la solution.

OBSERVER–RÉFLÉCHIR–PARTAGER

■ Maude

Observe et **réfléchis** sur la photo ci-dessus.

1 **Que vois-tu sur la photo?**
2 **Que penses-tu de la photo? et pourquoi?**
3 **Quelles questions as-tu sur la photo?**

Partage tes réponses avec la classe.

Si j'ai un problème ou une question sur un sujet, je vais toujours parler avec mon frère. Il est plus âgé que moi. Il me connaît bien et il sait toujours ce que je dois faire quand cela ne va pas.

■ Marc

■ Marianne

Quand je me dispute avec mes parents à propos de mes sorties avec mes copains, généralement je demande conseil à ma grand-mère. Bien que nous ne soyons pas de la même génération, elle a toujours la bonne réponse en ce qui concerne mes parents.

ACTIVITÉ: Les conseils

■ Les approches de l'apprentissage

- ■ Compétence de communication: Lire en faisant preuve d'esprit critique et dans le but de dégager du sens

Lis les bulles, puis copie et remplis le tableau suivant.

	Genres de problèmes	Personnes qui aident
Mathilde		
Maude		
Marc		
Marianne		
Toi		

Remplis le tableau également pour toi: qui te donne des conseils lorsque tu as des problèmes? **Compare** tes réponses avec un camarade.

ACTIVITÉ: Jeux de rôles

■ Les approches de l'apprentissage

- ■ Compétence de communication: Donner et recevoir des retours d'informations appropriés

Travaille en groupe de deux personnes et préparez un jeu de rôles où vous conseillez votre partenaire. Choisissez une des situations sur les cartes suivantes. N'oublie pas d'utiliser le conditionnel.

Votre jeu de rôle doit durer environ deux minutes.

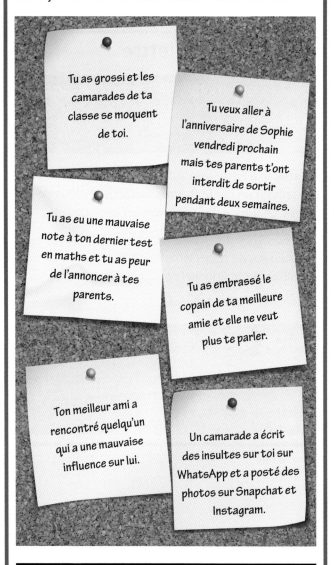

◆ Les opportunités d'évaluation

- ◆ Cette activité peut être évaluée selon Critère C: Communication en réponse à du texte oral, écrit et/ou visuel et Critère D: Utilisation de la langue sous forme orale et/ou écrite.

Le conditionnel – le conseil

La formation du conditionnel est un mélange de futur simple et d'imparfait.

vouloir

	Radical du futur simple	Terminaisons de l'imparfait
je	voudr	ais
tu	voudr	ais
il/elle/on	voudr	ait
nous	voudr	ions
vous	voudr	iez
ils/elles	voudr	aient

devoir

	Radical du futur simple	Terminaisons de l'imparfait
je	devr	ais
tu	devr	ais
il/elle/on	devr	ait
nous	devr	ions
vous	devr	iez
ils/elles	devr	aient

On utilise le conditionnel pour demander poliment un service, pour donner un conseil et pour exprimer un désir, par exemple:

- Je voudrais un café s'il vous plaît. (politesse)
- Tu devrais te couper les cheveux. (conseil)
- Je voudrais être en vacances. (désir)

ACTIVITÉ: Une lettre

■ Les approches de l'apprentissage

- ■ Compétence de communication: Écrire dans différents objectifs

Tu **écris** une lettre à un ami pour lui donner des conseils sur un des problèmes de l'activité «Jeux de rôles». Choisis un des problèmes sur les cartes et donne des conseils à ton ami.

N'oublie pas de respecter le format de la lettre et d'**utiliser** le conditionnel pour conseiller ton ami.

Écris environ 100 à 150 mots.

◆ Les opportunités d'évaluation

- ◆ Cette activité peut être évaluée selon Critère C: Communication en réponse à du texte oral, écrit et/ou visuel et Critère D: Utilisation de la langue sous forme orale et/ou écrite.

ES-TU INFLUENCÉ PAR...?

Il y a toujours quelqu'un qui nous influence dans nos choix, nos opinions et nos actes. Les personnes qui nous influencent le plus sont celles qui nous entourent, comme nos parents et nos amis. Elles nous écoutent et nous conseillent lorsque nous avons un problème. Quelquefois, nous sommes également influencés par des célébrités ou des personnes dont l'image ou les idées nous interpellent. Et toi, par qui es-tu influencé?

RÉFLÉCHIR–COMPARER–PARTAGER

Observe et **réfléchis** sur les photos ci-dessus et réponds aux questions suivantes:

1 **Que vois-tu sur les photos? Quelles images reflètent les célébrités sur ces photos?**
2 **Quelle influence est-ce que ces photos ont sur les jeunes?**
3 **Quels problèmes peuvent causer ces photos?**

Compare tes réponses avec un camarade et **partagez** vos réponses avec la classe.

L'influence des stars sur les jeunes

1 *Les vedettes influencent les jeunes de différentes manières à travers les magazines, la musique et la mode.*

2 Les jeunes recherchent continuellement leur identité et leur personnalité. Le regard des autres qui les entoure a beaucoup d'importance. Pour certains jeunes, ressembler à une personne célèbre permet d'avoir plus confiance en soi. Les vedettes deviennent des modèles à suivre et un idéal à atteindre.

3 Afin de ressembler le plus à leur star préférée, les jeunes n'hésitent pas à s'habiller comme leur idole. Ils s'achètent les mêmes accessoires, comme les chapeaux et les sacs. C'est donc pour cette raison que les grandes marques habillent fréquemment les stars pour attirer les jeunes. Les médias nous bombardent d'images, qui conditionnent le look et le style que nous allons adopter.

4 Néanmoins, certaines vedettes ne sont pas un bon modèle à suivre. Certains vêtements que les stars portent sont vulgaires et ne sont pas appropriés pour des jeunes adolescents de 13 à 16 ans. De plus, certaines vedettes, comme les mannequins, sont beaucoup trop maigres et souffrent de maladies telles que l'anorexie. Les jeunes filles qui veulent devenir mannequin ou simplement ressembler à ces modèles de beauté suivent leur exemple en perdant trop de poids pour avoir une taille fine. Certaines stars ont également un style de vie déplorable où elles abusent d'alcool et de drogues montrant encore une fois un exemple peu recommandable pour les jeunes.

5 Bien que les vedettes donnent confiance et de l'estime de soi aux jeunes, ces derniers sont vulnérables et trop facilement manipulables.

ACTIVITÉ: L'influence des stars sur les jeunes

■ Les approches de l'apprentissage

■ Compétence de communication: Lire en faisant preuve d'esprit critique et dans le but de dégager du sens

Lis l'article intitulé «L'influence des stars sur les jeunes» et réponds aux questions suivantes:

1 Donne un synonyme de «star».
2 Pourquoi les jeunes se laissent-ils influencer par les stars?
3 Qu'est-ce qu'apportent les stars aux jeunes?
4 Qu'est-ce que les jeunes copient chez leurs célébrités préférées?
5 Qui manipule les jeunes?
6 Cite deux conséquences négatives de l'influence des stars.
7 Comment voit-on que l'auteur de l'article est contre l'influence des stars sur les jeunes?
8 Cite deux adjectifs qui qualifient le comportement des jeunes.
9 Quel est l'objectif de cet article?
10 La photo de l'article est-elle une bonne illustration de l'article? Justifie.

◆ Les opportunités d'évaluation

◆ Cette activité peut être évaluée selon Critère B: Compréhension de texte écrit et visuel.

ACTIVITÉ: L'influence des stars

■ Les approches de l'apprentissage

- ■ Compétence de communication: Écrire dans différents objectifs

Écris un texte **expliquant** comment les stars t'influencent.

Écris environ 100 mots.

◆ Les opportunités d'évaluation

- ◆ Cette activité peut être évaluée selon Critère C: Communication en réponse à du texte oral, écrit et/ou visuel et Critère D: Utilisation de la langue sous forme orale et/ou écrite.

! Passer à l'action: Sensibilise les élèves de ton école contre l'influence des images!

- ! En groupe de deux, **faites** une présentation afin de sensibiliser les élèves de votre école contre l'influence négative des images médiatiques et des stars.

TES CHOIX ET OPINIONS

Qui influence tes choix dans la vie et ce que tu penses? La famille, les amis, l'école et les médias sont certes les personnes et entités qui influencent le plus nos choix et ce que nous pensons. La plupart du temps l'influence de notre entourage est positif, mais quelquefois il peut être négatif.

ACTIVITÉ: Quel est ton opinion sur…?

■ Les approches de l'apprentissage

- ■ Compétence de collaboration: Écouter activement les points de vue et les idées d'autrui
- ■ Compétence de pensée créative: Recueillir et organiser des informations pertinentes afin de formuler un argument
- ■ Compétence de transfert: Comparer sa compréhension conceptuelle dans divers groupes de matières et disciplines

Observe le tableau ci-dessous et les sujets exposés. Quelle est ton opinion sur les sujets suivants? Es-tu pour ou contre? Donne une justification pour chacune de tes réponses.

Puis, demande à deux personnes de générations différentes ce qu'elles pensent sur les sujets suivants avec une justification.

Sujets	Toi	Grands-parents	Parents
Le mariage			
L'avortement			
La religion			
La peine de mort			
Le rôle de la femme dans la société			

Observe les résultats:

1 **Penses-tu la même chose que tes parents ou grands-parents?**
2 **Que remarques-tu d'intéressant?**
3 **Quelles valeurs sont plus importantes pour tes grands-parents? tes parents? et toi?**

Résume tes résultats en **écrivant** un texte de 100 à 150 mots.

◆ Les opportunités d'évaluation

- ◆ Cette activité peut être évaluée selon Critère C: Communication en réponse à du texte oral, écrit et/ou visuel et Critère D: Utilisation de la langue sous forme orale et/ou écrite.

ACTIVITÉ: Dommage

■ Les approches de l'apprentissage

■ Compétence de pensée critique: Tirer des conclusions et des généralisations raisonnables

Regarde la vidéo de la chanson de Bigflo et Oli intitulée «Dommage» et copie et remplie le tableau:
https://youtu.be/8AF-Sm8d8yk

	Louis	Yasmine	Diego	Pauline
Où sont-ils?				
Que font-ils?				
Que voudraient-ils faire?				
Pourquoi décident-ils de ne rien faire?				
Quelles sont les conséquences?				
Que décident-ils de faire à la fin de la chanson?			–	

1   Le refrain de la chanson dit:
    Ah il/elle aurait dû y aller, il/elle aurait dû le faire
    Crois-moi
    On a tous dit: «Ah, c'est dommage, ah c'est dommage, c'est peut-être la dernière fois»
    Qu'est-ce qui est dommage pour les quatre personnes?
2   **Pour qui est-ce la dernière fois?**
3   À la fin de la chanson, Bigflo et Oli chantent:
    Vaut mieux vivre avec des remords qu'avec des regrets
    Qu'est-ce que cela veut dire ?
4   **Selon cette chanson, qui influence les choix que nous faisons?**

◆ Les opportunités d'évaluation

◆ Cette activité peut être évaluée selon Critère A: Compréhension de texte oral et visuel.

! Passer à l'action: La Journée mondiale de la femme

! **Organise** avec ta classe une présentation pour célébrer la Journée mondiale de la femme le 8 mars.

PROFIL DE L'APPRENANT: ALTRUISTES

Découvre un personnage historique: Simone Veil (1927–2017)

Simone Veil est une femme française d'État. À l'âge de 16 ans, elle est déportée à Auschwitz. Rescapée, elle fait des études de droit et de science politique, puis entre dans la magistrature. En 1974, elle adopte une loi dépénalisant l'avortement. Cette loi s'appelle «la loi Veil». Elle apparaît comme une icône de la lutte contre la discrimination des femmes en France. Plus tard, de 1979 à 1982, elle devient la première présidente du Parlement européen. En 2007, elle publie son autobiographie intitulée «Une vie», devenant la meilleure vente de cette année-là. En 2008, elle est élue à l'Académie française.

Le 1er juillet 2018, Simone Veil et son mari, selon la décision du Président Emmanuel Macron, entrera au Panthéon.

Connais-tu d'autres personnes politiques qui ont changé la loi pour aider les autres?

ÉVALUATION SOMMATIVE

CES ACTIVITÉS PEUVENT ÊTRE ÉVALUÉES SELON LE CRITÈRE C: COMMUNICATION EN RÉPONSE À DU TEXTE ORAL, ÉCRIT ET/OU VISUEL ET LE CRITÈRE D: UTILISATION DE LA LANGUE SOUS FORME ORALE ET/OU ÉCRITE.

Pour ces évaluations, l'usage du dictionnaire n'est pas autorisé.

Évaluation 1

■ L'amitié, c'est ce qu'il y a de plus important

■ Le rôle des grands-parents n'est pas d'éduquer les petits-enfants

■ Il existera toujours des conflits entre parents et adolescents

■ C'est mieux d'avoir des parents divorcés que des parents qui se disputent

■ Les grandes familles, c'est ce qu'il y a de mieux!

À partir d'une des photos ci-contre, prépare une conversation **décrivant** la photo et parlant de sa légende.

Tu as dix minutes pour te préparer.

Fais ta présentation devant ton professeur pendant deux minutes, puis réponds aux questions de ton professeur.

Évaluation 2

Observe la photo ci-dessous et **écris** un article sur l'importance de la famille et ce qu'elle apporte.

Écris environ 150 mots.

Réflexion

Dans ce chapitre, tu as découvert les différents types de relations que nous avons avec la famille et les amis et as exploré comment les différentes générations se comprennent. Tu comprends l'impact et l'influence que diverses personnes et personnalités ont sur nous.

Utilise ce tableau pour réfléchir sur ce que tu as appris dans ce chapitre.					
Les questions posées	Les réponses trouvées	D'autres questions?			
Factuelles: Quels genres de relations développons-nous avec les autres?					
Conceptuelles: Peut-on se comprendre entre différentes générations?					
Invitant au débat: Sommes-nous influencés par les personnes autour de nous?					
Les approches de l'apprentissage utilisées dans ce chapitre:	Description: quelles nouvelles compétences as-tu développées?	La maîtrise de ces compétences			
		Novice	Apprenti	Pratiquant	Expert
Compétences de communication					
Compétences de collaboration					
Compétences de pensée critique					
Compétences de pensée créative					
Compétences de transfert					
Les qualités du profil de l'apprenant:	Réfléchis sur l'importance d'être altruiste dans l'apprentissage de ce chapitre.				
Altruistes					

Reconnaissance

Acknowledgements

The Publishers would like to thank the following for permission to reproduce copyright material. Every effort has been made to trace or contact all copyright holders, but if any have been inadvertently overlooked the Publishers will be pleased to make the necessary arrangements at the first opportunity.

Author's acknowledgements

I would like to dedicate this book to my children, Eleanor and Thomas, my husband, Matthew, and my family for their encouragement, support and patience.

I would like to thank all those who were involved in the editing, proofreading and designing of this textbook, especially Debbie Allen for her support. I would also like to thank Paul Morris and So-Shan Au for offering me this opportunity.

Photo credits

p.iv & **p.2** *top* © Nito/stock.adobe.com; **p.iv** & **p.2** *bottom* © J.W.Alker/imageBROKER/Alamy Stock Photo; **p.6** *left* © Julie Edwards/JEP Celebrity Photos/Alamy Stock Photo; **p.6** *top left* © Allstar Picture Library/Alamy Stock Photo; **p.6** *bottom left* © WENN Ltd/Alamy Stock Photo; **p.6** *top right* © ZUMA Press, Inc./Alamy Stock Photo; **p.6** *bottom right* © Globe Photos/ZUMAPRESS.com/Alamy Stock Photo; **p.7** *left* © MAJA HITIJ/dpa picture alliance/Alamy Stock Photo; **p.7** *centre left* © Marius Schwarz/Agencja Fotograficzna Caro/Alamy Stock Photo; **p.7** *centre right* © WENN Ltd/Alamy Stock Photo; **p.7** *right* © Paul Marriott/Alamy Stock Photo; **p.8** *top left* © Samuel B./stock.adobe.com; **p.8** *top right* © Syda Productions/stock.adobe.com; **p.8** *bottom left* © Robert Fried/Alamy Stock Photo; **p.8** *bottom right* © Catchlight Visual Services, Hermien Lam/Alamy Stock Photo; **p.10** *top left* © GFC Collection/Alamy Stock Photo; **p.10** *top centre* © Ian Dagnall/Alamy Stock Photo; **p.10** *top right* © GM Photo Images/Alamy Stock Photo; **p.10** *centre left* © Gavin Hellier/robertharding/Alamy Stock Photo; **p.10** *centre right* © travelbild.com/Alamy Stock Photo; **p.10** *bottom left* © Charles O. Cecil/Alamy Stock Photo; **p.10** *bottom right* © Vincent Ruf/Alamy Stock Photo; **p.15** © Mint Images Limited/Alamy Stock Photo; **p.16** © Sydney Alford/Alamy Stock Photo; **p.17** *top left* © Maurice Clements/Alamy Stock Photo; **p.17** *bottom left* © Jeffrey Mayer/Pictorial Press Ltd/Alamy Stock Photo; **p.17** *top centre* © Novo Images/Glasshouse Images/Alamy Stock Photo; **p.17** *centre* © Ester Sorri/Folio Images/Alamy Stock Photo; **p.17** *bottom centre* © Tetra Images/Alamy Stock Photo; **p.17** *top right* © Mike Kemp/RubberBall/Alamy Stock Photo; **p.17** *bottom right* © Elizaveta Smirnova/Alamy Stock Photo; **p.19** *top* © Elizaveta Smirnova/Alamy Stock Photo; **p.19** *centre* © Lukas Gojda/stock.adobe.com; **p.19** *bottom* © Africa Studio/stock.adobe.com; **p.21** *top left* © Sergii Rudiuk/Shutterstock.com; **p.21** *right* © Walencienne/Shutterstock.com; **p.21** *bottom left* © Everett - Art/Shutterstock.com; **p.22** © Keystone Pictures USA/Alamy Stock Photo; **p.23** *top left* © Subbotina Anna/stock.adobe.com; **p.23** *top right* © zea_lenanet/stock.adobe.com; **p.23** *bottom* © Monkey Business/stock.adobe.com; **p.24** *top* © JOHN KELLERMAN/Alamy Stock Photo; **p.24** *bottom* © Stockbroker/MBI/Alamy Stock Photo; **p.26** © trotalo/Shutterstock.com; **p.27** © Francois Roux/Alamy Stock Photo; **p.28** *top left* © Andreas von Einsiedel/Alamy Stock Photo; **p.28** *top centre* © Greg Balfour Evans/Alamy Stock Photo; **p.28** *top right* © Kumar Sriskandan/Alamy Stock Photo; **p.28** *centre left* © RENAULT Philippe / hemis.fr/Alamy Stock Photo; **p.28** *centre* © Jan Wlodarczyk/Alamy Stock Photo; **p.28** *centre right* © Leon Werdinger/Alamy Stock Photo; **p.28** *bottom left* © Directphoto Collection/Alamy Stock Photo; **p.28** *centre bottom* © Eastern photography/Alamy Stock Photo; **p.28** *bottom right* © Petr Kovalenkov/Alamy Stock Photo; **p.32** *top left* © kichigin19/stock.adobe.com; **p.32** *top right* © Stefan Ember/123RF; **p.32** *centre left* © Tyler Olson/stock.adobe.com; **p.32** *centre right* © Matty Symons/stock.adobe.com; **p.32** *bottom left* © rlat/stock.adobe.com; **p.32** *bottom right* © johoo/stock.adobe.com; **p.33** *top left* © danr13/stock.adobe.com; **p.33** *top right* © Andrew Bayda/stock.adobe.com; **p.33** *centre left* © whim_dachs/stock.adobe.com; **p.33** *centre right* © .shock/stock.adobe.com; **p.33** *bottom left* ©Stuwdamdorp/Alamy Stock Photo; **p.33** *bottom right* © Marek Uszynski/stock.adobe.com; **p.34** *top* © Laiotz/stock.adobe.com; **p.34** *bottom* © Leonid Andronov/stock.adobe.com; **p.35** *top* © bill_17/stock.adobe.com; **p.35** *centre top* © Mihai-Bogdan Lazar/stock.adobe.com; **p.35** *centre bottom* © Kiev.Victor/Shutterstock.com; **p.35** *bottom* © Kiev.Victor/Shutterstock.com; **p.40** © Bonzodog/Shutterstock.com; **p.41** *top* © Louis Turner/Cultura Creative (RF)/Alamy Stock Photo; **p.41** *centre* © Astronaut Images/caia image/Alamy Stock Photo; **p.41** *bottom* © LH Images/Alamy Stock Photo; **p.42** © Firma V/stock.adobe.com; **p.44** © Arquiplay77/stock.adobe.com; **p.48** *top left* © Artem Avetisyan/Shutterstock.com; **p.48** *centre* © Mihai-Bogdan Lazar/stock.adobe.com; **p.48** *top right* © PUNTO STUDIO FOTO AG/stock.adobe.com; **p.48** *bottom left* © Denis0856/stock.adobe.com; **p.48** *bottom right* © R.M. Nunes/stock.adobe.com; **p.49** © GL Archive/Alamy Stock Photo; **p.50** *bottom* © Johny007pan/123RF; **p.50** *top* © Ttstudio/stock.adobe.com; **p.51** *top* © BRIAN_KINNEY/stock.adobe.com; **p.51** *centre* © aldorado/Shutterstock.com; **p.51** *bottom* © velishchuk/stock.adobe.com; **p.54** © Sebarrere/Shutterstock.com; **p.56** *bottom right* © Ron Dale/stock.adobe.com; **p.56** *top centre* © Nelos/stock.adobe.com; **p.56** *bottom left* & **p.74** © Romolo Tavani/stock.adobe.com; **p.56** *top right* © nito/stock.adobe.com; **p.56** *top left* © agneskantaruk/stock.adobe.com; **p.57** *top left* © Darren Baker/stock.adobe.com; **p.57** *top right* © pixelheadphoto/stock.adobe.com; **p.57** *bottom left* © kegfire/stock.adobe.com; **p.57** *bottom right* © Markus Bormann/stock.adobe.com; **p.60** *top* © Nlshop/Shutterstock.com; **p.60** *bottom* © HappyAlex/stock.adobe.com; **p.60** *centre* © sp4764/stock.adobe.com; **p.62** *left* © anitasstudio/Shutterstock.com; **p.62** *right* © Bargotiphotography/Shutterstock.com; **p.63** *top left* © Maridav/Shutterstock.com; **p.63** *top right* © serkan senturk/Shutterstock.com; **p.63** *centre left* © amskad/Shutterstock.com; **p.63** *centre right* © Stephanie Rousseau/Shutterstock.com; **p.63** *bottom left* & **p.80** *top* © T photography/Shutterstock.com; **p.63** *bottom right* & **p.80** *bottom right* © T photography/Shutterstock.com; **p.66** *top* © HappyAlex/Shutterstock.com; **p.67** *top right* © Firewings/123RF; **p.66** bottom left © DreamSlamStudio/Shutterstock.com; **p.67** *bottom left* © Zarai Hatem/123RF; **p.67** *top left* © meunierd/Shutterstock.com; **p.67** *bottom right* © joseph s l tan matt/Shutterstock.com; **p.69** *left* © penwin/stock.adobe.com; **p.69** *right* © elecstasy/stock.adobe.com; **p.71** *top left* © Featureflash Photo Agency/Shutterstock.com; **p.71** *top right* © joseph s l tan matt/Shutterstock.com; **p.71** *bottom left*

Text credits